中國學術思想 研究輯刊

四十編

林慶彰 主編

第 1 冊

《四十編》總目

編輯部 編

墨學的近代展開

解啟揚 著

花木蘭文化事業有限公司

國家圖書館出版品預行編目資料

墨學的近代展開／解啟揚 著 -- 初版 -- 新北市：花木蘭文化
事業有限公司，2024〔民 113〕
目 2+188 面；19×26 公分
（中國學術思想研究輯刊 四十編；第 1 冊）
ISBN 978-626-344-765-3（精裝）
1.CST：墨家 2.CST：中國哲學史
030.8   113009262

ISBN-978-626-344-765-3

9 786263 447653

中國學術思想研究輯刊
四十編　第一冊　　　　　　　ISBN：978-626-344-765-3

墨學的近代展開

作　　者　解啟揚
主　　編　林慶彰
總 編 輯　杜潔祥
副總編輯　楊嘉樂
編輯主任　許郁翎
編　　輯　潘玟靜、蔡正宣　美術編輯　陳逸婷
出　　版　花木蘭文化事業有限公司
發 行 人　高小娟
聯絡地址　235 新北市中和區中安街七二號十三樓
　　　　　電話：02-2923-1455／傳真：02-2923-1452
網　　址　http://www.huamulan.tw 信箱 service@huamulans.com
印　　刷　普羅文化出版廣告事業
封面設計　劉開工作室
初　　版　2024 年 9 月
定　　價　四十編 15 冊（精裝）新台幣 40,000 元

《四十編》總目

編輯部 編

《中國學術思想研究輯刊》四十編 書目

《中國學術思想研究輯刊》四十編
各書作者簡介・提要・目次

第一冊　墨學的近代展開

作者簡介

　　解啟揚，畢業於中國人民大學中國哲學專業，哲學博士，現為中國政法大學教授。主要研究方向為墨學、中國政治哲學史。代表著作有《顯學重光：墨學的近代轉化》，在《中國哲學史》《哲學與文化》等刊物發表學術論文數十篇。

提　要

　　墨學在先秦與儒學並稱「顯學」，影響巨大。秦漢後墨學式微，沈寂近兩千年，自明末始，墨學由潛而顯，漸次復興，至清末民初，墨學再受重視。墨學的發展有兩個高潮：先秦和近代。近代墨學復興絕不是一種偶然的學術文化現象，是近代社會、歷史、文化等諸多因素共同作用的結果。近代墨學復興的歷程可以劃分為四個階段：乾嘉時期的《墨子》校勘、西學與墨學的互動、振世救弊與墨學精神的彰顯、新文化運動與墨學復興。墨學的近代展開表現在兩個方面，一個是墨學精神在近代的彰顯，另一個是墨學研究的在近代的重視。

　　近代墨學研究是墨學在近代的展開極為重要的內容，孫詒讓的《墨子閒詁》是古典墨學研究的集大成式著作，意味著古典墨學研究的終結，並為墨學的近代展開奠定文本的基礎。梁啟超運用近代西方社會科學方法與系統研

究墨學，開啟了墨學近代展開之門徑，胡適的墨學研究以西方哲學為參照系，以實驗主義為方法，把先秦墨學作為先秦思想體系的一個環節來全面考察研究，完成了墨學研究從傳統向近代的轉化。郭沫若、侯外廬運用馬克思主義方法研究墨學，標誌著墨學研究方法的多元化趨向。近代墨學研究成果的取得與方法的轉化有著很大的聯繫，在近代百年的墨學研究歷程中，完成了墨學研究方法從傳統向近代的轉化。從近代墨學研究方法的轉化中，也可以管窺中國學術研究方法的近代轉化。

目　次

第二冊 「隆禮貴義」：荀子禮義美學思想研究

作者簡介

　　王中棟，山東濰坊人，2022 年畢業於華東師範大學，獲文學博士學位，現為揚州大學文學院師資博士後。主要研究領域為中國古代美學、藝術學理論。主持江蘇省社科基金藝術學青年項目、中國博士後基金第 72 批面上資助項目，在《雲南師範大學學報》《深圳大學學報》《中國美學研究》《華中學術》《五臺山研究》《文藝評論》《上海文化》等核心刊物發表論文 10 餘篇，曾獲博士優秀畢業生、山東省優秀碩士學位論文等。

提　要

　　在儒家美學傳統中，荀子批判繼承了孔孟思想中「仁」的理念和「禮」的精神，同時融合了自己對於「禮」與「義」思想的體識和感悟，強調有「禮」無「義」則無內涵，有「義」無「禮」則無標準，形成了「隆禮貴義」的理論主張。「禮」作為一種強制性的法度，與作為道德本質的「義」互為體用關係，體現著內在道德修養和外在禮法制度的統一。從審美的角度看，禮義是一切價值理想的根源，既有約束人的意義，又有成全人的意義，可以達到「化性」「制欲」「治世」「求存」的社會教化效果。在荀子看來，文藝創作和批評必須借助於禮義規範才能表達人們積極向上的情感意志，才能充分地發揮詩文禮樂的政教功能，最終實現穩定社會秩序的目的。荀子持守禮義的核心要義成為其思想體系的內在依據，也是其追求至高人格境界的根本動力，這一點形成了對儒家倫理文化傳統的突破和超越。荀子關於人與自然關係的探討，蘊含著豐富的生態審美意識，為解決人類社會所面臨的生態危機提供了切實可行的理論依據。正因為荀子禮義美學思想具有獨特的理論意義與實用價值，所以能夠被廣泛地應用到於當下的審美教育、文藝實踐、生態建設的探究過程中，對於構建天地相參、萬物一統的倫理秩序，有著重要的啟示意義。

目　次

第三冊　清華簡與周代統治思想

作者簡介

李健勝，1975 年生，青海貴南人。湖南師範大學歷史文化學院教授，中國先秦史學會常務理事，主要從事先秦秦漢思想文化史研究。在《中國史研究》《史學理論研究》《史學月刊》等發表學術論文 60 餘篇，出版《子思研究》《〈論語〉與現代中國：闡釋及建構》《流動的權力：先秦、秦漢國家統治思想研究》等專著十餘部。主持國家社科基金項目 3 項（其中 1 項為國家社科基金重大項目子課題）、國家出版基金項目 1 項、省級社科項目 1 項。

提　要

本書利用清華簡研究西周、春秋及戰國時期最高統治者、統治精英、精

英思想家在國家管理與社會控制方面的思想、理念、立論等。全書共分四章，前三章分別研究了清華簡《程寤》所見太姒寤夢與武王受命、從清華簡文「肆衵血盟」看西周前期的王權政治、清華簡所見周公「天命」觀的貴族政治屬性、從清華簡文「使眾若使一人」看秦國以軍紀治民思想的源起與轉進、清華簡《子產》所見國野分治與鄭國統治思想、清華簡《越公其事》的文本性質及其所見戰國國家統治思想、清華簡「書」類文獻的文本性質與墨家賢人觀的擴充機制、清華簡《子犯子餘》《趙簡子》所見諸子反貪婪觀念、清華簡《耆夜》《保訓》等所見戰國儒家統治思想的源起、清華簡《五紀》所見「五德」與黃帝學說的統治思想等問題。第四章總結清華簡所見周代統治思想的結構、特徵、影響等問題，從制禮作樂與告別「革命」、國家統治路徑中的「新」與「舊」、與多元世界相對抗的統治思想及其歷史命運三個維度總結了清華簡所見周代統治思想的政治學內涵。

目 次

第四冊　揚雄《太玄》思想研究

作者簡介

劉為博，1973 年生，輔仁大學博士、臺灣師範大學碩士畢業，任職於國立臺灣師大附中，現居台北市。斐陶斐榮譽學會 104 年榮譽會員。曾協助編輯漢學研究中心《兩漢諸子研究論著目錄資料庫》關鍵詞及類目表，並發表〈揚雄《法言》中的君子觀〉、〈試論嚴遵《老子指歸》的「道」〉、〈略論《史記》中的隱士〉等論文。醉心語文教學、秦漢學術及哲學思想。

提　要

《漢書・揚雄傳》說：揚雄以「經莫大於《易》，故作《太玄》」，可知《太玄》與《易》有相當密切的關係。一般把《太玄》當作「擬《易》」之仿作，輒因《易》的價值而忽略甚至輕視《太玄》之作。事實上，從時代背景觀之，《太玄》是有所寄託的個人創發；就學術思想而言，《太玄》是創新會通之作。《太玄》轉承黃老道家思想，重視儒家人倫，應用當時流行的陰陽五行及曆法、天文思想。它不僅為西漢的思想領域作了轉化與總結；也是一部可以代表漢代思想發展里程碑的鉅著。它不如《淮南子》的體系宏大，也沒有《論衡》「疾虛妄」的批判精神，但卻是縊合銜接這兩者思想的重要作品。

哲學思想部分，《太玄》結合《易》的精微思想，闡明氣化流轉理論並建立宇宙論體系。它也承《老子指歸》以「虛無」為本來解「玄」，這對後世（尤其是魏晉）哲學思想產生啟發之功，也就是說本體論的規模，在《太玄》中已初具。另外《太玄》中的「天」與「人」思想，是承《易》、《老》而來，鉤連了儒、道的特殊天人關係，建立了完整而繁複的數字系統，希望以此來套用、解說所有世間的事理。當然，它最主要的特色還是在突破其時災異思想與政治糾結的迷思，也因而孕生出另一股會通儒道的新思惟。

研究西漢後期學術思想，《太玄》是不可被忽視的重要作品。

目 次

第五冊　邵雍「眞樂攻心」至「天人合一」的生命美學

作者簡介

陳素花，女，1961 年出生於台灣新北市。

學歷：2022 年 7 月輔仁大學哲學博士。

經歷：2016 年台灣哲學諮商學會哲學諮商師。

台灣哲學諮商學會第四屆理事（2019 年至 2022 年）

論文：2011 年碩士論文

〈康德哲學之「想像力」觀念在「審美判斷」的意涵與解析〉

2022 年博士論文

〈邵雍「真樂攻心」至「天人合一」之生命美學研究〉

現職：中華郵政股份有限公司員工

提　要

邵雍（1011～1077），《伊川擊壤集》卷八，〈林下五吟〉之三：「賓朋莫怪無拘檢，真樂攻心不奈何。」好奇何以「真樂攻心」？引發研究動機，「真樂攻心」審美態度或「無拘檢」式「真樂攻心」之生命態度，形成的問題導向。以《皇極經世》與《伊川擊壤集》作為研究範疇，從審美進路，先採用研究方法「描述法」，宏觀描述邵雍「心─樂─道─美」和「心─命─道─福」思想因子及相互關係，後採用「質問法」，微觀質問「心─樂─道─美」的審美歷程，「心─命─道─福」的生命歷程，兩個歷程交集於「道」，形成其生命歷程哲學。

「窮理盡性以致於命」是天人之學的核心，盡物之「性」者謂之道，盡物之「情」者謂之德。窮盡萬物之「理」與性命之「理」，達到天人合一。「學不際天人，不足以謂之學」理學思路，「一時之否泰」的遇時問題，「一身之休戚」的安身問題，遇時安身從理而行，此「理」是指「道」的法則。「學不至於樂，不可謂之學」美學視角，「以物觀物」審美方法，探究「真樂攻心」同化「天理真樂」的至樂。

「人是萬物之靈」的觀點，體悟「萬物亦我也，我亦萬物也，何物不我，何我不物」，去除時間與空間的分隔，進而與萬物合而為一，重回原本泰然，

幸福不求自得。「表裏如一」獨善其身的功夫，既是道德、又是通往審美，超越恬然自樂，直觀情感中產生了「愛」的力量。通過自律自善、安分量力的思維與實踐，進入世界創造及「生生」不息節奏中獲得自由，自由引導藝術，藝術解放自我，印證了「安樂窩」生活即藝術，藝術即生活。「人詩意地棲居」美好存在感，必須由人的精神支撐，思維生動與美感，建構人的生存從容與詩意的生活美學，它是無功利的無目的的目的，彰顯邵雍無拘束「快活人」生活樣貌，與「道」合一的生命實踐者，充實其「天人合一」生命美學。

目　次

第六冊　知者天事——從張載到王夫之的「乾知」說研究

作者簡介

　　李騰飛（1990～），山西太原人，哲學博士，山東大學與德國柏林工業大學聯合培養，西北大學中國思想文化研究所講師。主要從事儒家哲學、中西方哲學比較研究，在《哲學與文化月刊》、《山西大學學報（哲學社會科學版）》、《河北學刊》、《哲學門》、《中國思想史研究》、《哲學探索》等刊物發表論文數篇。

提　要

　　論文以宋明理學為背景，結合現代新儒家如牟宗三、唐君毅諸先生對「乾知」問題的討論，並借鑒現象學的問題分析理路和範式，對先秦《易傳》之「乾知」概念在宋明理學中的發展及內涵進行了系統研究。論文以《易傳》和歷代易注中涉及「乾知」的文本以及宋明理學家和現代新儒家在這個問題上的論述為依據，首先通過「乾知」之義的梳理辨析，揭示了「乾知」的義理內涵和思想基礎，接著又把這個概念放在宋明理學的視域下考察。在這一研究中，論文以「乾知」為視角通盤考察張載哲學體系的整體框架、並從現象學的層面對「氣」「象」「感」等範疇做出新解釋；進而著眼於「寂感真幾」的問題，對陽明後學通過對寂感、動靜等問題的思考而貫通「良知」與「乾知」的思想探索進行了梳理並闡釋；最後，論文主要從「乾之以知生物」的天道論層面，和「虛靈知覺」即「乾知」的心性論層面，對王夫之「乾知」「坤能」為基本原則所建立的「乾知」理論進行了整體的呈現與詮釋。論文通過對從張載到王夫之的「乾知」思想的分析，認為「乾知」標明了一種本體論上不斷發生、自行呈現的「感動」現象。

目　次

第七冊　王學之質疑及其流弊——以理論之探究爲中心

作者簡介

許珮玟，桃園市人，台灣師大國文系學士、碩士、博士。獲得科技部 103 年度，獎勵人文與社會科學領域博士候選人撰寫博士論文獎學金，研究領域為宋明理學，著有相關論文。

提　要

陽明提倡良知教，成為明代學術思想的主流，王學一出，風行天下，造成天下莫不言良知，是以吾人欲掌握明代儒學，必定先求對王門有一清楚的理解。然而，王學雖達到心學理論的高峰，但隨之亦衍生出流弊，並引起當時以及後來學者的批評。

流弊可分為「法病」與「人病」兩大部分。思考法病的意義，實大於人病，因為找出法病，便是有在理論源頭止弊的可能。因此找出王學在理論源頭的缺失，對治流弊便有入手處。陽明的理論，有其不夠完滿之處，因此，後人批評王學，在本體上多從「無善無惡」一語出發。雖然就陽明四句教來說，並不構成問題，但從教化的角度來看，確實有壞教的可能。另外，陽明

學說，為何會造成王學末流的弊病，這也是王學在理論上，有無法彌縫之處，這恐怕是陽明需要負責的。至於在工夫上，後來的學者多回到以收斂型態的「敬」、「主靜」等工夫。因為致良知的工夫，有發散的危險，甚至是蕩越的差失，只談超悟。更進一步說，可能因其工夫無法貞定心體，以致流弊錯出。故後人在反省王學以及流弊的討論，多執此兩大面向展開。

在良知學之外，有儒者以其生命實踐道德，展開不同的教法。如朱子學者代表羅欽順、江門學派的陳白沙與湛甘泉。整菴以理一分殊的思考型態，強調對事物之理的認識。白沙在靜中體悟端倪，期有把柄在手，重視純粹的道德主體。甘泉隨處體認天理，認為格物就在以身至物，較為重視客觀事物。若是從質疑王學以及作為王學參照的角度出發，不論是重視客觀面向，強調存在之理，重視氣的一面，或是求心體之純粹無渣滓，都可提供王學在理論上不同的思考面向。

至於明末兩大學派，東林學與蕺山學，則可定位為「對治王學流弊而起之學」，因為彼其所處的時代，正是流弊叢出，收拾不住的年代。故對於流弊的感受特別強烈，也據此展開其說。東林學人，以顧憲成與高攀龍為代表，彼在儒門中，在在強調「性善」的重要性，以小心知本作為工夫教路；另外，其強調氣節風骨，也有掃蕩明末風氣的正面意義。至於蕺山則是將陽明致知，轉向誠意，是歸顯於密，化念還心的思考，以收斂對治陽明作為顯教可能出現的弊端。故不論是東林學人或是蕺山，都對於如何在源頭上止弊，因其切身的體會而提出相應的說明。

總的來說，陽明學的教法，雖然導致明末流弊的出現，理論上，或有不盡善處，此是吾人在後設討論上的求全責備，但是不因弊端的出現或是理論的不完滿，而減損陽明學的時代意義與價值。另外，不論是甘泉、整菴站在不同系統的學問脈絡上，對王學提出質疑，或是可能的修正，以及東林顧、高二人與蕺山，真實的面對王學的流弊，直接能夠提出救病之方，在在都顯示出，明代儒者對時代學術的回應，以及在學思、實踐勇於承擔的魄力。

目　次

第八冊　張之洞「通經致用」教育思想研究

作者簡介

　　江燕媚，自離開學校後從事編輯出版工作多年。在偶然機會下，報讀香港新亞研究所（農圃道）歷史系碩士班，畢業後獲研究所聘為助理研究員。其後追隨台灣近代史學者胡春惠教授攻讀博士，對近代史研究產生進一步的興趣。

　　讀碩士、攻博士，均非生命所預期，放下書本十數年再重投學術界，其中甘苦實不足為人道，但仍自勉要努力攻堅，盼今後於史學領域繼續探索，用報恩師的栽培。

提　要

　　張之洞是晚清政治、教育體制改革的主要推動者。本文主要圍繞張氏的教育舉措和思想，以其「通經致用」思想和實踐為中心進行探討。全文分六

章。第一章，旨在說明研究動機等問題，第二章介紹張的生平及其教育思想形成過程；在第三至五章，則分別研討其「通經致用」思想之內涵，及如何用此來培養現代治事人才，乃至其實踐過程之種種。按張氏所釋，所謂「通經致用」，即須「以中學固其根柢，端其識趣」，其通經要旨，是「以明我中國先聖先師立教之旨」，換言之，他要培養的是德才兼備之治國良才。然後再根據他的著述：《輶軒語》、《書目答問》、《勸學篇》，分析其教育思想內涵及其變化軌跡：由初期之重中輕西，到其後專重西學而輕中學；同時也檢視他在當學政時期的教育舉措、在湖廣總督任內如何推進新式教育的過程，他是如何課士、如何養育治國專才；當他發現中學遭社會冷落時，又如何回頭來力倡創辦存古學堂，志在保存國粹；此外，也探討張氏在積極倡導西學的過程中，面對新舊兩派思想之衝突、之勢成水火時，他是如何應變：他首先強調要在不失本體下——力保中學之不墜，方可引入西學，於此基礎上提出了「中學為體，西學為用」作為融和新舊兩派觀念歸於一的主張，冀合全國力量，齊習西方之精華：無論是政治體制、教育體制或各類工藝科技等，為己所用，並以「融貫中西，研精器數」為標的，幫助中國擺脫貧弱，走向富強。這便是張氏「通經致用」作為救國的教育核心。

只可惜，張氏的「通經致用」教育理想，隨著時代的流轉，已無法實現；他的「中學為體，西學為用」主張，反使西學日隆，中學日受凌夷，因其「以中國之倫常名教為原本，輔以諸國富強之術」的中體西用思想，遭實利主義者冷待而無法展開，其種瓜得豆的結果，致中國道德日漸淪喪，是張氏所不曾預料的。

目　次

第九、十冊　中國音樂美學思想史論（修訂版）

作者簡介

　　劉承華，南京藝術學院音樂學院教授、博士生導師，周口師範學院音樂舞蹈學院特聘教授；中國藝術學理論學會常務理事，中國音樂美學學會理事。曾任南京藝術學院藝術學研究所副所長、音樂學院副院長、人文學院院長等職。研究方向：音樂美學、琴學、藝術美學。著有《中國傳統音樂美學論綱》、《〈溪山琴況〉：文本、結構與思想》、《中國音樂美學思想史論》、《中國音樂的神韻》、《中國音樂的人文闡釋》、《傾聽弦外之音——音樂美的文化之維》、《古琴藝術論》等10餘部，發表論文140餘篇，主編教材《音樂美學教程》等。

提 要

本書為中國古代音樂美學思想史的專題研究，包括以「修身」為目的的儒家音樂美學、以「物我交融」為旨歸的道家音樂美學、以「心傳妙悟」為核心的禪宗音樂美學等三家主流美學思想，以及秦漢之際建立在「感應論」基礎上的音樂美學、魏晉時嵇康以「聲無哀樂」為標誌的自律論音樂美學、唐宋時以「明心見性」為宗旨的文人音樂美學等特色美學理論，再加上音樂表演的兩大分支——演奏美學（琴論）和演唱美學（唱論）的音樂美學思想，共八個專題，基本上涵蓋了中國古代音樂美學史上最為重要、最具原創性、最能體現中國音樂美學特色的理論成果。作者立足歷史文獻的深度釋讀和原始含義的辨析探尋，以每種理論的整體為對象，既勾勒其歷史演進的軌跡，亦闡發其思想理論的內涵，並通過歷史語境的呈現和文化意蘊的透視，立體地再現其理論體系和深層邏輯，展示其學理所在。其中禪宗音樂美學、感應論音樂美學、文人音樂美學為該學科研究中的全新內容，其他各專題也都由作者重新挖掘、梳理和闡釋，有獨到的視角和新的見解。

目 次

第十一冊　智儼生平及其華嚴思想

作者簡介

姓名：杜萍萍　性別：女　年齡：44 歲

教育背景：

2004 年 9 月～2007 年 7 月：吉林大學哲學社會學院哲學系中國哲學專業學習，獲得碩士學位，研究方向是中國近現代哲學新儒家，畢業論文題目「儒家哲學關於心的德性和知性思想──以徐復觀論《大學》為例」。

2007 年 9 月～2010 年 7 月：吉林大學哲學社會學院哲學系中國哲學專業學習，獲得博士學位，研究方向是華嚴宗宗教哲學。

工作經歷及職責：

2010 年 7 月～至今：山東省山東科技大學，專職教師。

職責：引導大學生提高思想道德素質和法治素養，成長為有理想、有本領、有擔當民族復興大任的時代新人。

代表作：再讀《牟子理惑論》，「致良知」：儒學聖門代代相傳的精義要訣試論荀子的認識之路，試論當前網絡文化環境下的中華文化自覺建設，以《學記》為例試探止語在家庭教育中的作用，新時代高校勞動教育課程評價體系完善對策探析等。

提　要

　　智儼法師作為華嚴宗二祖，對初期華嚴宗哲學的創立與形成有重要貢獻。其思想上承初祖杜順法師的法界觀門玄旨，下開三祖法藏法師華嚴思想的集大成，對華嚴的思想義理多有開創作用。以後的祖師及華嚴學者研究華嚴哲學思想多沿襲其所開創的義理，並且成為華嚴宗重要的核心思想。智儼法師以華嚴為業，歸宗於華嚴，將畢生的精力都奉獻給華嚴的研習與弘傳事業中。本文試圖在借鑒學術界已有研究成果的基礎上，通過對智儼著作文本的梳理和解讀，在整個華嚴思想發展史背景中來把握智儼法師的生平及華嚴思想。具體關注智儼法師對華嚴宗哲學義理的闡釋，深刻剖析智儼法師在華嚴宗義理方面的首創性理解及其對以後華嚴宗哲學思想的影響。

目　次

第十二、十三冊　禪宗生命學

作者簡介

馮天春，男，雲南普洱人，哲學博士，現就職於雲南省社會科學院宗教研究所，主要研究中華經典詮釋學、禪學、禪茶文化，擅長將禪修技術、性命之學與心理學融合，解決心智成長與身心問題。同時，致力於中華優秀傳統文化與禪茶康養、睡眠改善、生命管理等領域的研訓、抒寫，提倡和實踐「經典深度閱讀法」「生命諮詢」。主持完成國家社科基金項目《雲南禪宗史》，代表性著作有《〈壇經〉大生命觀論綱》（合著）《入〈壇經〉注》《藏漢佛教修道次第比較研究》《禪蹤》《禪茶公案錄》《禪茶藝文錄》《禪茶論典錄》等，另已發表學術論文三十餘篇。

提　要

生命已成為人類學問中最難透徹的領域，不同文化體系對之闡述千差萬別。然而共同的是，絕大部分生命品類尤其是主體人，因自身的生存性、存在性需求，不斷生起欲望、得失、愚迷等心，障蔽了清淨本性，故於無知無覺或無可奈何中被自他、被世界裏挾，妄作而造成衝突、病患、死亡等惡果，嚴重損害了生命自在及其價值提升。超離無明業積，生命才能輕鬆、靈動，更高效、更具針對性地規劃生活，實現自我價值。基於此，「禪宗生命學」試圖從禪的視野探討生命的來源、構成、品類、生死、意義等範疇，以最大限度地認知生命內義。其中，又尤其關注人們日常生命現狀，深入挖掘並轉化禪在「生命諮詢」方面的核心技術，以開啟本有智慧，化用於生命管理、生命療愈，為生命護航，最終獲取生命的健康、輕盈、圓滿。

目 次

上 冊

第十四冊　郝大通《太古集》及其「全真丹道《易》學」研究

作者簡介

　　吳韋諒，建國高級中學畢業、臺師大國文系學士、碩士。先天罹患罕見疾病脊髓性肌肉萎縮症，終身須與輪椅為伍。

　　曾獲優秀、傑出學生、中華民國斐陶斐榮譽學會榮譽會員，亦獲建中紅樓文學獎課堂文選獎、臺師大紅樓現代文學獎、文薈獎、青穗文學獎、臺南古典詩獎、天籟詩獎等，現任職臺師大公共事務中心。

　　畢業事隔一年，幸蒙指導教授賴貴三恩師之薦舉，修訂付梓碩論。更是感激父母恩勤，二十七年無論寒暑，盡心竭力將多重重度障礙者撫育茁壯，誠盼能將本書出版，敬獻雙親，深表寸心。

提　要

　　本論文以郝大通（1140～1212）《太古集》及其「全真丹道《易》學」，作為主要研究論題。因其上承象數《易》學，中繼圖書《易》學，下啟「全真丹道《易》學」，更合魏伯陽（151～221）、張伯端（987～1082）、王重陽（1112～1170）之學，「北宗」和「南宗」之「《易》道」與「丹道」遂於其身心圓融，而成「華山派」之一家之學。

　　筆者立足於前人之重要學術研究成果，進而提出基源問題意識：郝大通《太古集》及其「全真丹道《易》學」涵蘊為何？是以論證凡四主題：其一，郝大通之行誼及其《易》道與丹道之師承；其二，〈《周易參同契》簡要釋義

并序〉儒、釋、道之三教會通和體用一如；其三，修真圖以《易》道為體、以丹道為用，建立圖式化之內丹修煉理論；其四，金丹詩能顯見於其人可謂王重陽至全真七子之「歧出」，於其論更可謂乃是首創「全真丹道《易》學」。

　　本論文之最大貢獻在於「材料」、「方法」、「觀點」三者有所創見，且經由茲四主題之論證，深化郝大通及其《太古集》涵蘊，且提出自郝大通《太古集》後之專用術語──「全真丹道《易》學」，洞貫其《易》道和丹道之妙，更闡揚郝大通《太古集》及其「全真丹道《易》學」之學術價值。

目　次

第十五冊　盤山棲雲眞人王志謹心性思想研究

作者簡介

常洪亮，男，1982 年生，江蘇沛縣人，生於新疆博樂，哲學博士。先後畢業於南開大學、天津大學、中央民族大學，博士期間從事道家、道教思想與文化研究，現為天津城建大學教師。長期從事高校行政及地方行政管理工作，獲得省部級獎勵 3 次，發表管理類論文 3 篇。入職高校教師後發表學術論文 10 餘篇，出版學術專著 2 部，參加省部級科研項目 2 項，獲得省部級教學一等獎 2 次，獲得省部級社會科學研究三等獎 1 次，主持局級教改課題 1 項。

提　要

王志謹（1177～1263），號「惠慈利物至德真人」，全真道第三代弟子，因其心性思想在盤山派乃至全真道的歷史上佔有極高的歷史地位。王志謹門下弟子根據其傳道言論編成《盤山棲雲王真人語錄》，為後世研究其思想提供了寶貴資料。

王重陽創立於金代中期的全真教在中國傳統文化史上獨樹一幟，作為全真教第三代弟子，王志謹在全真教乃至道教史上都具有非常重要的地位，他不僅實際創立了全真盤山派，而且使肇始於郝大通的盤山心性學得到進一步發展，使盤山心性學最終在其弟子姬志真時代達到全盛，不僅在道教心性思想中獨樹一幟，甚至成為當時的心性顯學。然而，相比於對王重陽、馬鈺、丘處機、尹志平、姬志真、李道純等全真教人物的研究，學界對王志謹心性學的研究相對較少。

本書在廣泛吸取前賢智慧的基礎上運用重玄思想，通過橫縱比較的方式，不僅將王志謹心性思想與儒家、禪宗心性學進行對比，甚至將其與老莊哲學和全真教內馬鈺、丘處機等人的心性思想進行對比，打破了時空和學派的限制，凸顯了王志謹心性思想高邈幽遠、思辨向上的特點。並通過歷史唯物主義視角，分析了王志謹思想不同於王重陽、馬鈺、丘處機等教內前輩的原因，使讀者不僅能「知其然」而且能「知其所以然」。

目 次

墨學的近代展開

解啟揚　著

作者簡介

解啟揚，畢業於中國人民大學中國哲學專業，哲學博士，現為中國政法大學教授。主要研究方向為墨學、中國政治哲學史。代表著作有《顯學重光：墨學的近代轉化》，在《中國哲學史》《哲學與文化》等刊物發表學術論文數十篇。

提　要

　　墨學在先秦與儒學並稱「顯學」，影響巨大。秦漢後墨學式微，沈寂近兩千年，自明末始，墨學由潛而顯，漸次復興，至清末民初，墨學再受重視。墨學的發展有兩個高潮：先秦和近代。近代墨學復興絕不是一種偶然的學術文化現象，是近代社會、歷史、文化等諸多因素共同作用的結果。近代墨學復興的歷程可以劃分為四個階段：乾嘉時期的《墨子》校勘、西學與墨學的互動、振世救弊與墨學精神的彰顯、新文化運動與墨學復興。墨學的近代展開表現在兩個方面，一個是墨學精神在近代的彰顯，另一個是墨學研究的在近代的重視。

　　近代墨學研究是墨學在近代的展開極為重要的內容，孫詒讓的《墨子閒詁》是古典墨學研究的集大成式著作，意味著古典墨學研究的終結，並為墨學的近代展開奠定文本的基礎。梁啟超運用近代西方社會科學方法與系統研究墨學，開啟了墨學近代展開之門徑，胡適的墨學研究以西方哲學為參照系，以實驗主義為方法，把先秦墨學作為先秦思想體系的一個環節來全面考察研究，完成了墨學研究從傳統向近代的轉化。郭沫若、侯外廬運用馬克思主義方法研究墨學，標誌著墨學研究方法的多元化趨向。近代墨學研究成果的取得與方法的轉化有著很大的聯繫，在近代百年的墨學研究歷程中，完成了墨學研究方法從傳統向近代的轉化。從近代墨學研究方法的轉化中，也可以管窺中國學術研究方法的近代轉化。

該著作為國家社會科學基金一般項目
「墨學的創造性轉化和創新性發展」
階段性成果（項目編號：22BZX064）

目
次

前言　墨學的歷史命運與未來趨向

　　追溯中華文化的源頭，先秦時代儒墨並顯。孟子有言：「楊朱、墨翟之言盈天下，天下之言，不歸楊則歸墨。」（《孟子‧滕文公下》）由此可見，孟子生活時代墨家思想的影響力。作為先秦晚期的思想家韓非對先秦學術思想進行總結說：「世之顯學，儒墨也。」（《韓非子‧五蠹》）也就是說，戰國晚期，儒墨並稱顯學，墨家思想在先秦相當長的一段時間影響巨大。然而，在今天中國的學術界、文化界，墨學卻是小眾之學，之所以做出這樣的判斷，是因為普通人對墨學知之甚少。即便是學術界，墨學研究也只是在小範圍存在。高校和科研院所的中國傳統思想研究，有眾多的儒學或道家研究機構和研究人員，卻幾乎找不到專門的墨學研究機構。墨學今天的地位與其曾經的輝煌很不想稱。導致今天這種現象，原因是多方面的，既有墨家思想學說本身的內在限制，也受到外部社會環境的影響。但有一個原因需要引起注意，即墨家思想學說僅僅在先秦光輝兩個多世紀，其後就衰頹不彰，表明墨家思想或活動方式很可能不能適應中國這片文化土壤。墨家思想學說也許太偉大，太超前，不能適應以農業文明為主體的中華文化土壤，但並不意味著在今天的中國與世界沒有意義，如果世界真的實現了墨子兼愛非攻的偉大理想，難道不是一種美好生活方式嗎？所以，研究墨學，瞭解墨家思想的過去、現在狀況，對於未來文化建設的意義非常重要。

一、墨學在先秦的意義

　　墨學緣何在先秦與儒學同樣顯赫？需要從墨子所處的時代談起。戰國時代是中國歷史上社會變遷劇烈的時代，在那樣的時代，最容易產生思想家，他們思考社會的發展，關懷人類的命運，孔子和墨子就是其中兩個傑出的代表。不

過，考察孔子和墨子的核心觀念，不難發現，孔子所提倡的「仁愛」與墨子所提倡的「兼愛」，有著相當大的意義區別。孔子提倡的「仁愛」是從己身出發的推己及人的「愛」，反映了中國當時的社會特徵，即以農業活動為基本生活方式，以血緣宗親為社會組織內容的農業文明的社會特徵。在這樣的文明現象中，很容易產生以家長為中心的家庭權威，把這樣的家庭權威擴展放大，從家庭到宗族，再到鄉里，直至國家，這是一個以家庭為本位的家國同構的社會組織形式，家庭是縮小了的國，國是放大的家。在農業文明的有機體中，單個人的作用非常有限，只有放在家庭這樣的集體中，農業活動才更容易實現其協作與效能。因此，從家庭的家長到國家的國君，形成了一個系列的具有等級特徵的社會權威，孔子講君君臣臣父父子子〔註1〕，就是這系列權威的體現。為了更好的維護這一權威與秩序，孔子提出了「仁愛」——這一帶有血緣宗法特徵的溫情脈脈的農業文明之愛，仁愛從己身出發，推己及人，擴展到家國社會，從而形成一個等級有序的、溫情脈脈的農業文明社會，「老吾老以及人之老，幼吾幼以及人之幼」〔註2〕，這不就是農業文明的理想社會圖景嗎？孔子及其儒家從自身的情感經驗出發提出的「仁愛」思想有著非常廣泛的社會組織基礎，在發端於黃河流域這片農業文明的土地上有著高度的認同感。從「仁者愛人」的人與人之間的關係發展為政治統治方式，推演出「仁政」的政治哲學。「仁愛」是人內在的情感的需要，由內在的情感外化為社會秩序的形式，從而形成一個溫情脈脈的道德理想國。按照李澤厚先生的觀點，孔子及其儒家表現的是實用理性，它肯定現實生活與倫理實踐，並從中提煉出來的社會理想〔註3〕。不過，這樣一個仁愛的理想國並非是平等的，仁者才能愛人。小人，或者不仁者是不會有仁愛精神的〔註4〕。魯迅說，賈府的焦大是不愛林妹妹的〔註5〕。林黛玉固然純美可愛，

〔註1〕 《論語·顏淵》記載，齊景公向孔子問為政之道，孔子回答：「君君、臣臣、父父、子子。」大意是，君臣父子等社會各個層級各安其位，各守本分。見楊伯峻譯注：《論語譯注》。北京：中華書局，1980年，第128頁。

〔註2〕 楊伯峻譯注：《孟子譯注》，北京：中華書局1960年版，第16頁。

〔註3〕 參見李澤厚：《實用理性和樂感文化》，北京：三聯書店2005年版，第325～326頁。

〔註4〕 《論語·憲問》：君子而不仁者有矣夫，未有小人而仁者也。楊伯峻譯注《論語譯注》，第147頁。

〔註5〕 魯迅在《「硬譯」與「文學的階級性」》中說：「文學不借人，也無以表示『性』，一用人，而且還在階級社會裏，即斷不能免掉所屬的階級性，……饑區的災民，大約總不去種蘭花，像闊人的老太爺一樣，賈府上的焦大，也不愛林妹妹的。」參見《魯迅全集》第四卷。北京：人民文學出版社2005年版，第208頁。

但賈府的奴才焦大是不會愛的。地位的懸殊，在人生觀、價值觀上有著相當大的差異性。魯迅形象的語言表達了「仁愛」的等級特徵。君王仁政，是有著高高在上的道德優越感的；君子行仁，也有著君子的道德優越感。至於小人，是匱乏仁愛精神的。不過，有誰願意以「小人」自居的嗎？即便身處陋巷，也心嚮往君子之鄉。或者期盼著「仁政」的光輝普照到自己的身上，從而給困頓的身體尋找一些舒適和溫暖。或者這正是儒家「仁愛」的吸引人之處。

周王朝的分封本來想建立一個以血緣宗法為紐帶的溫情脈脈的農業文明王國，各安其位，各行其是，君君臣臣父父子子。可是，在諸侯的發展中，出現了實力的此消彼長。人性是不完滿的，《老子》說：「大邦者下流」〔註6〕，可是，又有哪個大國甘居下流？數百年的發展，實力的消長，諸侯僭越之心還是衝破了禮法外在形式的束縛，從最初還打著「尊王攘夷」〔註7〕的旗號，到後來赤裸裸的「以力服人」的霸業，儒家所提倡的仁愛面紗一旦被揭開，就顯露出面目猙獰的人性之惡了。這種人性之惡在社會發展中充分暴露出來，孔子只能哀歎，「郁郁乎文哉，吾從周」〔註8〕，可是，周代的禮樂文明只是過去時，往者不可諫，來者猶可追！然而，先秦儒家似乎寄情於過往，古代的才是好的，表現在歷史觀上是倒退的，就只能像「九斤老太」那樣發出「一代不如一代」的悲歎了。於是乎，墨子適時而生。以井田制為基礎的農業文明的崩解，在這樣的歷史罅隙中，生長出微弱的手工業階層。在士農工商的傳統階層社會中，雖然身處邊緣，但也在努力獲取一席之地，謀求社會流動的機會。以「仁愛」為倫理基礎血緣宗化社會固化既然鬆弛，為何不用新的社會理想來替代呢？墨子於是疾呼「兼愛」。手工業階層遊走在農業文明的社會壁壘中，希望衝破農業文明土地的局限，血緣宗法的紐帶，其最好的辦法就是主張平等的無差別的愛，這種愛沒有等級、地域、血緣的差別。也許墨子對人性是悲觀的，雖然我們翻檢《墨子》，僅在《所染》篇中約略可以窺見墨子環境影響人性的一絲觀點〔註9〕，但還是看不出墨子的人性論來。不過，從兼愛的理念中，至

〔註6〕 陳鼓應注譯：《老子今注今譯》。北京：商務印書館2003年版，第293頁。
〔註7〕 《春秋公羊傳·僖公四年》云：「桓公救中國，而攘夷狄。」李學勤主編：《十三經注疏·春秋公羊傳注疏》。北京：北京大學出版社1999年版，第213頁。
〔註8〕 楊伯峻：《論語譯注》，第28頁。
〔註9〕 《墨子·所染》有言：「染於蒼則蒼，染於黃則黃。所入者變，其色亦變。」意指後天環境對人的影響。本文所引《墨子》均以孫詒讓《墨子閒詁》（北京：中華書局2001年版）為依據，參考譚家健、孫中原注譯《墨子今注今譯》（北京：商務印書館2009年版）。

少可以看出，墨子不像孔子那樣，認為人會有潛在的至善德性，以及由此而產生的仁愛。墨子知道，人不是孤立的，需要在社會關係中活下去，生活得更好些，捨卻兼愛還有其他更好的辦法嗎？「兼相愛，交相利」！也許從我們的情感上看起來不那麼美好，在農業文明及其衍生的熟人社會中，言利總讓我們分外感到羞慚，但是，確確實實是人們內心的想法，真實的欲望。可是，欲望不總是讓我們生活得更好，稍有不慎，有可能人們會被欲望吞噬。欲海難填，回頭是岸。作為偉大的思想家，墨子還是準確的看到了欲望可能產生的危險性。因此，「兼相愛，交相利」，不是一種簡單的利益訴求，它承認人正當的利益訴求，肯定人的生存需要，同時潛在的意味是，當你在實現你的個人利益訴求時，不能侵犯他人同等程度的利益訴求。謀求自己的合理性利益，同時尊重他人的合理性利益，所以，兼愛追求的是利益的共贏，而不是互損。共贏是共同體的至善，或者叫做共同善。既然社會開始流動，人們就需要新的交往倫理法則，「兼相愛，交相利」極有可能成為新的交往法則，或者成為交往的文化背景。所以，梁啟超認為墨子是個實利主義〔註10〕者，也就是類似於近代西方哲學上的功利主義者。功利主義追求共同體的利益最大化，其實現方式就是兼相愛，交相利。從哲學倫理學來看，「仁愛」是有點類似於道義論，儒家不喜歡講「利」，孟子在見梁惠王的時候就說，大王啊，你為什麼要講「利」呢？聖君是只要講仁義就夠了〔註11〕，後來的儒家講「正其誼不謀其利」〔註12〕，就是對這種思想的繼承。儒家對「利」的定義過於狹隘了，認為利就是自私自利，視「利」為洪水猛獸，只有小人才會追求的。可是，墨子給「利」正名了，認為謀利無妨，只要不妨礙他人，不損害他人同等程度的利，互愛互利，就不會有傷害，是實現墨家理想國的基本途徑。

墨家講兼愛，沒有遠近親疏的區別，因此，並非是血緣宗法的倫理之愛，而是建立在個體之間平等無差別的愛，這種愛超越等級差別，超越血緣親疏。兼愛對於衝破當時倫理本位的農業文明社會層級固化，為手工業階層提供了社會晉升的機會有著非常重要的積極意義。墨子的兼愛思想為農業文明的社

〔註10〕梁啟超：《子墨子學說》，《梁啟超全集》。北京：北京出版社1999年版，第3167頁。
〔註11〕《孟子·梁惠王章句上》。
〔註12〕董仲舒在《春秋繁露·對膠西王越大夫不得為仁》有言：「仁人者，正其道不謀其利，修其理不急其功。」《漢書·董仲舒傳》作：「夫仁人者，正其誼不謀其利，明其道不計其功。」二者相近。

會帶來一縷改變的希望，為一個宿命的社會帶來了改變命運的觀念支持。不過，農業文明而養成觀念的因循保守並非一朝一夕能夠改變的，人們由忍耐變成了習慣，不相信命運改變的可能變成阻礙命運改變、社會變革阻力。墨家兼愛理想的實現在農業文明中步履維艱。墨子不愧為思想家，他知道，殷周以來的中國社會民間信仰是比較濃厚的，他想到了鬼神的力量，神道設教！「兼愛」並非是墨子的主張，而是天的意志，上天希望人們兼相愛，交相利。人們順從天的意志將會得到獎賞，違背天的意志會受到懲罰〔註13〕。於是，在兼愛的感召下，墨子追隨者眾多，充滿天下。孟子驚呼：天下之言，不歸楊則歸墨。〔註14〕

墨子是個成功的思想家。墨家的出現，改變了戰國時代的社會文化生態，為戰國的社會變革注入了活力。雖然墨子對社會改革的呼籲在農業文明的社會沒有演變成社會現實，但是墨子卻擁有眾多的支持者，並結成了類似宗教式的墨家團體，墨者團體在當時非常活躍，墨子本人成為該團體的第一任鉅子，信眾們奉鉅子為聖人。墨者團體紀律嚴明，墨者之法強調法律面前人人平等。在政治主張上，他們標舉尚賢與尚同兩面大旗。以賢人來統治力圖打破此前的貴族世襲傳統，為底層人的上升提供機會，為社會流動注入新的活力。尚同則有廣泛的爭議性，不過，在討論尚同之前，需要明白墨家提出尚同的社會原因。在墨子看來，人類社會從野蠻到文明的進化是一個過程，在未結成社會組織之前，每一個人都有自己的意見和主張，人數眾多，意見紛亂，從而使社會處於動盪的狀態，因此，選舉政長，結束紛亂，對所有人都有利。問題是誰來做政長？怎樣產生？當然是賢人，推選產生。這在當時是了不起的觀念，因為統治者並非自命順應天命的道德代表，而是由推選產生。由賢人統治，民眾作為普通人，既然推選並授權給賢人，就需要放棄自己個人的意見，層層同一，從而形成「一同天下之義」（《墨子‧尚同中》）的權力金字塔，即尚同。尚同並非通常意義的專制，而是尚同於賢人，「天子」是最高級別的賢人，這樣的賢人多少有點類似於柏拉圖筆下理想國中的哲學王。問題是一日為賢人，終生是賢人？顯然，墨子是缺乏信心的。絕對的權力導致絕對的腐敗〔註15〕，這句現代

〔註13〕《墨子‧天志上》有言：順天意者，兼相愛，交相利，必得賞罰；反天意者，別相惡，交相賊，必得罰。

〔註14〕參見《孟子‧滕文公章句下》。

〔註15〕英國思想家阿克頓在《自由與權力》中指出：「權力導致腐敗，絕對的權力導致絕對的腐敗。」北京：商務印書館 2001 年版，第 286 頁。

政治學的信條，在墨子那樣的時代也有所意識，只不過沒有直接表達出來而已。所以，墨子認為，尚同於賢人並非最後的標尺，必須尚同於天！「天之行廣而無私，施厚而不德」（《墨子·法儀》）。所以，「天志」才是最後的裁判者。墨子筆下的天志並非神的代名詞，天志的根本訴求是兼相愛交相利的，反映的就是普通墨者的願望。所以，根本的裁判者又回到了墨者階層那裏。墨子的這一套政治主張有點類似於西方近代的社會契約思想，權力的來源既非天命，也非歷史的選擇，而是每一個普普通通的人，統治者是否適合也不由統治者說了算，還是由民眾來決定。不過，墨子雖然希望制約統治者的權力，預防權力的濫用，但並沒有提出具體的制度性主張。如果沒有制度的保障，天志的解釋權很難落實在普通民眾手中。所以，墨子的政治主張從善的方面說，很可能是開明專制。墨子與柏拉圖都沒有解決開明專制的根本弊端，威權人物也許以開明開始，但一定以開明結束嗎？歷史經驗沒有給予我們信服的回答。人性是有弱點的，以開明的專制開始，往往是以極端的專制結束。比較墨子尚賢尚同的政治思想，與近代西方思想家霍布斯有某種程度的相似性，霍布斯主張人們在締結社會契約時放棄了自己自然的權利，從而為國家的產生創造了條件，形成了君主專制的國家。其後的近代西方的思想家盧梭、孟德斯鳩等認識到個人權力的放棄潛在的危險性，從而提出了有效的權力制約機制。

顯然，無論是兼愛倫理，還是尚賢尚同的政治主張，墨子的思想都遠遠超越了農業文明的社會現實，即便追隨者眾多，就全社會來說仍然是少數。在戰國那樣動盪的年代，還是富國強兵的理論最能滿足統治者的政治需要和普通人的生活需求，所以，最終成就霸業的還是法家思想的實踐者。不過，仔細考察法家思想，其中央集權的政治建構與墨家的尚同政治主張有幾分相似之處。〔註16〕

二、秦漢以後的墨學衰頹

墨學畢竟是衰頹了！秦漢以降，無論是墨學思想的傳播還是墨家的社會活動都驟然降低，漢武帝「罷黜百家，獨尊儒術」之後甚至見不到墨家蹤影。以致當時為前人立碑作傳的歷史學家司馬遷在《史記》裏面都沒有為墨子寫上

〔註16〕勞思光先生在《新編中國哲學史》第一卷說：「墨學中功利主義及權威主義兩大原則，則半為韓子所取，因而形成擁護人主之權，以君權取代神權之主張，此亦助成韓非之極權主義者。」參見《新編中國哲學史》第一卷。桂林：廣西師範大學出版社 2005 年版，第 283 頁。

完整的一篇，只是在《孟子荀卿列傳》後面用寥寥的二十四個字來概括墨子這位偉大的思想家：「蓋墨翟，宋之大夫，善守禦，為節用，或曰並孔子時，或曰在其後。」〔註17〕相比儒學的聲名顯赫與孔子的名高，無論是墨學還是墨子都顯得很孤寂落寞，形成了鮮明的反差。歷代研究墨學的學者們對此有諸多論述，各有千秋。我想是否從另一個視角來考慮文明的選擇呢？

英國歷史學家湯因比在《歷史研究》中提出文明選擇的「挑戰與應戰」〔註18〕的學術理論，是否可以用社會發展及其選擇來解釋墨學衰頹的歷史必然性呢？秦王朝一統天下，但並沒有也不可能改變以農立國的農業文明的社會結構，相反，隨著統一帝國的誕生，對人的管控卻加強了，統一的專制帝國不會允許一個活躍的墨者社會團體的存在，韓非子在《五蠹》篇中就指出「儒以文亂法，俠以武犯禁」，墨家的活動在專制帝國顯然是犯禁的。更何況，大一統帝國需要統一的意識形態來保障其思想上的高度統一，不會允許各種思想擾亂其意識形態的管控，從而動搖其統治的思想基礎。中國專制王朝的統治方式非常有意思，在形式上高揚儒家，高揚德性，但其實儒表法裏。韓非子在《說疑》篇中指出，統治者統治方法有好壞之別：「太上禁其心，其次禁其言，其次禁其事。」專制統治者往往是三者並用。「禁其心」最佳辦法莫過於統一的意識形態教育，「禁其事」的最佳辦法就是把民眾限制在土地上，這恰恰是農業文明很容易做到的。所以，當漢武帝一聲令下「罷黜百家，獨尊儒術」的時候，墨家思想也就必然在禁絕之中，其歷史命運也就不言而喻了。可是，漢武帝為何不獨尊「墨學」呢？一定是墨學的思想觀念與專制的意識形態不相吻合！墨學應對先秦社會變動從分裂到統一這樣的歷史大趨勢是非常被動的，而不是主動去適應，或者說墨學根本就不適應大一統帝國的文化土壤。在傳統社會，以農立國的農業文明核心觀念是宗法式倫理，顯然是儒學，而不是墨學，適應這樣的宗法倫理。墨學的兼愛倫理甚至是破壞宗法倫理的思想觀念，孟子不就尖銳地批評墨家兼愛是無父嗎？無父無君是禽獸〔註19〕。今天雖然覺得孟子對墨子的批評過於苛刻，但站在農業文明的宗法倫理上，孟子的批評還是切中要害的。墨家既然不可能改變自己的兼愛倫理來適應農業文明的倫理要求，固執的堅持工商社會的兼愛倫

〔註17〕韓兆琦譯注：《史記》。北京：中華書局2010年版，第4988頁。

〔註18〕參見〔英〕阿諾德・湯因比著，劉北城、郭小凌譯《歷史研究》第二部第十三章〈挑戰和應戰〉。上海：上海人民出版社2005年版。

〔註19〕參見《孟子・滕文公章句下》。

理，這種消極被動的應戰，其命運是可想而知的。

另一方面，從政治的選擇來說，大一統帝國要維護的是家天下，普遍之下莫非王土，其最高統治者必然是世襲的，雖然在官員的選拔上有選賢任能的可能性，但這種選拔絕不可以動搖世襲社會的根基，因此，尚賢必須從屬於世襲，而不是最高的準則。在大一統帝國中，強調帝王是受命於天，這是帝王統治合法性的最終根據。帝國對天的解釋並不是墨家的天志，而是儒家的天命，在儒家天命觀中，以德配位，帝王不僅是最高的統治者，也是德性的化身。帝王仁民愛物，並不是對民眾負責的政治倫理的體現，而是一種高高在上的等級之愛，是對下民的體恤和關心。所以，皇朝的子民們固然期盼皇恩浩蕩，但皇恩浩蕩裏絕沒有平等無差別的愛。墨家的政治理念顯然脫離了現實的土壤。

墨學衰頹的根本原因是文明的選擇！但是，並非有些研究者認為的墨學中絕。事實上，墨學化作社會的伏流，在底層民間依然有一定的影響。表現之一就是底層人對俠義精神的期盼。在專制王朝的統治下，底層人常常感受到命運的擺佈而力不從心，希望有俠肝義膽的壯士給自己的生活帶來一絲一縷的改變。墨家的摩頂放踵利天下就是俠義精神的重要來源，在兩千年的中國社會綿延不絕。

三、近代墨學的復興

梁啟超在《清代學術概論》中認為，有清一代的學術「以復古為解放」〔註20〕，在清代學術復古的浪潮中，墨學由隱而顯，由微而著，直至清末，蔚為壯觀，墨學在近代由此復興。

從墨學復興的起點來說，可以用「敗也蕭何，成也蕭何」來形容。因為「獨尊儒術」而墨學式微，儒學的獨尊是墨學式微的外在原因。儒學發展到程朱理學階段，建構了一個華麗嚴整的形而上學體系，可以說是登峰造極了。一種學說，一旦登峰造極，勢必開始了其蛻分期，王陽明的心學即是儒學蛻分期的產物。心學將真理的根底安放在個人良知之上，每個個體都有一個體認良知的心，對晚明知識人來說是一種思想解放，即從程朱理學的思想束縛中解放出來。明清之際的李贄、傅山等思想巨臂超越儒學，研究此前被視為異端的墨學〔註21〕，甚至給予較高的評價，帶來了近代墨學復興的曙光。

〔註20〕梁啟超：《梁啟超論清學史二種》。上海：復旦大學出版社1986年版，第6頁。
〔註21〕李贄有《墨子批選》，傅山有《墨子大取篇釋義》等。

　　近代墨學復興的原因或許是多層面的，換一種說法也就是多因一果，比如說依傍儒家經書的校勘而產生的副產品，等等。但最有意味的是「西學中源」說和救亡圖存的需要。

　　眾所周知，從文化上來講，近代中國面臨著有史以來中華文化的最大危機，即西方文明的輸入與挑戰。在中國歷史上，中華文明也曾經歷過異域文明的挑戰，比如來自印度的佛教對中華文明的撞擊，最終以中國化的佛教——禪宗的產生而融匯成中華文明的有機組成部分。不過，與佛教輸入中土不同的是，那時的中國是世界上的大國與強國，在文化心理上對外來文化表現出雍容大度的氣魄，兼容並蓄。中華文化主動回應印度佛教文化的挑戰，雖然也曾出現過波折，但總體上是積極地態度。不過，近代中國就不一樣了，國門的打開完全是被動的，天朝大國大門竟然被「蠻夷之邦」通過戰爭打開了，長期以來的文化優越感被西方的船堅炮利摧毀得粉碎，在文化心理上是非常痛苦的。面對伴隨著列強槍炮而來的西方文明，接受起來是複雜而困難的。即便是在像魏源那樣開明的士大夫，也只是提出「師夷長技以制夷」的主張，即西方在技術上某些方面超越了中華帝國，這是器物層面的事情，而在文化上、制度上，中華帝國仍然非蠻夷之邦可以比擬的。所以，學習西方某些器物層面的長項，從而制服西方列強。

　　可是，西方為什麼能夠在某些器物層面上超越了中華帝國呢？為了尋找原因，而在文化心理上又不至於失落，當時的知識人提出了西學中源說〔註22〕，即西方近代的某些器物層面的發展在根本上還是從中華文明學過去的，中華文明是母親文明，西方文明是子文明。失落的文化心理終於找到了平衡的支撐點！這種面對強勢文化挑戰的回應多少有些阿Q式的文化心理在作怪。原來西方是剽竊了中華帝國在先秦時代的墨家科技文明而發展起來的。於是，當時的知識人紛紛研究墨學，發掘其科技文化精神，在墨學中找到了物理學、天文學、幾何學和光學等等。筆者在《墨學的近代轉化》一書中指出：

　　　　在「師夷長技」的同時，士大夫和學人也開始反省，為什麼西方的科學技術比中國先進？他們很難接受這樣殘酷的現實，於是，

〔註22〕西學中原說肇端與明末，且有個演變的過程，早期的西學中原論觀點並非具有排他性，而是為了淡化中西學之爭，使西學得以順利在中國傳播。但自清代曆法之爭，西學中源說開始轉向，即在中西文化交流中尋找文化心理優越感。參見雷中行著《明清的西學中源說爭議》第二章〈明清處理西學的主流看法及其演變——西學中源論〉，臺北：蘭臺出版社，2009年。

他們開始在浩如煙海的中國古籍中尋找中國古代的科技內容。然而，除了《考工記》《九章算術》《夢溪筆談》等少數書籍以外，《墨經》中的科技思想最多，也最豐富。廣東南海人鄒伯奇（1819～1969）首先發現了這些。鄒伯奇自幼接受科技教育，熟悉近代科技。又由於生活在中西交匯前沿的廣東，對近代西方科技也有所瞭解。因為，他被稱為近代中國薈萃中西科技的先驅。鄒伯奇對《墨經》和《夢溪筆談》均有研究，並著有《墨子經說》，同時，由於他對西方的科學和技術也有一定程度的瞭解。他引經據典，在比較西方科技與中國古代的《墨經》中的科技知識的基礎上，得出「西學源出於墨子」的結論。鄒伯奇認為：「西人天算未必本之和仲，然盡其伎倆猶不出墨子範圍。」〔註23〕當然，當時主張西學源出墨子的不僅僅鄒伯奇一人，事實上，是當時思想文化領域的一種思潮。〔註24〕

在西學中源說的浪潮助推下，部分學者研究墨學以尋求文化心理的平衡，從而推動了墨學在近代的復興。

晚清的積貧積弱，極大的降低了中華帝國的世界地位，面對著帝國的危機、文明的衰落，有識之士在努力尋找突破的良方。他們意識到，暫時的失敗並不是最可怕的，如果精神上被打敗，那麼就真正失敗了。這個時代非常需要振世救弊的精神，墨家摩頂放踵利天下的自我犧牲精神適應了這種社會的需求，孫詒讓、梁啟超、譚嗣同、易白沙等都對弘揚墨學精神表現出極大的興趣。梁啟超曾說：「今欲救之（中國），厥惟墨學。」〔註25〕墨學的自我犧牲精神與佛教的菩薩行精神一樣，成為近代中國革命者的救亡圖存的精神動力。

無論是由於西學中源說而導致的墨學重新發現與研究，還是振世救弊與墨學精神的彰顯，都是作為近代中華文明危機的挑戰的回應，這種回應主觀上是為了尋求中華文明的重新光大，在客觀上促進了墨學的近代發展。

〔註23〕《鄒徵君遺書》（一），清同治十二年（1873年）刻印本，第21頁。存蘇州大學圖書館。

〔註24〕解啟揚：《顯學重光：墨學的近代轉化》。北京：中國政法大學出版社2017年版，第25頁。

〔註25〕梁啟超：《子墨子學說》，見《梁啟超全集》，北京：北京出版社1999年版，第3158頁。

四、多元文化與墨學的選擇

當討論墨學未來趨向的時候，我覺得至少應該有兩點預設：其一是多元文化的和諧共生，而非某一種文化的專斷。墨學從來沒有定於一尊過，即便是在最繁榮的先秦時代。墨學與其他思想流派的關係不是非此即彼的選擇關係，而是多元並存和諧共生的關係。其二是批判性的墨學。所謂批判性的墨學，是對先秦墨學的繼承與發展。墨學發端於先秦，並奠定了核心精神，形成了完整的思想體系。但是，世易時移，先秦墨學的時空場域均不存在，墨學的當代復興並不是簡單地回到先秦墨學，而是對先秦墨學的批判性審視，創造性發展。一方面強調堅持墨學的核心精神，另一方面墨學又必須接受現代性的審視和批判，重新詮釋墨學，發展墨學。為什麼要做這樣的預設？保守主義思想的先驅，英國思想家埃德蒙·柏克曾說：「一個國家若沒有改變的能力，也就不會有保守的能力。沒有這種能力，它將不免冒著一種危險：即失去其體制中它所最想保存的部分。」〔註26〕我想這樣的判斷也適合一個思想或學說，適合墨學。

有了這樣的前提，再來討論墨學的未來趨向的時候，就會有一種理性的研究態度。當代社會面臨的最大問題是現代化與全球化所帶來的系列的問題。全球化的時代，對墨學的發展是個挑戰，也是機遇。現代化的文化要求是走出傳統，面向未來。全球化的文化要求是打破封閉與孤立，融入世界，多元並存，和諧共生。站在現代化與全球化的視域來反觀中國傳統思想，尤其是墨學，既要昌明墨學，又必須融化新知，開創墨學的新階段。未來的墨學應該既是民族的，又是世界的。

關於民族性問題，墨學作為中華文化的傳統思想之一，不是凝固不變的，而是流動的。堅持墨學的民族性特徵，並不只是回到先秦，而是在先秦與現代之間尋找其思想聯繫的紐帶。現代保守主義思想對待傳統的態度可以作為思考墨學民族性的一種方式：「傳統凝聚的是先輩的智慧，現代人不論多麼高明，都不過如牛頓所說的那樣，是站在歷史巨人的肩膀上。傳統是理性的邊界，告訴人們理性應該受到的限制。……傳統是比任何個人和派別遠為重要的智慧來源。」〔註27〕墨學作為中國民族的一種思想傳統，凝聚著先人的智慧，是割捨不斷的，任何一個民族要想屹立於世界民族之林，都必須考慮民族文化的綿

〔註26〕轉引自余英時《現代儒學的回顧與展望》。北京：三聯書店 2012 年版，第 18 頁。

〔註27〕劉軍寧：《保守主義》。北京：東方出版社 2014 年版，第 24 頁。

延問題。近代以降，古今中西在中華大地上激蕩澎湃，墨學作為傳統思想的一部分面臨著現代化的挑戰與選擇。究竟該如何發展墨學？是擺在知識人面前的時代課題。在此，要反對兩種對待傳統思想的態度，一是極端的文化保守主義的態度，堅持認為現代化給民族文化帶來了巨大的負面效應，使得民族文化面臨著消亡的危險，拒斥現代化，主張回歸傳統，或者中華文化優越論的觀點。這種觀點認為，在先秦墨家思想中，已經具有了化解現代化所帶來的問題的文化基因，回歸先秦墨學即可以化解現代化產生的系列文化問題。另一種觀點認為，傳統思想是農業文明的產物，而現代化是工業文明，因此，墨學與現代文明不兼容，應該拋棄傳統墨學，擁抱現代西方文化。前者的文化態度上是僵化的，任何一個文化的產生都受到時空等諸多條件制約，墨學也不例外，認為先秦墨家思想超越時空，實際上是把墨家思想當做僵硬的教條對待，從而失去了發展的可能性。後一種觀點看到了文化的共通性因素，卻忽略了文化的獨特性與差異性。傳統是一個民族的根，根深才能葉茂。墨學雖然發端於先秦，但作為一種思想體系，是民族文化的根系之一，割捨不斷。況且墨學具有開放性的特徵，昌明墨學，融化新知，就是對墨學的核心觀念進行創造性的詮釋，在詮釋中汲納世界文明的有機營養，做到返本開新，成為現代新文化的一個有機組成部分。事實上，現代思想家胡適先生在《先秦名學史》導論部分就曾經提到過類似的問題，在胡適看來，中國文化的現代化需要把現代文化的精華與中國傳統文化的精華聯結起來，墨學中能夠找到聯繫現代歐美文化的合適基礎，用墨學的基因嫁接現代西方文明，從而產生一個新的文明系統。〔註28〕只不過，由於時代原因，胡適思想受到一些人有意或無意的曲解，他們認為胡適先生在文化上主張全盤西化，這是對他極大的誤解。胡適筆下的新文明系統元素之一就是墨學的創造性重生。

　　曾有學者提出新墨學，大概是因應儒學出現了現代新儒家及其在當代中國的文化強勢的緣故，提出可以通過「建本」與「創新」構建新墨學〔註29〕，這種學術理想是值得肯定的，任重而道遠。在此，不妨借鑒儒學的發展歷史來思考新墨學的發展。儒學發展到宋代，汲納了佛教等其他思想，從而把儒學發展推向新階段。宋明儒學不是對先秦儒學的簡單詮釋，而是儒學推陳出新的新

〔註28〕 參見解啟揚：《再論胡適的墨學研究》。載《中國政法大學學報》2016 年第 4
　　　　期，第 28 頁。
〔註29〕 參見張斌峰、張曉芒：《新墨學如何可能？》。載《哲學動態》1997 年第 12 期。

發展，是儒學的新形態。依此觀照，新墨學不是對傳統墨學的簡單解釋，而是融匯現代文明的理論對墨學進行創造性的詮釋，是墨學發展的新階段、新形態。先秦墨學作為一個開放的理論系統，為新墨學的誕生提供了核心理念的基因，現代文明理論為新墨學的產生提供文化內容。這不正是胡適對墨學的期待嗎？

作為現代文明的新墨學，在文化態度上需要反對墨學本位文化論，因為現代中國的文化不可能是某家某派思想的單一性文化，任何單一性文化的排他性構想都可能阻礙中華文化的發展。所以，新墨學應該秉持開放包容文化情懷，與現代儒學等文化思潮不是對抗的，而是多元並存，相得益彰的關係，共同構成中華文化的有機組成部分。

墨學也應該是世界的，即墨學的世界化問題。這是全球化進程的要求，全球化對墨學的發展是個挑戰，也是契機。

世界化的前提是墨學的現代化。英國歷史學家湯因比曾經說過：「把普遍的愛作為義務的墨子學說，對現代世界來說，更是恰當的主張，因為現代世界在技術上已經統一，但在感情方面還沒有統一起來。只有普遍的愛，才是人類拯救自己的希望。」〔註30〕湯因比看到了墨學的核心觀念「兼愛」對於現代世界全球化進程的意義。我們生活在一個全球化的時代，由於西方社會經濟與科技的暫時強勢，一些人以為全球化即西方化，應該廣泛輸入西方文化，這種觀點顯然是對全球化的誤解。全球化是全球經濟與文化的廣泛交融，呈現多元多樣的形態，而不是某種文明的獨享或壟斷。即便持文明衝突論的亨廷頓也承認，「多元文化的世界則是不可避免的，因為建立全球帝國是不可能的。維護美國和西方需要重建西方認同，維護世界安全則需要接受全球的多元文化性。」〔註31〕文化傳統的現代化就是不斷與其他文化相遇，並籍以建構自我身份的過程。墨學需要直面西方文化的挑戰，作為對西方文化挑戰的回應，以兼愛為內核的墨學持開放包容，汲納西方文化與現代文明中的有價值成分，實現墨學的現代性轉化，因為墨學世界化問題的關鍵，在於墨學的現代化。墨學要走向世界，為世界文明做出中國文化的貢獻。

〔註30〕〔日〕池田大作、〔英〕湯因比：《展望 21 世紀》。北京：國際文化出版公司 1985 年版，第 410 頁。

〔註31〕〔美〕塞繆爾·亨廷頓著：《文明的衝突與世界秩序的重建》，周琪等譯。北京：新華出版社 1998 年版，第 368 頁。

　　墨學的現代化與世界化是一體兩面的問題，所謂的一體，是古代墨學，即奠基於先秦的，由墨子及墨家學派所創立的思想體系，是當時社會歷史條件下的產物。這是墨學之根，離開了墨學之根，就不會有枝繁葉茂。因此，任何對於墨子學說的詮釋與發展，都離不開先秦墨學。所謂的兩面是墨學的現代化與世界化問題。先秦墨學作為思想傳統，應該是個開放系統，是流動的，這是墨學現代化的前提條件。墨學的開放性在先秦即有很好的體現，從墨學十論到墨經，即是墨學的發展創新。早期墨學是以兼愛為核心建構起來的倫理思想體系，在道德哲學、政治哲學、宗教觀、經濟觀等方面相當成熟，後期墨家則在本體論、知識論、邏輯學乃至科技上發展了墨學。任繼愈先生指出，《墨經》「對墨子的哲學思想做了積極意義的發展，⋯⋯自然觀方面，它拋棄了墨子的天、鬼觀念和宗教意識，把哲學跟科學緊密地聯繫起來。認識論方面，它繼承了墨子認識論的傳統，發揚了墨子重視經驗和實踐的特點，同時又在相當程度上克服了墨子狹隘經驗論的傾向和錯誤。邏輯方面，《墨經》對墨子的『故』『類』等邏輯思想有很大的提高。在反對詭辯論的論爭中，集各家邏輯思想之大成，提出了中國哲學史上第一個相當完整的邏輯學系統。在社會政治和倫理思想方面，它發揚了墨子的『兼愛』學說，提出了『義，利也』的著名命題，突出了『利』的中心思想，把它作為標準和基礎，用來解釋各種社會現象和道德範疇。」〔註32〕雖然自秦漢以降，墨學衰頹以致墨學理論的發展幾近停止，但近代以來，墨學的創新性發展又表現出活力，墨學與儒學、墨學與西學的比較、融通已經取得了較大的成績。

　　近代以來，有知識人認為墨家的兼愛倫理與基督教的博愛有相通之處，只不過，近代早期的知識人囿於民族文化情感，認為基督教的博愛源出墨子的兼愛。一個多世紀過去了，我們完全有理由認為，基督教文明的博愛與墨家的兼愛精神、儒家的仁愛思想同樣為中西文明對人類的貢獻，雖然，他們之間存在著一些差異。博愛是神性的愛，根源在於全能的造物主上帝，造物主愛受造者，是受造者之間彼此博愛的根據。上帝對世人的愛是不平等的，是恩寵，是無私的，自上而下的。世人之間的博愛是平等的，超越功利的。但墨家的兼愛是人性的愛，源出於人們追求美好生活的需要，「兼相愛，交相利」才能締造一個美好的社會。博愛與兼愛共通之處在於人類之間的愛是包容的、平等的且有尊嚴的，二者之完全可以相互理解，多元並存。兼愛與博愛，表現為中西文明之

〔註32〕任繼愈：《墨子與墨家》。北京：北京出版社 2012 年版，第 75 頁。

間對「愛」的理解的差異，是多元文化的體現，但並不表示這種多元文化之間不能夠建立起道德共識。雖然「以麥金太爾為代表的當代文化多元論和共同體主義倫理學認為，無論是正義，還是理性或合理性，都會因為人們所寄居的文化傳統和歷史情景之不同而呈現出不同的、甚至相互對立的理解。」對人類達成最低限度的道德共識有疑慮。〔註33〕但是，以羅爾斯為代表的新自由主義倫理學認為，「如果我們相信人類理性的基本力量，那麼，在人類公共理性的基礎上建構普遍正義倫理不僅是可能的，而且是必須的。關鍵似乎並不在於是否可能建立一種普遍倫理，而在於如何建立這種普遍倫理的方式。」〔註34〕現代神學家漢斯·昆也則對構建世界倫理的迫切性表達了自己的看法，他認為：「沒有世界倫理，則人類無法共存。」〔註35〕如何在多元文化的前提下構建世界倫理？或許在中國思想史中能夠找到鏡鑒，放在中國大歷史的背景下來看，多元文化的道德共識在歷史上曾經發生過，比如，源自於印度文明的佛教的「慈悲」精神與中國的儒家的「仁愛」精神都表現出對人類命運的關懷，在中國思想史上並行不悖。沿著這樣的思維邏輯，博愛與兼愛同樣會體現「萬物並行而不相害，道並行而不相悖」（《中庸》）的文化道路。

回到墨家倫理精神「兼愛」，從內容上看，墨學的兼愛倫理是一種具有功利主義特徵的倫理觀，著眼於解決人與他人、社會，乃至國家間的關係，反映的是一種主體間性〔註36〕，「兼相愛，交相利」表現為一種交往倫理，尋求建立美好的社會，這種思考來源於墨家的經驗主義哲學觀，體現的是經驗合理性，即從現實社會實踐作為合理性的標準。這樣的實用理性從理論方法上講或

〔註33〕萬俊人：《尋求普世倫理》。北京：商務印書館 2001 年版，第 29～31 頁。
〔註34〕萬俊人：《尋求普世倫理》。北京：商務印書館 2001 年版，第 29 頁。
〔註35〕〔瑞士〕漢斯·昆著：《世界倫理構想》，周藝譯。北京：三聯書店 2002 年版，第 3 頁。
〔註36〕關於「主體間性」是個複雜的概念，根據王曉東在《西方哲學主體間性理論批判》（中國社會科學出版社 2004 年版）中的觀點，西方思想界對主體間性的理解有六種模式，本文是在哈貝馬斯理解模式下運用「主體間性」概念。主體間性的英文詞彙是 inersubjectivity，直譯為「交互主體性」，現在學界通常使用「主體間性」這一表達。從胡塞爾到哈貝馬斯，人們在使用這一哲學術語時意義上有差異。王樹人指出：「提出主體間性或交往主體性這個問題本身，就是對主體性的一種超越。但是，這種超越並不是完全拋棄主體性，而是揚棄它使之在主體交往互動中，去把握主體和主體意識，從而使這種把握更具有本真性和實踐的有效性。就是說，交互主體性，一刻也離不開主體和主體性。」（王樹人：《關於主體、主體性與主體間性的思考》，《江蘇行政學院學報》2002 年第 2 期，第 8 頁）

許有其狹隘的一面〔註37〕，但在解決具體社會問題時卻表現出一定的優勢，具有普適性。構建以「兼愛」為核心精神、汲取西方思想發達的理性精神和形而上學系統，不僅有利於化解全球化所面臨的分歧衝突，實現世界的和諧共生，而且有利於墨學的現代化與世界化。

墨學在現代化的過程中完善其民族性與世界化，有理由認為，以兼愛為內核的墨學本身具有的開放性與現代性精神基因，能夠與其他文化對話，並結出現代文明之果。經過創造性詮釋的「兼相愛，交相利」墨家倫理思想具有通約性，可以成為現代世界的文明內核之一，成為現代世界的倫理黃金律。墨學當仁不讓地承擔起中華文化走向世界的歷史使命，成為多樣性的世界文化的有機組成部分。

〔註37〕李澤厚對中國傳統的實用理性持批判反思的態度，認為「中國傳統實用理性過於充實現實的可能性，輕視邏輯的可能性，從而經常輕視和貶低『無用』的抽象思維。……使得中國人的心智和語言長期沉溺在人事經驗、現實成敗的具體關係的思考和論理上，不能創造出理論上的抽象的邏輯演繹系統和歸納方法。」參見李澤厚著《實用理性與樂感文化》，北京：三聯書店2008年版，第12頁。

導　論

一

　　德國思想家雅思貝爾斯認為，「世界史的軸心似乎是在公元前 500 年左右，是在公元前 800 年到公元前 200 年產生的精神過程。」「非凡的事件都集中在這一時代發生了，在中國生活著孔子和老子，產生了中國哲學的所有流派，墨翟、莊子、列子以及不可勝數的其他哲學家都在思考著。」「在短短的幾個世紀內，這些名字所勾勒出的一切，幾乎同時在中國、印度和西方，這三個相互間並不瞭解的地方發生了。」〔註1〕思想界據此一般把這個階段稱作「軸心時代」，墨子即是這個世界歷史「軸心時代」最為重要的思想家之一，並且創建了墨家學派。它發端於公元前五世紀的戰國時期。當時的中國，舊體制搖搖欲墜，新體制呼之欲出，諸侯分立，戰爭頻仍，社會體制處於新舊更替的轉型之際。這樣變動的時代，統治者無暇鉗制思想文化，是學術文化發展的黃金季節，最容易誕生出偉大的思想家。當時，代表不同階層的思想者分別從各自的立場和利益出發，面對這個巨變的時代，苦苦思索，提出了許許多多解決社會現實問題的對策和方案。於是，儒、墨、道、法等諸子百家蜂起立說，形成了中國學術思想史上最為璀璨的百家爭鳴的文化景觀。

　　墨子是巨變時代的思想家之一，是墨家學派的創始人。他所創立的墨家學派在先秦時代與儒家學派齊名，《韓非子‧顯學篇》說：「世之顯學，儒墨也。儒之所至，孔丘也；墨之所至，墨翟也。」遺憾的是，秦漢以降，墨學衰頹，

〔註1〕〔德〕雅思貝爾斯：《論歷史的起源與目標》，李雪濤譯。上海：華東師範大學
　　　出版社 2018 年版，第 8 頁。

漢代時武帝採納董仲舒的「罷黜百家，獨尊儒術」的對策，儒家學說從此走向廟堂，成為新千年的顯學和官方的意識形態。墨家學說卻由顯而潛，消逝在歷史的背後，以致墨子這位墨家學派創始人的生平史料沒能留下多少，司馬遷的《史記》只是在《孟子荀卿列傳》之後附有寥寥數語：「蓋墨翟宋之大夫，善守禦，為節用。或曰並孔子時，或曰在其後。」司馬遷距離墨子時代不過四百多年，那時墨子的生平已不可考，而其後的兩千年來墨學幾近中絕，研究墨子生平的難度更大。清代中後期墨學日漸復興，墨子生平問題成為墨學研究的焦點問題之一，從畢沅到孫詒讓，從梁啟超、胡適、錢穆，到郭沫若、侯外廬，許許多多的研究者對墨子生平表現出極大的考索興趣。然而，所據史料不外是《墨子》一書以及先秦其他相關典籍的零星記載，不同的只不過是研究者運用史料的方法有所差別，從而得出的結論略有差異。沒有一個研究者能夠準確給出墨子生卒時間，不過，學術界已取得了基本的共識，墨子姓墨名翟，魯國人，〔註2〕主要生活在戰國初年，晚於孔子，大約與子思同時而早於孟子，其活動年代主要在公元前五世紀。現在學術界一般認為墨子生活在公元前 468 年至公元前 376 年之間。

　　《墨子‧貴義篇》記載，墨子在出國遊歷，楚王避而不見，命大臣穆賀接待墨子，在對話中，稱墨子為「賤人」。《呂氏春秋》引用墨子與楚王對話，墨子說自己是來自北方的卑賤的人。〔註3〕《荀子‧王霸》稱墨子學說是「役夫之道」。由此可以看出，墨子出身地位不高。不過，在《貴義篇》墨子自己說「上無君上之事，下無耕農之難」，以此推想，墨子應該不是奴隸類最底層人士。他勤奮好學，每次出遊，有車馬相伴，且車中都裝載大量書籍備用。《莊子‧天下篇》稱墨子「好學而博」。由此看來，墨子博學在當時便被稱道。從《墨子》以及先秦其他典籍來看，墨子不僅是先秦時代傑出的思想家，而且其知識淵博程度在那樣的時代是非常少見的，他所談論的學說及從事的活動涉及到哲學、邏輯學、倫理學、政治學、軍事學、經濟學、教育學，甚至還包括

〔註2〕 也有學者認為墨子是河南魯山人，比如徐希燕在《墨學研究》中說，「墨子出生在春秋戰國之際楚國的北邊邊陲魯陽，今河南省魯山縣二郎廟鄉二郎廟村六組，其中年不分時間定居魯國，其晚年復歸故里魯陽定居，仙逝魯陽。」見徐希燕《墨學研究：墨子學說的現代詮釋》，北京：商務印書館 2001 年版，第 4 頁。

〔註3〕 參見《呂氏春秋‧愛類》，在止楚攻宋的故事中，墨子對楚王說：「臣北方之鄙人也」。

自然科學及技術。可惜的是，由於墨學自先秦以後就呈衰頹之勢，其中的許多寶貴的思想沒有能夠在中國封建時代彰顯光大。直至清代中後期，由於諸多原因，人們才又來發掘這座思想的寶庫。

　　動盪的春秋戰國時代，諸子不僅僅立說創教，而且周遊列國進行游說活動，墨子也不例外，他周遊列國，執著地宣傳自己的政治主張和思想學說，並創建了墨家學派。在墨子周圍，聚集了許多門徒，他們是紀律嚴明的團體。學派的領袖稱「鉅子」，「以鉅子為聖人，皆願為之尸，冀得為其後世」(《莊子‧天下篇》)。墨家團體甚至直接參加戰國時的戰爭，影響巨大。止楚攻宋的故事中，就有墨家三百弟子幫宋國守城，踐行墨家非攻思想。

　　不過，在墨子身後，墨家學派發生了分裂，史料記載有相里氏之墨、相夫氏之墨、鄧陵氏之墨等派別，但它們屬於墨家內部的不同派別，都是墨家後學，均從不同方面宣傳發展墨家的思想學說。這些墨家後學在墨子辭世後的二百多年中仍然非常活躍，把墨學發展到又一高峰。

二

　　釐清概念是學術研究的前提，討論墨學，研究墨學與發展墨學，首先應該對基本概念釐清基本概念範疇，先秦墨家的思想學說是墨學的最重要組成部分毫無疑問，但墨學不等於先秦墨家學派的思想學說，墨學還應該包括後人對先秦墨家思想學說的研究、發展、宣傳和提倡。這是兩個既有聯繫又相互區別的概念。因此，完整的墨學應該涵蓋墨家人物與學派研究、文本與思想研究、歷史研究及當今詮釋與轉化。具體來說，墨學應該包括以下內容：墨子及墨家學派人物、《墨子》文本詮釋與研究、墨子思想學說研究、《墨子》的歷史研究（人物、文本與思想）、墨子思想的當代詮釋、發展與轉化研究，等等。本書所論及的「近代墨學」概念即是近代學人對墨子人物、文本與思想研究。其次，我們還應釐清墨子與墨學的關係。墨子是墨家學派的創立者，他所提出的一系列思想主張是墨學的當然組成部分，而且應該是墨學的核心組成部分和原則。這些主張被墨家後學發揚光大。如同孔子之後的儒者對儒學的發展一樣，墨家後學對墨學的發展也不可忽視，特別是後期墨家，他們在邏輯學、認識論、自然科學領域發展了墨學。

　　據史料記載，墨學與儒學有著大體相近的歷史文化淵源，《呂氏春秋‧當染》記載，墨子曾向史角的後人學習過，而史角精通周禮，是周王派到魯國去

傳授周禮的官員。《淮南子‧主術訓》也說：「孔丘墨翟，修先聖之術，通六藝之論，口道其言身行其志，慕義從風。」但不同的是，儒、墨「俱道堯舜而取捨不同」，相反而相非，以致成為先秦在思想學說上相互對立的兩大學派。

墨子的社會政治主張在《墨子‧魯問篇》中說得非常清楚：

> 凡入國，必擇務而從事焉。國家昏亂，則語之尚賢尚同。國家貧，則語之節用、節葬。國家喜音沉湎，則語之非樂、非命。國家淫僻無禮，則語之尊天、事鬼。國家務奪侵凌，則語之兼愛、非攻。

這段文字中的尚賢、尚同、節用、節葬、非樂、非命、尊天（天志）、事鬼（明鬼）、兼愛、非攻，這就是我們通常所說的墨學「十論」，是墨學的十項原則主張和基本內容，學術界對此看法相同。在這十項主張中，究竟哪一項是其核心的觀念，學術界有爭議，有兼愛中心說、尚賢中心說、天志中心說、貴義中心說等不同觀點。我認為，墨子的根本觀念是兼愛，這是墨子針對當時動盪的社會所提出的原則觀念，具有倫理學、政治學、經濟學層面的意義，就如同孔子所主張的「仁」一樣，墨子的其他主張都是服從於兼愛的。儒、墨在思想上表現為對抗，儒家講「仁」，「愛有差等」，墨家反對儒家的思想，主張兼愛，「兼」與「別」對立，希望建立一種無等級差別的「愛」，這是一種理想。至於尚賢尚同，是兼愛基礎上的具體政治主張，也是實現兼愛的手段，而不是目的。天志則是墨家心目中希望有一個類似於「規矩」的上帝，來監督懲罰「別君」、「別士」，從而實現兼愛的社會。「義」則是墨家兼愛的內容與標準。抓住了兼愛這個核心觀念，或者叫做墨學總綱，就會綱舉目張，墨家的思想系統就會清晰起來。

三

先秦墨家為我們留下了《墨子》一書，是研究先秦墨學最為重要的文本。歷代史料記載該書的篇幅有所不同，成書於東漢時期的《漢書‧藝文志》說《墨子》七十一篇，東漢人高誘在注釋《呂氏春秋‧當染》時也說該書七十一篇。這大概是《墨子》一書原來的篇幅。但是，《隋書‧經籍志》載《墨子》「十五卷，目一卷」，而唐代馬總的《意林》稱十六卷，《唐書》以下有關著作又均稱十五卷。可見，隨著時代的推移，《墨子》一書篇章有所散佚減少。我們今天見到的《墨子》五十三篇，缺少一些篇章，這是由於自秦漢後墨學衰頹，在歷史上缺乏系統的整理研究導致的。

　　《墨子》五十三篇的作者問題也是墨學研究的焦點問題之一。墨子本人與這五十三篇的關係如何？今天的學術界已經一般不認為這些都是墨子自著。畢沅、孫詒讓等對《墨子》的篇章辨偽都作出過諸多貢獻。後來的胡適、梁啟超對《墨子》一書採取分組對待，今天依然有重要的學術價值。一般認為，這五十三篇中關於「十論」的那一組文章，應該是與墨子本人有關的，有的是墨子自著，有的是墨子門人記錄墨子的言行。因此，是研究墨子本人思想的可信資料。〔註4〕《墨經》部分不應該是墨子時代的作品，是墨家後學集體創作成果，是研究後期墨家的重要資料。

　　墨子及其後學所創立和發展的思想學說是一個龐雜的體系，包括哲學、政治學、倫理學、邏輯學、經濟學、教育學、軍事學以及自然科學和技術科學等諸多方面。前面已經提到，兼愛是墨子的核心主張，同樣，兼愛也是墨學的核心思想。可惜的是秦漢以後墨學衰頹，研究者寥寥，到了清代中後期，墨學日漸顯露出復興的跡象。近代以降，墨學由潛而顯，蔚為壯觀，在近代學術文化家園裏有著不可忽視的地位。我認為，墨家的思想主張以及任何宣傳、研究墨子與《墨子》及其思想學說的成果都是墨學的組成部分。

　　儒學研究界有「新儒家」、「新道家」之說，近年來，也有學者提出是否可以有「新墨家」這樣一個思想流派。對此，我持不同的觀點。之所以有「現代新儒家」這樣一個學術流派，是因為他們不僅研究傳統儒家思想，而且在傳統儒家思想的基礎上，汲納世界文明的其他思想學說，特別是西方的哲學思想來改造傳統儒學，並努力形成自己的思想學說體系。他們既來源於傳統的儒家思想理論，又不同於傳統儒家的思想學說，是儒家思想理論有系統地研究與發展，是儒學的創造性轉生和新的發展階段。同時，他們還主張在文化建設中，以儒家文化為本位。必須指出，我們不能把近代以來研究儒學的學者都歸為「現代新儒家」。考察近現代墨學的研究與發展，「新墨家」之說是難以成立的。雖然近代以來有不少學者在努力研究墨學，甚至提倡墨學，具有墨者精神，墨學研究成果也不少。但是，到目前為止，墨學研究還沒有實現先秦以來的第二次突破。儒學的發展有過宋明時期的突破，現代的突破，墨學研究暫時還看不

〔註4〕　比利時漢學家戴卡琳認為，墨學「十論」表達在十九世紀以前沒有出現過，《墨子》早期作者可能沒有意識到由十個核心標語構成的一套完整體系。所謂的「十論」文章分成上中下三篇，也可能是次第形成的。參見戴卡琳相關論文《「十論」的遞增形成：對〈墨子〉中基本命題的追溯》（《四川大學學報》哲學社會科學版2017年第5期）等。

到。墨學研究沒有在先秦墨學的基礎上形成一個向前推進和發展的思想學說體系，充其量只是墨學研究多樣化而已。墨學研究需要突破性發展，即對先秦墨學的繼承與超越。

今天的學術界，出現了許多墨學研究專家，出版了不少很有價值的學術專著，比如，孫中原《墨學通論》《墨者的智慧》、譚家健《墨子研究》、楊俊光《墨子新論》、李紹崑《墨子，偉大的教育家》、邢兆良《墨子評傳》、張永義《墨——苦行與救世》、李賢中《墨學：理論與方法》、吳進安《墨家哲學》，等等，並取得了豐碩的研究成果。但是，這些著作大多集中在先秦墨學研究上，對墨學在近代的發展，即近代墨學的研究顯得相對不足。學術研究的重要目的之一便是探求學術發展的規律性，我們研究墨學，當然必須弄清墨學的發展。墨學自近代以來又受到重視，有必要對此現象作一番研究。

我這裡用的「近代」概念不同於通常研究社會史、政治變遷史的近代概念，從時間範圍來講，我用的「近代」概念更大、更寬泛，其上限時間可以追溯到明末清初，以傅山的墨學研究作為近代墨學研究的起點，下至 1949 年。〔註5〕與徐中約的《中國近代史》時間概念大致相當。因為雖然學術的發展與社會、政治的變遷有著密切的關聯，而且在一定程度上受社會、政治變遷的制約，但學術發展還有自己的內在理路和規律。就近代墨學的發展的邏輯脈絡來說，我們很難捨棄乾嘉時期的墨學研究，也很難置新文化運動以後的墨學於不顧，因為他們本來就是一脈相承的墨學研究系統。

學術史研究講求「考鏡源流，辨章學術」，這也是我做近代墨學研究的一個方法取向，從學術史的角度對近代墨學研究做一個系統的梳理，弄清近代墨學研究與近代社會思潮的關係，以及近代墨學的發展規律。由於近代墨學研究者眾多，限於篇幅，不可能對每一個墨學研究者的墨學研究成果都作詳細的考察研究，只能選取具有典型意義的研究成果，以點帶面，來管窺近代墨學研究的全貌，進而管窺近代學術的概貌。從墨學發展史上來看，孫詒讓、梁啟超、章太炎、胡適、郭沫若、侯外廬等人的墨學研究在近代墨學史上有典型意義，因而選取他們的墨學研究做重點考察。我這樣做，並不是要否認其他墨學研究

〔註5〕關於中國近代史開端時間學術界有爭議。中國大陸主流看法受到傳統政治影響，一般從 1840 年鴉片戰爭爆發作為近代的開端。學術界也存在著一些不同的觀點，比較顯著的有華裔美籍學者徐中約，在其著作《中國近代史》（香港中文大學出版社 2002 年第一版）中，以全球史為視角，認為 1600 年是近代中國的開端。參見徐著第一章「近代中國的概念」。

者的價值，事實上，欒調甫、章士釗、方授楚、楊寬、吳毓江等人在墨學研究上也取得了很大的成績，特別是方授楚的《墨學源流》、楊寬的《墨經哲學》、吳毓江的《墨子校注》影響很大。但是，就學術史的意義來看，他們的研究的典型意義顯然不如上面提到的諸家墨學研究的學術史價值。

黑格爾在《哲學史講演錄・導言》中說：「我認為：歷史上的那些哲學系統的次序，與理念裏的那些概念規定的邏輯推演的次序是相同的。我認為：如果我們能夠對哲學史裏面出現的各個系統的基本概念，完全剝掉它們的外在形態和特殊應用，我們就可以得到理念自身發展的各個不同的階段的邏輯概念了。反之，如果掌握了邏輯的進程，我們亦可從它裏面的各主要環節的得到歷史現象的進程。」〔註6〕黑格爾把哲學史看成是絕對觀念的邏輯演進。如果剔除其中不合理的因素，合理的內核就顯現出來，那就是學術研究中歷史的加邏輯的方法，它應該包含兩層含義，其一，從學術發展與社會歷史的關係來看，學術發展受到社會歷史條件的制約。應從歷史的角度加以考察，把握墨學的歷史線索，墨學在近代是怎樣復興了，又怎樣發展的，經歷了哪些階段。其二，學術發展又有其不受其他因素影響的內在理路。研究近代墨學，必須清除那些外在的形式和偶然的因素，找出其內在本質的聯繫。我這篇論文的就是在詳盡佔有資料的基礎上，把歷史的方法與邏輯的方法結合起來。一方面考察近代社會思潮對墨學發展的影響，另一方面也試圖找出墨學發展的內在規律。針對不同人物的研究，作具體的、歷史的分析。

學術研究貴在創新，但絕不等於標新立異。由於至今還沒有人對墨學在近代的展開作全面系統的研究，對於我來說既是個難點，因為缺乏可資參考的方法與成果；不過，從另一個角度看，這恰恰是研究的價值所在。我想通過該選題的研究，取得以下幾個方面的成果：一、近代墨學復興與近代社會、文化思潮的關係。墨學何以在近代復興？墨學復興與近代社會文化大背景有無必然的聯繫？二、墨學在近代的發展的軌跡。透過墨學發展的現象去發現其中的必然的、本質的因素。三、近代墨學研究方法論是如何轉型的，對今天的學術文化建設有何啟示。

〔註6〕黑格爾：《哲學史講演錄》第一冊。北京：商務印書館1996年版，第34頁。

第一章　由潛流到「顯學」——
近代墨學復興歷程

作為先秦顯學的墨學，自秦漢以後即隱而不彰，幾近中絕，至明清之際，只有西晉魯勝作《墨辯注》，唐代樂臺作《墨子注》，而且二書均已散佚。墨學的冷寂與作為封建官方意識形態的儒學的昌盛顯赫形成了鮮明的對照。

明末清初，李贄、傅山等思想家均論及墨子，並有《墨子》部分篇章批選或校注問世，但未形成研究趨勢。清代乾嘉時期，《墨子》校勘漸成規模。晚清以降，隨著專制皇權漸趨衰微，特別是西學的劇烈撞擊，文化上儒學一統的格局日漸鬆弛，長期受到抑制的子學、佛學等悄然復興，以其獨特的學術方式和精神魅力匯入近代中國文化的洪流之中。在這個古文化復興的浪潮之中，墨學以其特有的魅力脫穎而出，由潛而顯，由微而著，在近代文化大潮中佔據著顯耀的地位。

近代墨學復興，從形式上看表現在兩個方面，其一是學理性的研究，表現為校注《墨子》、詮釋墨家思想學說的著作不斷湧現，特別是對墨家思想的評論也日漸擺脫的儒學獨尊的束縛，從而趨近歷史真實；其二是精神實踐，表現為對墨學精神的提倡和弘揚。就二者的關係來說，兩個方面並非截然分明，而是互為條件，相互推動並相互融攝的。

一、古籍整理與《墨子》校勘

近代《墨子》校勘的先驅可遠溯到明末清初的思想家李贄和傅山，他們都是那個時代具有批判精神的思想家和學者，是早期啟蒙思想家。李贄（1527

～1602）思想已表現擺脫儒學獨尊傾向，具有初步思想平等特徵，他認為，「人但率性而為，勿以過高視聖人之為可也。堯舜與途人一，聖人與凡人一」〔註1〕，「天生一人，自有一人之用，不待取給予孔子而後足也。」〔註2〕把聖人與普通人、孔子與平常人置於一平等地位，在當時傳統儒學居於主導地位的時代是非常大膽的。李贄以懷疑精神作為思想批判的武器，突破傳統儒學的思想禁錮。他在《藏書》中寫道：「人之是非，初無定質……咸以孔子之是非為是非，故未嘗有是非耳。」〔註3〕在李贄看來，孔子的說教並非判斷是非的標準，被傳統儒學視為異端的墨子思想，李贄不僅敢於研究，而且肯定其價值。李贄著有《墨子批選》，雖然點評簡潔，但對墨子思想學說多有肯定。他在《〈墨子批選〉敘》中說：「古之聖人，言必可用，用必其言。雖所言不同，然未嘗有欲用而不如其言者。」「但非無用之言，即為有德之言，即為聖人之言，不可以蘇、張目之明矣，而況申、商、吳起數子乎？而況不為申、商、吳起者乎？墨子是已。予讀墨子，謬為批選，而意其言之可用者如此。雖然，予又何敢言之；言之則其罪大矣」〔註4〕。在李贄看來，墨子文章思想不僅有應用與實踐價值，而且既有道德培育意義。可見其對墨子評價與孟子以來儒家後學態度有差異，對墨子思想持肯定態度。

　　傅山（1607～1684）則是「口誦墨翟之言，身從楊朱之道，外有子貢之形，內居原憲之實」〔註5〕的「異端」思想家，有《霜紅龕集》等著作傳世。傅山提倡「經子齊觀」。認為「經子之爭亦末矣！只因儒者知六經之名，遂以為子不如經之尊。習見之鄙可見」、「孔子、孟子不稱為孔經、孟經，而必曰孔子、孟子者，可見有子而後有作經者也」〔註6〕。他力圖從學術本源上論證子先於經、經子平等，有否定儒學正統獨尊的思想傾向。傅山的子學研究範圍頗廣，內容涉及老子、墨子、莊子、公孫龍子、荀子等。於墨學方面著有《墨子·大

〔註1〕 李贄：《道古錄》卷上。《李贄全集注》第十四卷。北京：社會科學文獻出版社2010年版，第260頁。

〔註2〕 李贄：《焚書》卷一《答耿中丞》，《李贄全集注》第一卷。北京：社會科學文獻出版社2010年版，第40頁。

〔註3〕 李贄：《藏書世紀列傳總目前論》，《李贄文集》第二卷。北京：社會科學文獻出版社2000年版，第7頁。

〔註4〕 李贄：《李贄全集注》第26冊。北京：社會科學文獻出版社2010年版，第503頁。

〔註5〕 參見侯外廬《中國思想通史》第四卷第696頁。北京：人民出版社1960年版。

〔註6〕 傅山：《霜紅龕集·雜記三》。太原：山西人民出版社1985年版，第1066頁。

取篇釋義》，為現存清代最早校注《墨子》方面的文獻。傅山的校注雖然只是《墨子》中的一篇，在近代墨學研究史上卻有獨特的意義。李贄、傅山對批選、釋義，開啟了近代墨學研究的關鍵。

近代《墨子》校勘經歷了一個較為漫長的歷史時期，考察其歷史進程，大致可以劃分為三個階段。

1. 乾嘉時期的《墨子》校勘

在政治變遷史、社會史等歷史學研究領域，一般都未把乾嘉時期劃歸近代〔註7〕，但就學術史發展的內在理路，尤其是就近代墨學的發展進程而言，乾嘉時期的《墨子》校勘和其後的墨學研究有著不可分割的聯繫，它直接奠定了其後墨學研究的基礎。因此，這裡有必要交代乾嘉時期的《墨子》校勘成就。

乾嘉時期的學術研究以經學為中心，一反宋明以來儒學研究以義理為主導，以復興漢代古文經學為標幟。梁啟超在《清代學術概論》中有言：「『清代思潮』果何物耶？簡單言之，則對於宋明理學之一大反動，而以『復古』為其職志者也。其動機及其內容，皆與歐洲之『文藝復興』絕相類」。〔註8〕梁氏用「文藝復興」類比是否適當暫且不論，但乾嘉學術是宋明以來的學術傳統的反動，則得到學術界普遍認同。學術界通常把這一階段的學術稱作「乾嘉漢學」，又因為其學術風格而稱為「樸學」，也有因為其學術成就而稱為考據學。無論漢學、樸學還是考據學，只不過是名稱稱謂變化而已，並不影響其學術內容。學術界對這一階段的學術成因作過不少探討：其一，對晚明王學的反動。明朝滅亡了，代之而起的是滿族建立的清王朝政權。當時的一部分士大夫和學人把明朝的滅亡歸結為宋明儒學的空疏，有「無事袖手談心性，臨危一死報君王」〔註9〕之說。對宋明儒學的批判，促使人們尋找新的學術支撐點，清初的學界有復興漢唐之學的態勢，到乾嘉時期又大力提倡兩漢古文經學。早在明末清初，思想家顧炎武就批判宋明之學，提出「捨經學無理學」之說，反對宋明儒學的空疏，認為治學之路要從文字訓詁入手。可以說，正是顧炎武開啟了清學

〔註7〕「近代」究竟從何時算起，學術界存在爭議。中國大陸主流受到傳統政治影響，一般從 1840 年鴉片戰爭爆發作為近代的開端。也存在著一些不同的觀點，比較顯著的有華裔美籍學者徐中約，在其著作《中國近代史》（香港中文大學出版社 2002 年第一版）中，以全球史為視角，認為 1600 年是近代中國的開端。參見徐著第一章「近代中國的概念」。

〔註8〕梁啟超：《梁啟超全集》第十卷。北京：北京出版社 1999 年版，第 3069 頁。

〔註9〕顏元：《顏元集》上冊。北京：中華書局 1987 年版，第 51 頁。顏元在此批評宋元儒學的空疏，同樣適用當時人們對陽明學末流的批評。

的門徑，對乾嘉學人有著廣泛的影響。其二，清初的統治者為加強思想控制，大興「文字獄」，從而也促使學術研究捨義理而轉向比較刻板的考據學。而且，清朝的統治者有意提倡考據之學，《四庫提要》說：「蓋明代說經，喜騁虛辨。國朝諸家，始變為徵實之學，以挽頹波。古義彬彬，於斯為盛。」〔註10〕《四庫全書》為官修之書，其觀點可以代表當時統治者對學術活動的導向。其三，經過清初的恢復建設，乾嘉時期的社會經濟也得到了一定程度的發展，為讀書人從事專門的學術研究提供了適當的社會物質條件。其四，從學術發展的內在理路來看，兩千多年來的中國學術考據學與義理學並存，這是一個不爭的事實。只不過乾嘉時期過於提倡考據學，使校勘、考據學的到了空前的發展，而義理之學卻相對萎縮罷了。

我這裡要關注的是乾嘉時期的學術研究內容，特別是與《墨子》文本研究相關的內容，學術成因不是考察的重點，因而不作詳細探討。乾嘉學者「治學根本方法在『實事求是』、『無徵不信』。其研究範圍，以經學為中心，而衍及小學、音韻學、史學、天算、水地、典章制度、金石、校勘、輯佚等等」〔註11〕。梁啟超言簡意賅說明乾嘉了學術的內容，同時也點明了《墨子》校勘在乾嘉時期學術活動中的地位：只是「旁及」，而非學術活動中的平等地位。但梁啟超沒有說出乾嘉學者校勘《墨子》的原因。欒調甫則直接指出：「蓋清自中葉，考據學興。儒生治經，宗法許、鄭。經所未具，參以諸子。《墨子》書多載《詩》《書》舊文，足與訂正經義。」〔註12〕據記載，墨子曾「受儒者之業」，也飽讀《詩》《書》，因而《墨子》中保存了不少《詩》《書》的內容。乾嘉學人在校勘儒家經書時，發現了《墨子》一書多載《詩》《書》之言，可以作為校勘儒家經籍的旁證。於是他們找出塵封千古的《墨子》，也對其加以校勘。汪中（1754～1794）是乾嘉時期第一個校注《墨子》的人，著有《墨子》校本，大約成書於1780年，可惜沒有流傳下來，我們很難判斷他的校注成績。但汪中的《墨子序》和《墨子後序》卻遺留了下來。他在序文中指出：「自今日言之，孔子之尊固生民以來所未有矣。自當日言之，則孔子魯之大夫也，而墨子宋之大夫也。其位相埒，其年又相近，其操術不同而

〔註10〕〔清〕紀昀總纂：《四庫全書總目提要》（第一冊）卷十六「毛詩稽古編三十卷」。石家莊：河北人民出版社2000年版，第448頁。

〔註11〕梁啟超：《清代學術概論》。見朱維錚校注《梁啟超論清學史二種》。上海：復旦大學出版社1985年版，第4～5頁。

〔註12〕欒調甫：《墨子研究論文集》。北京：人民出版社1957年版，第140頁。

立言務以求勝，雖然欲平情核實，其可得乎？是故墨子之誣孔子，猶孟子之誣墨子也，歸於不相為謀而已矣。」〔註13〕汪中對孔子與墨子作出「其位相埒」，道不同「不相為謀」的價值判斷，把孔子與墨子放在同等的地位，在乾嘉學人中絕無僅有，其影響不能低估。因為在此之前，欣賞墨學者至多只是像韓愈那樣說「孔子必用墨子，墨子必用孔子」〔註14〕，以儒學為中心的孔墨交相為用，或者李贄、傅山等對墨子思想的一定程度的肯定。不過，汪中也因對墨學評價較高而遭到當時思想界非難，與汪中時代接近，也曾校勘《墨子》的保守派儒家學者翁方綱稱汪中為「墨者汪中」，叫喊要革除他的「生員」名位。

　　乾嘉時期，對《墨子》校勘貢獻比較大的還有盧文弨、孫星衍、畢沅、翁方綱、張惠言、王念孫、王引之等人，其中畢沅（1730～1797）的成就最大，他集中盧文弨、孫星衍、翁方綱的校注成果，成書《墨子注》十六卷，是乾嘉時期唯一一本《墨子》全書的校本。梁啟超稱「畢注前無所承，其功蓋等於茂堂之注《說文》」〔註15〕。不過，畢沅的《墨子注》漏略之處也不少，而且有時不免武斷或穿鑿附會。此外，王念孫（1744～1832）的《讀書雜志》對《墨子》一書中的文字之義、抄寫之誤也作不少考訂，具有一定的參考價值，他的許多校勘成果被後來的孫詒讓等引用。而張惠言（1761～1802）著有《墨子經說解》，是清代第一本專門注解《墨經》的專著。他用「引說就經」之例，將《墨經》四篇逐條拆開，互相比附，使向來被認為難讀的《墨經》基本可讀，對後世《墨經》研究影響較大。洪頤煊的《讀書叢錄・墨子》也是這個時期有一定影響的著作。

　　中國傳統學人校勘書籍一般都附有序言或後記，在乾嘉學人《墨子》校勘的序言或後記中我們可以發現一些墨學在當時學術地位的痕跡。畢沅在《墨子・敘》說：「世之譏墨子，以其節葬、非儒說。墨者既以節葬為夏法，特非周制，儒者弗用之。非儒則由墨氏弟子尊其師之過。其稱孔子諱及諸毀詞，是非翟之言也。案他篇亦稱孔子，亦稱仲尼，又以為孔子之言亦當而不可易，是

〔註13〕汪中：《墨子序》。見孫詒讓《墨子閒詁》。北京：中華書局1986年版，第620頁。又見田漢雲點校《新編汪中集》。揚州：廣陵書社，第408頁。

〔註14〕〔唐〕韓愈：《韓昌黎文集校注》，馬其昶校注。上海：上海古籍出版社2018年版，第48頁。

〔註15〕《中國近三百年學術史》。見《梁啟超論清學史二種》，上海：復旦大學出版社1985年版，第359頁。

翟未嘗非孔。孔子之言多見《論語》《家語》及其他緯書、傳注,亦無斥墨詞。至孟子始云『能言距楊、墨者,聖人之徒』,又云『楊、墨之道不息,孔子之道不著』。蓋必當時為墨學者流為橫議,或類《非儒篇》所說,孟子始嫉之。……(墨子之學)亦通達經權,不可訾議。又其《備城門》諸篇,皆古兵家言,有實用焉。」〔註16〕亦官亦學的畢沅,不太可能超越專制時代官方的意識形態平列孔墨,但在「敘」中有調和儒墨、肯定墨子思想的傾向。與畢沅同時代的孫星衍也認為墨子節用、兼愛、明鬼,本於夏禹。他說:「孔子生於周,故尊周禮,不用夏制。孟子亦周人而宗孔,故於墨非之,勢則然焉。」〔註17〕幾乎與畢沅如出一轍。從乾嘉學人的墨學研究中,我們可以看出一些墨學復蘇的跡象。不過,乾嘉時期也有知識人頑固堅持孟子拒斥墨子的學術立場,前文提到的翁方綱就是一個典型的例證。

前面已經提到,乾嘉時期的《墨子》校勘是校勘經書的副產品,因而還不是專門的墨學研究。

其一,乾嘉時期學術活動的中心內容是對儒學經典的校勘、訓詁。乾嘉學人秉承了漢儒學者樸素嚴謹的治學風格,使得他們在典籍校勘整理方面取得了卓越的成績。但是,受內在方法的制約,他們研究成果缺少義理上的貫通,顯得支離、零碎而無系統與整體感。乾嘉時期的墨學研究更是如此。無論是汪中、畢沅,還是王念孫、張惠言,他們的墨學研究都僅限於對《墨子》作校勘、訓詁,在校勘上做出了成績,而義理的闡發僅限於「序言」和「後記」,沒有對墨學進行任何有力的詮釋。

其二,乾嘉學者大都有著牢固的儒家正統觀念。他們校注《墨子》只是出於校注經書的需要,不可能完全摒棄對墨學的偏見。因此,他們的墨學研究基本上沒有跳出援墨注儒的藩籬。即使是最大膽且具有叛逆精神的汪中,也只是對墨子評價稍微高一點,不可能夷平孔、墨的思想地位。因而,觀念上的偏見也限制了其研究成果,在校注《墨子》時往往以經書來穿鑿附會,因而錯漏較多。

其三,由於缺乏科學知識和邏輯知識,加上《墨經》文字簡約古奧,乾嘉時期的墨學研究者對《墨經》的研究顯得捉襟見肘。只有張惠言的成就稍大一

〔註16〕〔清〕畢沅:《墨子》,吳旭明校點。上海:上海古籍出版社2014年版,第1～2頁。亦見孫詒讓《墨子閒詁》第612頁。
〔註17〕〔清〕孫星衍:《墨子注後敘》,見孫詒讓《墨子閒詁》第615頁。

些，然而主要研究也僅在校勘方面和「引說就經」，連訓詁都少見，更不用說貫通了。《墨經》中的科學、技術以及邏輯方面的思想直到近代才逐漸引起重視。

即使如此，乾嘉學人的《墨子》整理校勘依然影響深遠，它為近代墨學研究開啟了門徑，後人把他們的研究範圍進一步擴大，取得了超越他們的成績。

2. 十九世紀下半葉的墨子《墨子》校勘

十九世紀中晚期，由於鴉片戰爭的炮火，動搖了清王朝的政治統治。再加上伴隨炮艦而來的西方文明猛烈撞擊，意識形態對學術文化的控制日漸鬆弛。當時的思想學術界，今文經學漸次取代乾嘉漢學的主流地位。墨學研究雖然沒有取得與儒學研究平列的地位，但也逐漸擺脫了校注經書的束縛，走出儒學研究的藩籬，並取得了較大的學術成就。從學術上說，這一時期的墨學研究者直接繼承了乾嘉時期的墨學研究成果，校勘也日趨精密完善，出現了一批有較高質量的著作（見表一）

表一

書　名	作　者	備　注
墨子章句	魏源	據《湖南通志·藝文志》
墨子校記	戴望	清同治六年（1867 年）手稿本
墨子刊誤	蘇時學	清同治六年（1867 年）版
諸子平議·墨子平議	俞樾	清同治九年（1870 年）版
墨子經說	鄒伯奇	清同治十三年（1874 年）刊
墨子隨筆	張文虎	清同治十三年（1874 年）刊
墨子讀書記	陳澧	清同治年間廣州刊本
批校墨子	譚獻	清光緒六年（1880 年）稿本
墨子校注補正	王樹楠	清光緒十三年（1887 年）版
考定墨子經下篇	吳汝綸	清光緒十三年（1887 年）刊
點勘墨子讀本	吳汝綸	
經說校注	楊葆彞	據《墨子閒詁》
墨子閒詁	孫詒讓	清光緒二十年（1894 年）初刊
墨經正文解義	鄧雲昭	清光緒二十二年（1896 年）撰

　　在上述著作中，蘇時學（1814～1874）的《墨子刊誤》、俞樾（1821～1907）的《墨子平議》都是很有影響的著作，他們都是在畢沅校勘的基礎上進行的。孫詒讓在《墨子閒詁・序言》中說：「藤縣蘇孝廉時學復刊其誤，創通途徑，多所是正。」〔註18〕對蘇時學在《墨子》文本的校勘上的成就給予肯定。至於《墨子評議》，俞樾本人在《墨子序》中曾說：「《墨子》書舊無注釋，亦無校本，故脫誤不可讀。至近時盧氏抱經、孫氏淵如，始有校本，多所是正。乾隆癸卯，畢氏弇山，重加校訂，所正復多於前。然尚未該被，且多誤改誤釋者。予不揣寡昧，複合各本，及《群經治要》讀書所引，詳為校正。」〔註19〕不過，成就最大的是孫詒讓的《墨子閒詁》，收錄了乾嘉以來眾多學人的校勘成果，集有清以來墨學研究之大成。梁啟超說：「蓋此書出，然後《墨子》人人可讀。現代墨學復活，全由此書導之。」〔註20〕梁氏評價並不為過。

　　劉師培指出，十九世紀的諸子學「乃諸子之考據學，而非諸子之義理學」〔註21〕。這一論斷是中肯的。墨子研究是諸子學分支，劉師培的論斷同樣適合於墨學研究的評判。這一時期的墨學研究可以看成是乾嘉《墨子》校勘的延續和發展，校勘、訓詁的範圍擴大了，而且校釋中滲透著義理，在方法上也日趨縝密完善，因而，校注成就也較乾嘉時期更高。此其一。

　　其二，受「西方科技源出於《墨經》」之說驅動，人們已開始發掘《墨經》中所蘊含的科技知識，《墨經》研究也逐漸為人們重視。乾嘉時期關於《墨經》校勘只有張惠言的《墨子經說解》。而此一階段，鄒伯奇的《墨子經說》，鄧雲昭的《墨經正文解義》都是專門校勘《墨經》的專著，而且，他們在校勘中已經有意識地把《墨經》中的科技思想與西方近代科技相比附。但由於諸多限制，他們還未能認識到《墨經》中蘊含豐富的邏輯思想和知識論系統。

　　其三，這一階段墨學研究最突出的特點表現為應用性研究，即滿足時代的需求。這主要是由於近代中國面臨著亡國滅種的危險這一社會歷史條件決定的。俞樾在為孫詒讓《墨子閒詁》所作的《序》中就明確指出：「今天下一大戰國也，以孟子反本一言為主，而以《墨子》之書輔之，倘足以安內而攘外乎。勿謂仲容之為此書，窮年兀兀，徒敝精神於無用也。」

〔註18〕孫詒讓：《墨子閒詁》。北京：中華書局 2001 年版。
〔註19〕《墨子序》。《讀書雜志》中冊第 27 頁。北京：中國書店 1985 年版。
〔註20〕《中國近三百年學術史》。《梁啟超論清學史二種》第 360 頁。
〔註21〕《周末學術史序》。見《劉申叔遺書》。南京：江蘇古籍出版社 1997 年影印本。

3. 二十世紀上半期的《墨子》校勘

二十世紀上半葉，墨學研究空前輝煌，表現在兩個方面，其一是《墨子》校釋的著作不斷湧現（見表二），其二是對墨學詮釋的著作也從無到有，且成為一種學術潮流。除此之外，還有不少有關墨學的文章發表在報刊上。這裡僅就《墨子》校勘作一介紹。

表二

序　號	書　名	作　者	備　注
1	墨子注	王闓運	1903 年刊
2	墨子箋	曹耀湘	1905 年排印
3	墨子新釋	尹桐陽	1914 年
4	墨子尚書古義	胡兆鸞	1915 年
5	墨子拾補	劉師培	（劉師培卒於 1918 年）
6	讀墨子扎記	陶鴻慶	（陶鴻慶卒於 1918 年）
7	墨子經說新解	張煊	1918 年排印
8	評注墨子菁華錄	張之純	1918 年排印
9	墨經詁義	葉瀚	1920 年
10	墨子閒詁校勘	楊嘉	1921 年
11	墨子正義	陳詒仲	1921 年
12	墨經校釋	梁啟超	1921 年
13	新考證墨經注	張子晉	1921 年
14	墨辯解故	伍非百	1921 年
15	墨辯新詁	伍非百	1922 年
16	墨子閒詁箋	張純一	1922 年
17	墨辯疏證	范耕研	1923 年
18	墨經通解	張其煌	1924 年
19	墨子經說淺釋	胡韞玉	1924 年
20	墨經通釋	鄧高鏡	1925 年
21	定本《墨子閒詁》校補	李笠	1925 年
22	續《墨子閒詁》	劉昶	1925 年
23	墨子綜釋	支偉成	1925 年
24	新式標點墨子注	高岳岱	1925 年

25	定本《墨子閒詁》補正	陳柱	1926 年
26	《墨子刊誤》刊誤	陳柱	1926 年
27	標點墨子	許嘯天	
28	墨子讀本	朱公振	1930 年
29	墨子集釋	張純一	1931 年
30	墨辯新注	魯大東	1933 年
31	墨經懸解	陳檁	1935 年
32	墨經易解	譚戒甫	1935 年
33	墨經義疏通說	楊寬	1936 年
34	墨子辯經講疏	顧實	1936 年
35	白話詳解墨子	葉玉麟	1936 年
36	雙劍誃墨子新證	于省吾	1938 年
37	墨子校注	吳毓江	1943 年
38	墨經校詮	高亨	1944 年
39	墨子城守各篇注	岑仲勉	1948 年

這時期《墨子》校勘著作多於此前任何一個時期，表現了下述一些特點：一是校勘走向精密細緻化。主要是得益於前人的校勘成果，才使得精細的校勘成為可能。部分著作或文章是對前人著作的修正，比如李笠的《定本〈墨子閒詁〉校補》，就修正了孫詒讓《墨子閒詁》中的一些失誤。同時，也由於近代學術分科逐漸形成，使校勘精密成為可能。二是校勘的方法也日趨科學化。二十世紀前的《墨子》校勘，從方法上講是中國傳統考據學、校勘學的延續，而到了二十世紀，西方的社會科學方法傳入中國，並開始運用於學術研究，在《墨子》整理校勘上也有所運用。胡適的《〈墨子小取篇〉新詁》就把中國傳統的校勘學、考據學與西方的實驗主義方法相結合。梁啟超的《墨經校釋》把西方的自然科學知識運用於《墨經》校勘。三是《墨經》的校勘成為熱點。表三所列舉的校勘著作中，有專門校勘《墨經》的著作十六部，還不包括這方面的校勘文章。《墨經》受到前所未有的重視，主要是因為西方科技、邏輯學的輸入為《墨經》的校勘提供了參照。其四，從內容上看，校勘、訓詁與貫通相結合。前兩個階段墨學研究由於受傳統方法的限制，研究範圍局限於校勘和訓詁兩個方面，並且已經取得了很大的成績，「但終不

能貫通全書，述墨學的大旨」〔註22〕。而這一階段則不同，許多墨學研究者不僅在校勘與訓詁上下工夫。而且能夠運用近代西方社會科學的方法貫通墨學思想。無論是梁啟超、章太炎，還是胡適、章士釗等人，他們不僅精於《墨子》的校勘訓詁，而且貫通墨家思想學說，梁、胡二人表現尤為突出。因此，可以說，這一階段的墨學研究已日趨完備。

在上述關於《墨子》全書的校勘著作中，有幾部必須提一下。支偉成的《墨子綜釋》分上、下兩篇，下篇開始用新式標點。葉玉麟的《白話詳解墨子》是用白話文譯解《墨子》的開始。吳毓江的《墨子校注》影響最大，是他耗費二十多年的精力，參考版本多達十七種，集各家之說而成的。書中創獲不少，是繼孫詒讓《墨子閒詁》以來在《墨子》校勘方面又一里程碑式的著作。

在《墨經》的校勘中，梁啟超的《墨經校釋》運用「牒經」公例，取得一些突破性成就。伍非百先後出版《墨辯解故》《墨辯新詁》等專著，也取得了一定成就。楊寬的《墨經哲學》稱「以墨證墨，以學治子，不說科學，不談玄妙，發其義例，而觀其會通」〔註23〕，不用現代科學來附會《墨經》，是一部獨特的著作。高亨的《墨經校詮》先校釋文字，再逐句詮釋。直到現在還為學術界所推重。

二、「西學中源」與墨學「發現」

「西學中源」說是一種值得探討的文化現象，梁啟超認為，明末清初的思想家黃宗羲是「西學中源」說的始作俑者，他指出：「因治西算而印證以古籍，知吾國亦有固有之算學，因極力提倡以求學問之獨立，黃梨洲首倡此論，定九與彼不謀而合。」〔註24〕不過，梁氏此觀點受到學界普遍質疑。作為一種思想觀念，「西學中源」說從中西文明接觸的那一刻就已經產生，當代學者王揚宗認為，「西學中源」說的源頭可以追溯到明末傳教士來華〔註25〕，利瑪竇等耶穌會士在華傳教時，為方便傳教，減少來自中華文化的阻力，努力把基督宗教教義與傳統儒家思想比附。中國接受傳教的士大夫如李之藻（1565～1630）、

〔註22〕胡適：《中國古代哲學史》，《胡適文集》第六冊。北京：北京大學出版社1999年版，第181頁。

〔註23〕楊寬：《墨經哲學》。南京：正中書局1942年版，第1頁。

〔註24〕梁啟超：《中國近三百年學術史》，《梁啟超全集》第十二集。北京：中國人民大學出版社2018年版，第601頁。

〔註25〕參見王揚宗《「西學中源」說在明清之際的由來》。《大陸雜誌》（臺北）第90卷（1995）第6期39～45頁。

徐光啟（1562～1633）等人也與傳教士相附和。李之藻說：「嘗讀其書，往往不類近儒，而與上古《素問》《周髀》《考工記》《漆園》諸篇默相勘印。顧粹然不詭於正，至其檢身事心，嚴翼匪懈，則世所謂皋比而儒者未之或先。信哉！東海西海，心同理同。」〔註26〕李之藻雖然沒有明確「西學中源」，但「儒者未之或先」，「東海西海，心同理同」之說，可以看成「西學中源」說的先聲。沿著這樣的思想邏輯，明末士大夫熊明遇（1579～1649）認為，「上古之時，六府不失其官，重黎氏世敘天地而別其分主。其後三苗復九黎之亂德，重、黎子孫竄乎西域，故今天官之學，裔土有崇門。」〔註27〕在熊明遇看來，西方天文曆算的源頭，可以追溯到中國上古時期，只是因為「天子失官，學在四夷」〔註28〕。就我所見史料，這是最早的「西學中源」說，方以智、黃宗羲、梅文鼎等倡導「西學中源」均在其後。此後相當長的歷史時期，「西學中源」說以各式各樣的形式表現出來。清初的康熙皇帝就曾斷言：西方天文曆法「原出自中國，傳及於極西。西人守之不失，測量不已，歲歲增修，所以得其差分之疏密，非有他術也。西人守之不失，測量不已，歲歲增修，所以得其差分之疏密，非有他術也。」〔註29〕，毋庸諱言，康熙的論斷是出於對西方文明的無知和對中國文化的盲目自尊。

鴉片戰爭以降，伴隨炮艦傳到中國的西方文明首先是科技文明。戰爭的失敗使人們認識到西方的科學技術比中國先進，因而魏源提出「師夷長技以制夷」的主張，洋務運動可以說是「師夷長技」觀念在清朝生產生活中的應用。所謂的「師夷長技」，仍然是中國中心觀念的一種表達，在他們看來，清帝國是世界的中心，這是不可動搖的觀念。因而他們稱周邊國家為蠻夷之邦，只不過這些蠻夷之邦在某些技術發展上超越了中華帝國，因此，在某些技術層面上向蠻夷之邦學習，已達到制服蠻夷的目的。這種觀念在今天看來也許固陋可笑，但在當時社會已經是觀念的進步，因為一貫固步自封而又自高自大的士大夫們已經開始放低姿態向西方學習某些器物層面的東西了，是文化心理上一個可喜的突破。

〔註26〕 徐宗澤：《明清間耶穌會士譯著提要》。上海：上海書店出版社 2010 年版，第110 頁。

〔註27〕 〔明〕熊明遇：《格致草·自敘》，見《函宇通校釋·格致草》，徐光臺校釋。上海：上海交通大學出版社 2014 年版，第 9 頁。

〔註28〕 《左傳·昭公十七年》。

〔註29〕 《康熙政要》卷十八。北京：中央黨校出版社 1994 年版，第 359 頁。

　　洋務運動的一些思想家是西學中源說的積極鼓吹者。最早提出「中體西用」思想的馮桂芬在《校邠廬抗議》中說：「中華扶輿靈秀，磅礴而鬱積，巢燧羲軒數神聖，前民利用所創始，諸夷晚出何嘗不竊我緒餘。」〔註30〕曾經作為駐英、法使節的洋務派思想家郭嵩燾則在為傳教士丁韙良的《中西聞見錄選編》作序中說要「昭示天下學者，俾知西學之淵源，皆三代之教所有事」〔註31〕。相對於馮桂芬、郭嵩燾的就一般問題的比較論說，外交家，曾經擔任過駐應、法等國公使的曾紀澤說得要具體些：「老子為周柱下史，其後西到流砂，而有周之簡章法度隨簡冊而俱西。」〔註32〕在曾紀澤的眼中，老子成了把中華文明西播的第一人。洋務運動的其他思想家薛福成、鄭觀應、陳熾等也有類似表達。鄭觀應說：「今天下竟言洋學矣，其實彼之天算、地輿、數學、化學、重學、光學、汽學、電學、機器兵法諸學，無一不暗襲中法而成。」〔註33〕鄭觀應則說明了西方的科技是「暗襲」中國的。

　　如果說一開始人們談論「西學中源」是在器物層面，認為西方的科技源出於中國，那麼，後來則上升到政治制度層面。清末民初實業家湯震（1856～1917，即湯壽潛）的言論非常具有代表性，他在《中學》說：「大抵西人政教，大半本之周官；西人藝術，泰半本之諸子。試取《莞》《墨》《關》《列》《淮南》等書，以類求之，根源俱在。」〔註34〕戊戌維新時期，「西學中源」說達到高潮，許多維新思想家出於各種各樣的目的鼓吹「西學中源」說。維新派領袖康有為聲稱：「凡西人所好長技，我中人千數百年皆已有之。」〔註35〕維新運動的宣傳家梁啟超則說：「當知今之西學，周秦諸子多能道之」，「西人今日講求之而未得者，吾聖人於數千年前發之，其博深切明為何如矣。」〔註36〕譚嗣同（1865～1898）說：「蓋舉近來所謂新學新理者，無一不萌芽於是，以此知吾

〔註30〕〔清〕馮桂芬：《校邠廬抗議彙校》。上海：上海人民出版社2015年版，第109頁。

〔註31〕〔清〕郭嵩燾：《郭嵩燾詩文集》。長沙：嶽麓書社，1984年版，第68頁。

〔註32〕〔清〕曾紀澤：《曾紀澤遺集》。長沙：嶽麓書社1983年版，第363頁。

〔註33〕〔清〕鄭觀應：《鄭觀應集》上冊。上海：上海人民出版社1982年版，第306頁。

〔註34〕湯震：《危言》，見《危言三種》。上海：上海古籍出版社2013年版，第273頁。

〔註35〕湯志鈞編：《康有為政論集》上冊。北京：中華書局1981年版，第49頁。

〔註36〕梁啟超：《西學書目表後‧讀西學書法》，《梁啟超全集》第一冊。北京：中國人民大學出版社2019年版，第179頁。

聖教之精微博大，為中外所不能越。」〔註37〕康、梁、譚之說如出一轍。

如果說上述言論只是一般性論述西學源於中學的話，那麼，下面一些關於「西學源出於墨學」說則非常具體。在「師夷長技」的同時，士大夫和學人也開始反省，為什麼西方的科學技術比中國先進？他們很難接受這樣殘酷的現實，於是，開始在浩如煙海的中國古籍中尋找中國古代的科技內容。然而，除了《考工記》《九章算術》《夢溪筆談》等少數書籍以外，《墨經》中的科技思想最多，也最豐富。廣東南海人鄒伯奇（1819～1969）首先發現了這些。鄒伯奇自幼接受科技教育，熟悉近代科技。又由於生活在中西交匯前沿的廣東，對近代西方科技也有所瞭解。因此，他被稱為近代中國薈萃中西科技的先驅。鄒伯奇對《墨經》和《夢溪筆談》均有研究，並著有《墨子經說》，同時，由於他對西方的科學和技術也有一定程度的瞭解。他引經據典，在比較西方科技與中國古代的《墨經》中的科技知識的基礎上，得出「西學源出於墨子」的結論。鄒伯奇認為：「西人天算未必本之和仲，然盡其伎倆猶不出墨子範圍。」〔註38〕當然，當時主張西學源出墨子的不僅僅鄒伯奇一人，事實上，是當時思想文化領域的一種思潮。

洋務運動的思想家薛福成（1838～1894）說：「余嘗考泰西耶穌之教，其源蓋出自墨子。雖體用不無異同，而大旨實為相近。偶與趙靜涵談及《墨子》一書導西學之先者甚多。」〔註39〕而維新派思想家黃遵憲（1848～1905）說得更為具體：「余考泰西之學，其源蓋出於墨子。其謂人人有自主權利，則墨子之尚同也；其謂愛汝鄰如己，則墨子之兼愛也；其謂獨尊上帝，保汝靈魂，則墨子之尊天明鬼也。至於機器之精，攻守之能，則墨子備攻備突、削鳶能飛之緒餘也。而格致之學，無不引起端於《墨子‧經》上下篇。……至於今日，而地球萬國行墨之道者，十居其七。」〔註40〕晚清學人張自牧、皮嘉祐、王闓運等也有類似的言論，張自牧（1832～1886）說：「其教（指基督教）以煦煦為仁，頗得墨氏之道。耶穌二大戒：一曰全靈魂，愛爾神主，即明鬼之旨也；二曰愛而鄰如己，即兼愛之旨也；凡歐羅藝術文字皆著於《經上》之篇，以此知

〔註37〕〔清〕譚嗣同：《譚嗣同全集》。北京：三聯書店1954年版，第129頁。

〔註38〕《鄒徵君遺書》（一），第21頁。

〔註39〕〔清〕薛福成：《出使英法意比四國日記》。長沙：嶽麓書社1985年版，第252頁。

〔註40〕黃遵憲：《日本國志》卷32，學術志一，《黃遵憲全集》下冊，陳錚編。北京：中華書局2005年版，1399頁。

墨為西學鼻祖也。」〔註41〕把西方的宗教基督教與墨學的主張相比較，從而得出基督教的一些主張得益於墨學。皮嘉祐（經學家皮錫瑞之子）的論斷也類似：「夫平等之說，導源於墨子，闡義於佛氏，立法於泰西。墨子兼愛尚同也，佛法之平等也，泰西之人人有自主權利，愛汝鄰如己，而倡為君民一體也，名不同而旨則一也。佛法之平等，即出於墨子之兼愛尚同，泰西人人有自主權利，亦出於墨子之兼愛尚同。」〔註42〕

其實，晚清倡導「西學中源」說的決不僅僅上述一些人，實際上，面要廣泛得多，不僅僅洋務派、維新派，還有頑固派。面對洶湧而來的西學大潮，人們的文化心理各各不同。頑固派從「夷夏之防」入眼，對任何異域的文化都懷有恐懼心理，更無法接受喪失的文化「優勢」，大學士倭仁的言論很有代表性：「師事夷人，可恥孰甚」，「勿能只順夷情，不顧國是」。另一頑固派劉錫鴻說得更為明確：「夷狄之道未可施諸中國。」〔註43〕因而，他們盲目反對西方文化。洋務派、維新派鼓吹「西學中源」的心理也是複雜的，從感情上講，他們中的有些人仍然很難一下子接受西學的衝擊，對喪失的「文化優勢」也很眷顧，但畢竟他們對西方文明有一定程度的瞭解，因而主張學習西方的「長技」。但當時的社會現實是，頑固派的勢力仍然強大，宣傳「西學中源」一方面可以找回失落的心理，畢竟這是中國古已有之的文化，只是一度失落而已；另一方面可以以此為藉口來對抗頑固派對西學的阻力。陳熾的說法表達了一種觀點：「良法美意，無一非古之轉徙遷流，而僅存於西域者。……以西法為西法，辭而闢之，可也；知西法故中國之古法，鄙之棄之，不可也。今日日思復古，而與古意尚存於西者，轉而深閉固拒，畏而惡之，……智乎，不智乎？」〔註44〕宋育仁則直白的表達了後一種觀點：只有把西學說成是中國古聖先賢之意，才能「取證於外國富強之實效，而正告天下以復古之美名，名正言順，事成而天下悅從，而四海無不服。」〔註45〕以復古之名行維新之實。梁啟超的說法則更明確的表達了宣傳「西學中源」只是權宜之計：「中國今日民智極塞，民情極渙，將欲通之，必先合之；合之之術，必擇眾人目

〔註41〕　《蠡測卮言》，見王錫祺編纂《小方壺齋輿地叢鈔》第十五冊。杭州：西泠印社，第 506 頁。
〔註42〕　皮嘉祐：《平等論》，轉引自王爾敏《晚清政治思想史論》。桂林：廣西師範大學出版社 2005 年版，第 28 頁。
〔註43〕　〔清〕劉錫鴻：《英軺私記》。長沙：嶽麓書社 1986 年版，第 15 頁。
〔註44〕　陳熾：《〈盛世危言〉序》。見《鄭觀應集》上。北京：中華書局 2013 年版，第 9～10 頁。
〔註45〕　宋育仁：《時務論》。見《渝報》1897 年第 3 期。

光心理所最趨注者，而舉之以為的，則可合；既合之矣，然後因而旁及於所舉的之外，以漸而大，則人易信而事易成。」〔註46〕

「西學中源」說有著深刻的文化心理根源，或出於傳教需要，或出於固陋自封，或出於文化突破，或出於託古改制，等等。不管是出於何種目的，晚清的「西學中源」說有利於當時的學人去發掘中國古代文化瑰寶，他們試圖去從中來證明西學在中國古代已經有了。而在清末，無論是洋務派，還是維新派，他們都沒能超越「體用」之辯，他們所能接受的西學還局限在所謂的「用」上，特別是西方科技等器物層面上。在中國古代的典籍中，特別是儒家典籍，對科學和技術關注得很不夠，其他各家也很少。而《墨子》經過了乾嘉學人以及後來學者的整理，其中蘊含的科技思想和社會政治主張逐漸為當時的人們所認識，正是在這種心理的驅使下，他們重新發掘墨學，證明中國古代也有西方的科技思想和社會政治主張，甚至西方的科技和政治主張是「竊中國的餘緒」，從而找回失去的輝煌，或者出於盲目的無知自大，或者滿足失落的心理需要，或者為宣傳西方打開方便之門。十九世紀下半葉，關於《墨子》校勘的著作多達十三種，用今天的眼光來看，也許不算太多，但在當時，儒學仍在意識形態領域佔據著統治地位，而且同樣也是學術領域的主流，墨學研究所取得的成就已經非常可觀了。值得注意的是，乾嘉學人的墨學研究是校勘經書的副產品，而十九世紀下半葉的墨學研究卻是一種自覺的學術行為，是社會歷史條件的使然。

三、振世救弊與墨學精神的彰顯

曾經自詡為「天朝上國」的民族，被鴉片戰爭以來的炮火碾碎了夢幻，特別是後來的甲午戰爭，中國敗給被視為「彈丸島國」的日本，巨大的恥辱，亡國滅種的危機促使先進的中國人從沉睡中清醒，救亡圖存成為時代的主旋律。洋務運動的教訓告訴人們，救亡不僅僅在於掌握和使用近代先進的武器，而且還在於國民人格精神的覺醒。必須重新塑造國民的人格精神，以擔當起時代的使命。事實證明，僅僅靠傳統儒學的「修齊治平」、佛教的「菩薩行」的精神已經難以承擔起時代的責任，於是，墨家的人格精神便彰顯其特殊的魅力。我在上面說過，墨學有十項主張，即兼愛、非攻、尚賢、尚同、節用、節葬、天

〔註46〕梁啟超：《與嚴幼陵先生書》，《梁啟超全集》第一冊。北京：北京出版社1999年版，第72頁。

志、明鬼、非命、非樂，這十項主張中，除了天志、明鬼，都表現了一種強烈的用世精神。從用世的角度可以把這十項主張歸結為一句話：興天下之利，除天下之害。這正是先秦墨家能夠赴湯蹈火、勇於救世的思想根源。《孟子》說：墨家「摩頂放踵，利天下，為之」（《孟子‧滕文公下》）。《莊子》也說：「墨子真天下之好也，將求之不得也，雖枯槁不捨也，才士也夫。」（《莊子‧天下篇》）顯然，墨家這種赴湯蹈火、勇於自我犧牲的精神正是時代的需求。當時，《墨子》的整理已經為進一步詮釋、宣傳墨學精神提供了可以閱讀的文本，而「西學中源」說也使墨學逐漸為人們重視。當人們重新撿拾起久已被遺忘的墨學時，被墨家巨大的人格魅力和犧牲精神所吸引。從梁啟超、譚嗣同到孫中山、胡適以及其他一些改良者或革命者，對墨家人格精神推崇備至。梁啟超用他那充滿感情的筆熱切呼喚這種精神：「今欲救亡，厥惟墨學。」「綜觀墨學實行之大綱，其最重要莫如輕生死，次則忍痛苦」。因此，「欲備軍國民資格者，不可不學墨」〔註47〕。如果說梁啟超是墨家人格精神的積極宣傳者與呼喚者的話，那麼，譚嗣同則是墨家人格精神的積極踐行者。譚嗣同曾說：「我自少至壯，遍遭綱倫之厄。涵泳其苦，殆非生人所能任受，瀕死累矣，而卒不死。由是益輕生命，以為塊然軀殼，除利人外，復何足惜。深念高望，私懷墨子摩頂放踵之志矣。」〔註48〕譚嗣同為維新變法獻出了年輕的生命，與墨家人格精神的激勵不無關係。資產階級革命派也高揚墨學精神。《民報》創刊號於卷首刊登古今中外四大偉人肖像，將墨子與黃帝、盧梭、華盛頓並列，尊之為「世界第一平等、博愛主義大家」，可見墨子受尊重程度。孫中山對墨子的「兼愛」精神也非常推崇，認為中國「古時最講愛字的莫過於墨子。墨子所講的『兼愛』與耶穌所講的『博愛』是一樣的」〔註49〕。他把墨子的「兼愛」精神與近代的平等思想等同起來。在這裡，我們沒有必要討論這種比較是否有充足的學理的理由，因為他們所追求的是一種精神的魅力。章太炎也說：「墨子之學，誠有不逮孔、老者，其道德則非孔、老所敢窺也。」〔註50〕對墨家的道德精神持讚賞態度。

〔註47〕梁啟超：《子墨子學說》，《梁啟超全集》第十一冊。北京出版社1999年版，第3158頁。

〔註48〕〔清〕譚嗣同：《仁學‧自序》，《中國近代思想家文庫‧譚嗣同卷》。北京：中國人民大學出版社2014年版，第3～4頁。

〔註49〕孫中山：《三民主義‧民族主義》第六講，《孫中山全集》第一卷。北京：人民出版社2015年版，第381頁。

〔註50〕章太炎：《諸子略說》，見《國學講演錄》。

　　具有激進思想的愛國人士易白沙論述了墨家精神在當時的必要性。他說：
「周秦諸子之學，差可益於國人而無餘毒者，殆莫於墨子矣。其學勇於救國，
赴湯蹈火，死不旋踵，精於製器，善於制守，以寡少之眾，保弱小之邦，雖大
國莫能破焉。今者四鄰多壘，大夫不以為辱，士大夫不以為憂，治安既不能，
戰既不能，守復無備，土地人民，惟人之宰割是聽。以《備城門》《備梯》《備
高臨》諸篇之義，固吾土宇，此非攻之說不可緩也。……國人日用飲食衣服之
需，仰給鄰國，稱貸外債，以土地主權為質，富與貴更據私財，深緘縢扃鐍之
藏，一食萬錢一裘千鎰，而人民啼饑號寒，遍於四境之內矣。此節用之說不可
緩也。人類之立捨愛莫由也，今者父子夫婦兄弟，各不相愛，社會中皆不慈不
友不孝不弟之人耳。……弊之所積，不愛社會，不愛國家，不愛祖宗，不愛子
孫，不愛廉恥，不愛名譽，且不愛其身。此兼愛之說不可緩也。」〔註51〕易白
沙不僅認為墨家的人格精神符合時代的要求，而且墨家的科技、軍事思想也是
時代所急需的。

　　時代召喚著墨家精神的再現，對墨家人格精神的弘揚又促進了墨學研究
與墨學復興的進程。清末的學術大師俞樾在為孫詒讓的《墨子閒詁》所寫的
《序》中說：「今天下一大戰國也，以孟子反本一言為主，而以墨子之書輔
之，倘足以安內而攘外乎。勿謂仲容之為此書，窮年兀兀，徒敝精神於無用
也。」〔註52〕當然，作為經學大師的俞樾還不可能把墨學放在儒學平列的地
位來看待，對此沒有必要苛究。但他對墨學振世救弊精神的肯定無疑說明了
其時代的價值。許嘯天（1886～1946）在《墨子新序》中就直接表明了自己
墨學研究的目的是弘揚墨家精神，他說：「墨家同情心深厚，義務觀念堅強，
犧牲精神偉大，實在值得吾人崇拜，值得吾人研究，更是值得整理的。……
尤其是現在的人心時局，墨子思想是一劑對症的良藥，如何不快快地整理，
快快地宣傳。」〔註53〕

　　所以，我們很難分辨十九世紀下半葉人們研究墨學是出於何種目的，即便
完全是學理的研究，也不能排除其時代的原因，因為任何學術研究都是與其所
處時代密切相關的，沒有完全脫離時代的學術研究。我認為，就是像《墨子》
校勘那樣實證的學問，也蘊含著思想的內涵。毫無疑問，救亡的時代旋律促使

〔註51〕易白沙：《述墨》。見《青年雜誌》（後改名為《新青年》）第一卷第2號。
〔註52〕參見《墨子閒詁》上冊。
〔註53〕許嘯天整理：《墨子》。上海：群學社1926年版。

人們去尋找一種精神的力量，來改造那些萎縮的心靈，墨學契合了這種需要，從而促使人們去進一步研究墨學。從另一個方面看，墨學研究也使得墨家的人格精神進一步為人們認識，並發揚光大。兩者相輔相成，促進近代墨學的復興。

四、新文化運動與墨學復興

　　新文化運動是近代思想史上一次思想解放的運動，也是中國學術史上的一次巨大變革，它使中國的學術研究開始擺脫儒學獨尊的思想羈絆，子學、佛學與儒學一樣開始成為學術殿堂的一個門類。不過，要想打破一箇舊有的學術系統，而構建一個新的學術系統的任務仍然很艱巨，傳統的儒學從主導地位上的消退不僅僅靠來自傳統學術內部的分化，也需要外部的力量。「五四」時期，新文化人出於反傳統的需要，力圖構建一個嶄新的、開放的文化系統。這個新的文化系統首先反對儒學的主導地位，同時汲納西方近代文明，使之適應近代社會發展的需要。當然，這個新文化系統並非空中樓閣，應該有自己的基點。這個基點是什麼呢？我們知道，新文化運動的興起首先就伴隨著對傳統正統文化的嚴厲批判和對傳統下層文化的大力提倡，而子學中的墨學則是傳統下層文化的典型代表，因此，新文化人對墨學尤為推崇。新文化人陳獨秀（1879～1942）、胡適（1891～1942）、吳虞（1872～1949）等都對墨學非常推崇。陳獨秀說：「墨子兼愛，莊子在宥，許行並耕，此三者誠人類最高之理想，而吾國之國粹也。」〔註54〕吳虞用先秦墨、道、法等思想對傳統道德、禮教進行激烈的批判，並著有《墨子與勞農主義》，熱情謳歌墨家思想。魯迅則在小說《非攻》《鑄劍》中塑造了兩個具有墨家思想的人物。顯然，他們都試圖利用墨家思想來消解儒學的主導地位，為新文化系統的構建開闢道路。在這方面，胡適顯然做得更多、走得更遠，他不僅要用墨學來消解儒學的主導地位，而且要用墨學來嫁接西方近代文化，構建新文化系統。他認為，要創建一個新的文化系統，既不能專靠輸入外部文化，也不能只是古代文化的復活，而應該是在舊文化中找到「有機的聯繫現代歐美思想體系的合適的基礎，使我們能夠在新舊文化調和的基礎上建立我們自己的科學和哲學」〔註55〕。他還指出：「中國哲學的將來，有賴於從儒學的道德倫理和理性的枷鎖中得到解放」。「換句話說，中

〔註54〕陳獨秀：《答李傑》。《陳獨秀文章選編》（上）。北京：三聯書店1984年版，第215頁。

〔註55〕胡適：《先秦名學史》，見《胡適文集》（六）。北京：北京大學出版社1998年版，第10頁。

國哲學的將來，似乎大有賴於那些偉大的哲學學派的恢復」。〔註56〕胡適把墨學看成是嫁接西學最合適的土壤，他對墨學作了前無古人的發掘，顯然是上述原因決定的。

新文化運動時期，還有一個值得注意的現象，那就是西方邏輯學的輸入。當時有人認為中國古代沒有專門的邏輯學，而只有所謂的「辯學」或「論理學」，而且他們不認為「辯學」或「論理學」就是邏輯學。本世紀初，西方邏輯學通過嚴復（1854～1921）、王國維（1877～1927）等人的譯介再度傳播到中國，〔註57〕引起了學術界的重視。嚴復先後翻譯了約翰·穆勒（John Stuart Mill）的《名學》、威廉·史坦利·耶方斯（William Stanley Jevons）的《名學淺說》，王國維也把耶芳斯的《邏輯學》譯為中文。反觀中國思想史，蔣維喬（1873～1958）斷言：「東亞向無論理學，有佛家所謂因明略似之。我國古時所謂名家似是而實非。」〔註58〕這給中國學術界以強烈的刺激，他們開始尋找屬於中國自己的邏輯學，而西方邏輯的輸入顯然為發掘中國古代的邏輯思想提供了參照系統。梁啟超、章太炎、胡適都對《墨經》中的邏輯思想進行了發掘，尤其是胡適，貢獻最大。他不僅證明中國古代有自己的邏輯系統，而且自豪地說：「依我看來，墨家的名學在世界名學史上應該占上一個重要的位置。」〔註59〕正是上述的推動力，《墨經》研究在新文化運動之後空前繁榮。

正是有了新文化運動，墨學得以從儒學的枷鎖中解放出來，與儒學一樣在學術殿堂中具有平等的地位。新文化運動也擴大了墨學研究的範圍，墨學研究不僅僅是《墨子》校勘、考據、訓詁，而且還有墨家社會政治思想、哲學思想、邏輯思想、科技思想、軍事思想的近代闡釋。新文化運動及其後的一段時間裏，不僅有許多《墨子》校勘的著作，也湧現了一批詮釋墨學的專著（見表三）。在這些著作中，他們逐漸從儒學中心地位中擺脫出來。特別是胡適的《先秦名學史》與《中國古代哲學史》，用近代的西方的社會科學方法來研究墨學，夷平了孔、墨的地位。可以說，在新文化運動期間，墨學真正復興了。

〔註56〕 胡適：《先秦名學史》，見《胡適文集》（六）。北京：北京大學出版社 1998 年版，第 11 頁。
〔註57〕 明末，西方邏輯學曾經傳教士傳播到中國，並且翻譯了《名理探》，只是沒有能夠起中國學術界足夠的重視，從而不久就被遺忘。
〔註58〕 蔣維喬：《論理學講義》。上海：商務印書館 1924 年版，第 1 頁。
〔註59〕 胡適：《中國古代哲學史》，《胡適文集》（六）。北京：北京大學出版社 1998 年版，第 306 頁。

表三：新文化運動期間的部分墨學研究著作或主要論文

書 名	作 者	備 注
子墨子學說	梁啟超	1904 年
墨子之論理學	梁啟超	1904 年
原墨	張采田	1912 年
先秦名學史（墨學部分）	胡適	1917 年
中國古代哲學史（墨學部分）	胡適	1919 年
述墨	易白沙	1921 年
墨子學案	梁啟超	1921 年
墨子政治哲學	陳顧遠	據欒調甫《二十年來之墨學》
墨子經濟思想	熊夢	據欒調甫《二十年來之墨學》
墨學與景教	張純一	據欒調甫《二十年來之墨學》
墨子政治哲學	陳顧遠	1922 年
儒墨之異同	王桐齡	1922 年
墨學分科	張純一	1924 年
墨子哲學	郎擎霄	1925 年
章氏墨學	章士釗	1926 年
墨學通論	孫思仿	1927 年
墨學十論	陳柱	1928 年
楊墨哲學	蔣維喬	1928 年
墨子	錢穆	1930 年
墨學源流	方授楚	1936 年

　　近代墨學復興既是近代學術自身演進的必然結果，更是時代的使然，因而，其發展就不可避免地印上了時代的印記。

　　其一，近代墨學復興是在援墨釋儒、西學中源、救亡圖存等因素驅動下的必然結果，到了新文化運動，又作為儒學的對立面被研究。因而，墨學研究的著作雖然不少，但對能夠對墨學本身作理性考察的著作並不多見，對墨學自身的發展的批判是不夠的。無論孫詒讓，還是梁啟超、胡適，他們的墨學研究對墨學自身的理性批判都顯得不足。正因為如此，限制了墨學的深入研究，從而也限制了墨學的發展。

　　其二，近代墨學的發展進程，與西學中源有很大的關係。人們在把墨學與

西學作比較的過程中，認為墨學中的科技思想、軍事思想、邏輯思想甚至社會政治思想與西方近代科技、社會政治等思想有很大的同的一面，從而盲目比附，這種比附一直到二十世紀還存在。而對「異」的一面揭示相對不足。《墨子》畢竟是兩千多年前的一部著作，與西方近代科技、社會政治等思想有質的差異。

其三，清末以來，「中體西用」思想一直在思想文化界發揮著巨大的影響，而新文化人試圖衝破這種思想的禁錮，創造一種嶄新的文化系統。可是，他們在一定程度上擺脫了傳統儒學的羈絆，卻又陷入另一種羈絆。他們對中國傳統文化有一種固執的依戀，他們又迴向傳統去尋找墨學。其實，那時用西方社會政治學說詮釋墨學已很普遍，用這樣的墨學來嫁接西方文化究竟有多大程度的可行性，歷史已經給予了明確的回答。墨學與西方近代文化是不同質的兩種文化，我不否認有溝通交融的可能性，但需要時間，更需要深入細緻的研究。任何急功近利的做法只會帶來負面的效果。

墨學在近代復興，但墨學並沒有像有些近代人希望的那樣，又成為近代的顯學。實際上，隨著新文化運動走向尾聲，近代墨學的輝煌時期結束了，逐漸成為學術殿堂研究的對象，沒有也不可能成為時代的文化思潮的主流。

第二章　近代墨學的肇端：傅山的墨學研究

　　王汎森有言：「晚明是一個思想解放的時代，但儒家內部也出現一種深刻的焦慮與不安，思想之間的界域非常不穩定。一方面是因為心學大盛之後，將真理的根源安放在個人的『良知』之上，既然是以『心』為基礎，則佛、道與儒家的內在資源之間便變得很難清楚劃分。在儒學內部，因為客觀外在的標準相對並不明顯，所以思想家之間爭論不休，呈現了多元紛陳的局面，對於諸多爭論不休的思想問題缺乏一個可以作最後判斷的『最高法庭』。」〔註1〕思想上儒學一統的鬆弛，為其他思想的研究打開了方便之門，一些具有異端思維的思想家們開始研究儒學之外的諸子，傅山的墨學研究便是其中之一。

一、傅山學術思想概要

　　傅山（1607～1684），初名鼎臣，字青竹，後改名青主。山西太原人。是明末清初具有「異端」思維的重要的思想家。

　　傅山生在王朝嬗代之際，少年時期，明王朝政權崩解，家國破滅，對舊政權有著難捨的眷戀，視滿族建立的新政權異族統治，「一生為客不為主，是我少時意見。」〔註2〕傅山年輕時曾參加反清復明的政治活動，逮至清王朝確立，在復明無望的情形下，傅山逃避清政府徵召，轉向學術活動，系統研究並批判

〔註1〕王汎森：《晚明清初思想十論・序》。上海：復旦大學出版社 2004 年版，第 2 頁。
〔註2〕傅山：《霜紅龕集》。太原：山西人民出版社 1985，第 684 頁。

古代的學術思想，在思想史上留下了重要的地位。

政治上，明王朝的政治統治逐漸解體，代之而起的是一個文化相對落後的少數民族——滿族，以武力建立的統一國家政權。文化上，雖然陽明學說的積弊日益為人們認識，並遭遇批判；但從積極意義上講，陽明學說卻給有明一代沉悶的學風帶來一縷新鮮的空氣，打破了許多思想上、學術上的禁錮，無異於一次思想的解放。誠如嵇文甫所言，晚明「在不讀書的環境中，也潛藏著讀書的種子；在師心蔑古的空氣中，卻透露出古學復興的曙光。」〔註3〕這樣的時代最容易造就一些思想上、學術上的巨人。傅山就是這群巨人中的一個。據全祖望《陽曲傅先生事略》稱，傅山「家世以學行，師表晉中」〔註4〕，深厚的家學淵源為其學術生涯奠定了良好的基礎。傅山好學，但反對死讀書。他說：「昔人云好學無常家，家似謂專家之家，如儒林毛《詩》、孟《易》之類。我不作此解。家即家室之家，好學人那得死坐屋底？胸懷既因懷居卑劣，聞見遂不寬博；故能讀書人亦當如行腳闍黎，瓶缽團杖，尋山問水，既堅筋骨，亦暢心眼。若再遇師友，親之取之，大勝塞居不瀟灑也。」〔註5〕他博學多識，於經、史、子等均有研究，並涉略佛、道典籍。亦能詩善文，工書善畫，並懸壺濟世，於醫學也有精深的研究，可謂不拘一格。有論者認為傅山思想受陽明學影響，〔註6〕陽明學要求解脫束縛，不無一定道理，但傅山並不是陽明學信徒。與同時代的顧炎武等一樣，傅山「思以濟世自見，而不屑為空言。」他說：「看書灑脫一番，長進一番，若只在注腳中討分曉，此之謂鑽故紙，此之謂蠹魚。」〔註7〕在他看來，「學如江河，絕而過之，不沉沒於學也，覺也。不沉沒於效也，覺也。」〔註8〕他對南宋思想家陳亮持讚賞態度，曾經說：「或強以宋諸儒之學問，則曰『必不得已，吾取同甫先生』。」〔註9〕陳亮為南宋事功學派代表人物，通經致用，不尚空談，思想具有「異端」的叛逆特徵，曾說自己「口誦墨翟之言，身從楊朱之道，外有子貢之形，內居原憲之實。」〔註10〕由此也可

〔註3〕 嵇文甫：《晚明思想史論》。北京：東方出版社1996年版，第144頁。
〔註4〕 全祖望：《鮚琦亭文集選注》。濟南：齊魯書社1982年版，第252頁。
〔註5〕 傅山：《霜紅龕集》。太原：山西人民出版社1985年版，第690頁。
〔註6〕 參見趙儷生《讀〈霜紅龕集〉札記》，收入《傅山研究文集》。太原：山西人民出版社1985年版。
〔註7〕 傅山：《霜紅龕集》。山西人民出版社1985，第994頁。
〔註8〕 傅山：《霜紅龕集》。山西人民出版社1985，第824頁。
〔註9〕 全祖望：《鮚琦亭文集選注》。濟南：齊魯書社1982年版，第253頁。
〔註10〕 陳亮：《陳亮集》卷二十八。北京：中華書局1987版，第339頁。

窺見傅山的人格與學術的獨特色彩。傅山著述豐富，但由於生活漂泊不定，散佚不少。現存的主要有《霜紅龕集》，全集有《傅山全書》。

當代思想家侯外廬認為：「傅山學術，由存世的《霜紅龕集》看來，是以系統地研究或評注諸子百家為他的中心工作。」〔註11〕大致概括了傅山的學術路向。傅山的子學研究範圍頗廣，涉及老子、莊子、墨子、公孫龍子、荀子等。這在當時的學者中很鮮見，因為那個時代的思想學術界，儒學一尊，子學不受重視，尤其是墨學，涉略者甚少，當時多數學者仍受孟子辟墨影響，堅守孟子對墨子「兼愛無父」的批評，視其為異端。好在傅山像陳亮一樣以「異端」自居，曾說：「老夫學老莊者也，於世間諸仁義事實薄道之，即強言之亦不能工。」他主張「經子齊觀」，認為「經子之爭亦末矣！只因儒者知六經之名，遂以為子不如經之尊。習見之鄙可見。」「孔子、孟子不稱為孔經、孟經，而必曰孔子、孟子者，可見有子而後有作經者也。」〔註12〕「今所行五經四書，注一代之王制，非千古之道統也。」〔註13〕他力圖從本原來廓清「經」與「子」關係，「有子而後有經」，實在有否定儒學獨尊的思想傾向。傅山還試圖從文字學、音韻學的角度來證明「經」「子」平等。對於六經和諸子，傅山無從軒輊加以闡發或注釋，開近代子學研究之先河。

二、《〈大取篇〉釋》的思想內容

根據《傅山全書》，其有關墨學研究內容比較豐富，主要有卷四十二〈墨子〉〈墨子非儒下〉〈墨子之雟之異〉，卷五十六〈墨子大取篇釋〉，卷五十九、六十、六十一的〈墨子校注〉，以及卷二十四的〈墨子經簡注〉〈墨子小取篇簡注〉等，這些內容雖然以校注或注來命名，但主要是摘錄為主，加之個別簡單批語。雖然有開創意義，但於墨學研究本身，學術價值不是很高。因此，本文重點從《墨子・大取篇〉釋》來考察傅山的墨學研究。《大取篇》原文不足二千五百字，傅山的釋文卻用了大約七千五百字。文章的題目被稱作「釋」，但傅山更關注的似乎不是文字的訓釋，而是思想內涵的發掘。《大取篇》的內容涉及墨家的「兼愛」、「志功」以及邏輯思想，他都予以自己的闡釋。

由於《墨子》長期沒有人研究，文字舛誤常多。因而傅山的《〈墨子・大

〔註11〕侯外廬：《中國思想通史》第五卷。北京：人民出版社 1960 年版，第 272 頁。
〔註12〕傅山：《霜紅龕集》。山西人民出版社 1985 年版，第 1067 頁。
〔註13〕傅山：《霜紅龕集》。山西人民出版社 1985 年版，第 999 頁。

取篇〉釋》首先還是從正文字開始的。乾嘉學者的學術研究很注意文字校釋，但他們的校釋工作與傅山還是有所區別的。乾嘉學者大多從書本到書本，文字校釋主要以《爾雅》《說文》等為依規，少有越雷池的地方。而且僅僅局限於文字，很少有義理上的融會貫通。傅山的文字訓釋則不拘泥於某一家一派觀點，而充分發揮自己廣博學識的長處，融會貫通。在文字校釋中，他不僅運用自己文字、音韻學方面的知識，而且能參證鐘鼎文字，斷以己意，因而行文很是通脫。他在訓釋「為暴人語天之為」的「暴」時說：「暴，猶自暴珍之暴。自暴墮窟無所事事之人，與之言天生天殺之道，則是；若任性暴珍，而為歌詠天下之所為，人亦當如是不勤不苦，則非也。暴，又如殘忍之人，自為而不為人，如不肯拔一毛者，皆可通。」〔註14〕在釋「小圓之圓與大圓之圓同」時說「『圓』字不解，似謂視而之圓以盛穀者。小圓與大圓，盛穀雖有多寡之異，然以養人之用則同。」〔註15〕又如，在訓釋「倪曰」的「倪」時道：「視，譬喻也，於此無當。如磐義，開口語辭合。」〔註16〕這些訓釋不局囿於某一字書，而是運用自己音韻學、金石學的知識，實事求是，做出判斷。文字的訓釋只是為義理做準備。傅山並不停留在文字的訓釋上，而尤其著力於整篇文章的診釋工作，「以求其通」。「兼愛」可以說是墨家思想的基石，《大取篇》是墨家「兼愛」思想的邏輯概括。孟子謂「兼愛無父」，對其大加撻伐，其後的儒家對孟子的觀點也堅守不移。傅山卻讚揚說：

> 兼愛，愛分；一愛，愛專。我之於人無彼此皆愛，與無二愛之專一愛同義也。人皆有生，而我皆以一愛愛之，除無生者我不愛之。其類如人莫不有死，而我莫不有愛。謂於人定愛之也，矢死以一愛愛人，死而後已也。〔註17〕

傅山認為，「兼愛」乃「我之於人無彼此皆愛，與無二愛之專一愛同義」，顯然，傅山是在尊重墨子「兼愛」本意的情況下作了自己的解釋。在傅山對兼愛的解釋中甚至還包含著博愛的思想，他說：「推其愛人之實，愛眾與愛寡相若；若但能愛寡而不能愛眾，不可謂愛也。」〔註18〕當然，我們不能說那時的傅山已經包含了近代的「博愛」思想。墨子「兼愛」是在戰國時代代表那些社會底層

〔註14〕傅山：《霜紅龕集》。山西人民出版社1985年版，第968頁。
〔註15〕傅山：《霜紅龕集》。山西人民出版社1985年版，第874頁。
〔註16〕傅山：《霜紅龕集》。山西人民出版社1985年版，第973頁。
〔註17〕傅山：《霜紅龕集》。山西人民出版社1985年版，第985頁。
〔註18〕傅山：《霜紅龕集》。山西人民出版社1985年版，第973頁。

的人們發出一種呼聲和良好的願望，並不包容近代意義上的「生而平等」觀念。而近代「博愛」的前提是「人生而平等」。因此，從這層意義上說，傅山對「兼愛」的解釋更接近《墨子》本身的內涵。《墨子》堅持「兼相愛」「交相利」。傅山也認為，「兼愛」不僅僅是愛憎分明的，而且與「交利」相聯繫。他在解釋《大取篇》「大人之愛小人也，薄於小人之愛大人也；其利小人也，厚於小人之利大人也」時說：

> 大人，有德有位者，治人者也；小人，百姓也，治於人者也。
> 百姓依護大人以為生，故愛大人也。然此就大人能為人依護者言而，其常也；若草芥寇讎，則後世之大人矣，小人焉能愛之。〔註19〕

從上面也可以看出傅山理解的「兼愛」沒有完全擺脫社會的不平等，因而不是近代意義上的「博愛」。但傅山從相互性闡釋「兼愛」「交利」，表明了他思想中的對當時社會文化的超越，也表明了他能不為當時主流思想意識所束縛的懷疑叛逆性格。他說：

> 一雙空靈的眼睛，不惟不許今天瞞過，並不許古人瞞過。看古人行事，有全是底，有全非底，有先是後非底，有先非後是底，有似是而非、似非而是底，指十百是中之一非、十百非中之一是，了然於前。我取其是而去其非，其中更有執拗之君子，惡其人，即其人之是亦硬指為非；喜承順之君子，愛其人，即其人之非亦私泥為是，千變萬狀，不勝辯別，但使我之心不受私蔽，光明洞達，隨時隨事，觸著便了。〔註20〕

傅山的思想，不為當時主流思想束縛，具有實事求是精神。他的批判的精神也正是他敢於訓釋《墨子·大取篇》的原因。

墨家主張把「義」與「利」、「志」與「功」結合起來。《大取篇》有不少這樣的表述，反對儒家割裂他們的關係。傅山從自己的「濟世」思想出發，贊同墨家的主張，認為「義者，宜也，宜利不宜害；興利之事須實有功，不得徒有志為有利於人也。」《大取篇》又反對淆亂動機與效果的關係，強調「志功為辨」，動機與效果既不相同又有機統一。傅山的解釋也表明了他堅持「志」與「功」的有機統一：「意僅可曰志，不可以為功，必得檻得禽而後可云功也，志與功不可相從而得、以志為功也。故志是志，功是功，當辨

〔註19〕傅山：《霜紅龕集》。山西人民出版社 1985 年版，第 965 頁。
〔註20〕傅山：《霜紅龕集》。山西人民出版社 1985 年版，第 1001 頁。

也。」〔註21〕傅山不屑為空言，他甚至把效果看得比動機更為重要：「猶愛人者，必實實有愛人之功始可，但若有其志於人何益！所以志是志，功是功，須辨之，不可謂志即功也。」〔註22〕於此可以看出，傅山的思想與明清之際的實學思想是相通的。

《〈墨子‧大取篇〉釋》還充滿著對「奴儒」的批判精神，這主要表現在他對墨家思想的肯定之中。墨家主張節葬，而為儒家所譏，孟、荀等均有批評。傅山則稱賞墨家的節葬觀，批評儒家厚葬觀點，指出「儒家治厚葬以利其得一孝名耳。是為稱賞名譽以利一人，非為以賞利實有利於眾人也。充其要譽之心，即不為此厚藏以求於人，亦不至別無可貴於人之事，即欲因此博一孝名以利心則名而已矣。尚得為真孝乎？不孝且勿論，而以厚葬誨盜亦且不智，是不見己之有利於眾親也」。〔註23〕傅山以墨家的義利作為座標，批評厚葬名為孝道，實為求名求利，這種批判精神與傅山的學術思想是一脈相承的，同明末清初的李贄、顧炎武、黃宗羲等思想家一樣，由於處於社會、思想嬗變之際，精神上的束縛相對較少，面對變動中的社會、文化，激發他們的思考和想像。傅山的墨學研究是那種社會、文化環境的產物。在他之前；李贄曾著《墨子批選》，激烈指出孟子指責墨家是「不深考其所自而輕於立言」〔註24〕的結果。傅山研究墨學，是其子學研究中的一部分。侯外盧指出傅山「開創子學研究的本身，就是對於道學傳統的反對態度」〔註25〕。

《大取篇》亦有豐富的傳統邏輯思想，傅山也努力加以發掘。名實之辨是先秦邏輯學的重要問題之一，《大取篇》也作了不少探討。傅山在訓釋中說：「聖人所為人，於名實之間，欲名之有實也。若但曰『名實』，徒有其名而不必誠是其實，則白敗是石也。『白敗』不知為何物，當時或有此名。可見當時諸子多持堅白石之論，故此及之，以辨名實。若但以白為石，如物之壞而敗者，如白酸、白之皆可謂之石矣。即以『大』言之，如『大馬』非『大牛』也，若去其實而不分辨之，但曰『大』，如何是『大』也？」顯然，傅山所持的觀點是：辨別名實，名依於實。不僅如此，他還通過訓釋《大取篇》中「居運」一段文字，進一步發

〔註21〕傅山：《霜紅龕集》。山西人民出版社1985年版，第975頁。
〔註22〕傅山：《霜紅龕集》。山西人民出版社1985年版，第972頁。
〔註23〕傅山：《霜紅龕集》。山西人民出版社1985年版，第976頁。
〔註24〕李贄：《墨子批選》，見嚴靈峰編《墨子集成》第九卷。臺灣：成文出版社1977年版。
〔註25〕侯外盧：《中國思想通史》第五卷。第272頁。

揮自己的名實觀：「居齊曰『齊人』，而去之荊，則不得謂『齊人』矣之類也；即如山之非鄡、室之非廟，實在斯名在。」〔註26〕「實在斯名在」是與儒家的「正名」完全相反的。是一種素樸的唯物主義觀點。同異關係問題也是先秦邏輯學上重要問題之一，《大取篇》中有一些關於同異問題的論述。傅山在訓釋中也作了探討。他把同異關係分為幾個層次來論述：首先，他把「同」分為「類同而名不同」、「名同而實異」等不同形式的「同」。其次，他把同異關係辨別為四種：一是「乃是而然」，二是「是不然」，三是「遷」，四是「強」。「四種之中，各有深、淺、尊、益。」〔註27〕其三，他認為同中有異，異中有同。

三、墨學研究特徵

自秦漢墨學式微，歷代研究者對墨家思想評價多為負面。傅山則不同，認為「經子之爭」是「習見之鄙」，「有子而後有經」，作為子學的墨學與儒家的「經」具有同等的思想史地位。墨家主張「非命」，「墨子罷不肖，執有命之說，甚足以鞭策懶惰窳。」〔註28〕傅山的《〈墨子·大取篇〉釋》幾乎可以說是開近代墨學研究的先河，有首創之功。因為《墨子》文本長期沒有嚴謹的整理，傅山的訓釋也有不盡如意的地方，他自己也作了坦率的說明：「文本難盡通，逐字逐句為之，積累而疏之，以求其通，可謂用心於無用矣。然亦必不必之見；不爾，則心留而不去爾，斯置之矣。」〔註29〕傅山的墨學研究表現了下屬特徵：

首先，逐字逐句的訓釋與思想內容的闡釋貫通相結合。前文已經提到了這一層。通觀《〈墨子·大取篇〉釋》，文字訓釋固然重要，義理的貫通工作用力更多。在義理的貫通上，傅山在尊重原文意義的前提下，努力發掘其中的思想內涵，對墨學中適應時代之需的精神議論頗多，並予以充分肯定。例如，他說：「然墨學正在股肱之勤強也，而此又似不徒以股肪之強為事，則所援禹之股無胈、脛無毛者，皆有道於其中。為其行之勤，不徒以不類之辨而強令於人也，先行而後辨。」〔註30〕傅山很看重墨家的實行的精神，這與傅山的「不尚為空言」的學術精神也是一致的。當然，從文章的形式上看，傅山仍然用傳統的依文為訓的形式，但他的議論發揮頗多，而且與那時代的「言心言性」又不同，

〔註26〕傅山：《霜紅龕集》。山西人民出版社1985年版，第977頁。
〔註27〕傅山：《霜紅龕集》。山西人民出版社1985年版，第979頁。
〔註28〕傅山：《傅山全書》第三冊，山西人民出版社2016年版，第22頁。
〔註29〕傅山：《霜紅龕集》。山西人民出版社1985年版，第989頁。
〔註30〕傅山：《霜紅龕集》。山西人民出版社1985年版，第971頁。

常常與實際問題結合。這是當時經世思想的一部分。

其次，「餐採」各家學說，比較歸納。傅山反對學術上的迷信，而使祖國寶貴的文化遺產淹沒不顯。他說：「無如失心之士，毫無餐採，致使如來本跡大明中天而不見，諸子著述雲雷鼓震而不聞，蓋其迷也久矣！」〔註31〕因此，在《〈墨子·大取篇〉釋》中，傅山還運用自己廣博學識，「餐採」各家學說，比較甄別，隨處可見。他不僅把墨家與儒家相比較，而且把墨家與管子、佛學相比較。在設釋「聖人之法：死亡親、為天下也；厚親，分也；以死亡之體渴利興」時，用管子作對照，「渴利興，如管子移葬，以為貧民之利者。」〔註32〕在闡釋同異關係時說：「《楞嚴》『因彼所異，因異立同』之語，可互明此旨。」用佛經《楞嚴》作比較。在釋「殺己以存天下」時又說：「此事佛典中有之。」〔註33〕

從學術史來看，傅山的墨學研究往往被忽略，但其墨學研究內涵的豐富程度及其墨學研究史上的意義卻不可低估。首先，他對墨家邏輯思想的發掘，是繼西晉魯勝《墨辯注》後的第一人，況且魯勝的《墨辯注》僅見記載，還沒有見到該書。明清之際，西方的邏輯學正由傳教士傳播到中國，我們還沒有發現傅山接觸過西方邏輯學的證據，他對《大取篇》邏輯思想的探討就顯得彌足珍貴了。從形式上看，《〈墨子·大取篇〉釋》的邏輯研究仍是先秦邏輯的延續，但沒有必要用今天的眼光來苛求。其次，傅山的《〈墨子·大取篇〉釋》並非僅僅傳統的古文經學方法的校勘、訓詁，而且還有豐富的義理闡釋，這些闡釋兼有宋學的意味，又與宋學不同。因為傅山試圖擺脫儒學的價值壟斷，高揚子學精神，其研究對墨學精神的肯定則是秦漢以來第一人。第三，傅山對墨家重要的思想「兼愛」、「志功」等充分肯定，實際上是在表達自己的經世思想，是當時經世思想的重要組成部分。在當時，除了像李贄等少數具有「異端」思想的思想家外，幾乎少有人敢問津。因而，傅山的墨學研究不僅有學術史的意義，更有思想史上的意義了。這種意義的真正彰顯是在二百多年後的清末。我們完全有理由認為，傅山的墨學研究是近代墨學的肇端。

需要指出的是，清代乾嘉時期的墨學研究雖然在校勘、訓詁上的成就超越了傅山，但是，在對墨學義理的闡發上，墨學精神的價值肯定上，則基本上沒有超越傅山的研究。

〔註31〕傅山：《霜紅龕集》。山西人民出版社1985年版，第477頁。
〔註32〕傅山：《霜紅龕集》。山西人民出版社1985年版，第972頁。
〔註33〕傅山：《霜紅龕集》。山西人民出版社1985年版，第981頁。

第三章　傳統的終結：孫詒讓的墨學研究

一、學術背景

　　在近代墨學研究歷程中，孫詒讓不僅是個劃時代的人物，也是個承前啟後的學者，他以《墨子閒詁》這部墨學巨著奠定了他在近代墨學發展史上的重要地位。

　　孫詒讓（1848～1908），字仲容，號籀頎，浙江瑞安人。生於一個亦學亦仕的傳統知識分子家庭。浙江溫州是永嘉學派和永康學派的發源地，那裏有著非常深厚的功利主義學術淵源。自宋代以來，永嘉和永康學人便「主禮樂制度，以求見之事功」，反對空談天命性理。特別是南宋的葉適、陳亮，提倡功利之學，關心時事，以「世道興廢為己重」，澤惠後學。至清代，浙東學派仍「遠紹永嘉遺風」〔註1〕。孫詒讓的父親孫依言尤為推重永嘉之學，曾經匯刻《永嘉叢書》，年少的孫詒讓曾經參與其校勘、輯錄工作。濃厚的經世致用學術風氣不能不對孫詒讓的學術生涯產生深遠影響。據章太炎《孫詒讓傳》，孫詒讓少年時，「好六藝古文。父諷之曰：孺子徒自苦，經師如戴聖、馬融，不阻群盜為姦劫，則賊善人，寧治史志，足以經世致遠。詒讓曰：以人廢言不可，且先漢諸黎獻，風義爵然，經訓之以徒舉一二人僻邪者，史官如沈約、許敬宗，可盡師耶？父乃授《周官經》，其後為《正義》，自此始。」〔註2〕章太炎之說

〔註1〕 支偉成：《黃宗羲》。見《清代樸學大師列傳》第一。長沙：嶽麓書社1986年版。
〔註2〕 章太炎：《章太炎全集》第四卷。上海人民出版社1985年版，第212頁。

並非表明孫詒讓是個謹守漢學家法而不問世事的學者，事實上，孫詒讓的生活的年代適逢中國社會、經濟、文化、價值觀念等急劇變革的晚清，他並非蟄居在象牙塔之中的學者，特別是中年以後，他以著述這種特有的方式表達對時局的關切和國家命運的憂思，這也正是中國知識分子參與意識的一種特殊表現。到了晚年，他關心時局，贊同變法，甚至積極投身社會變革的實踐，在家鄉興辦各類學校，提倡新式教育，試圖從教育入手來變革中國社會。從某種程度上說，孫詒讓既是清末的樸學大師，又是具有改良思想的封建知識分子。

孫詒讓的學術既有家學淵源和時代背景，又有乾嘉漢學的傳承。雖然他自己說平生學業沒有師承。孫詒讓少年時，即受父親治學薰染並參與其中。又據《札迻敘》，他在十六七歲時讀了江藩的《漢學師承記》和阮元的《皇清經解》，「始知國朝通儒治經史小學家法」〔註3〕，對乾嘉漢學家的治學方法產生了濃厚的興趣。他又在《答日人館森鴻君書》中說：「我朝乾嘉以來，如王石臞念孫及其子文簡公引之之於經子，段若膺先生玉裁之於文字訓詁，錢竹汀先生大昕、梁曜北先生玉繩之於史，皆專門樸學，擇精語詳，其書咸卓然有功於古籍。而某自志學以來，所最服膺者也。」〔註4〕由此可見他在學術上還是心有所向的，而且，就其一生的學術成就來說，其學術方法基本上是沿著乾嘉漢學的路向並向前發展。二十歲前後，他又結識戴望、唐仁壽、劉壽曾等當時著名學人，相互切磋學術，受益良多，進步很大。孫詒讓一生著述豐富，主要有《周禮正義》《墨子閒詁》《札迻》《溫州經籍志》等多種。這些著作表現了四個方面的學術成就：第一，以《名原》為中心，主要表現的是文字訓詁學方面的成就。第二，以《墨子閒詁》為中心，反映了子學研究的卓著成績。第三，典章制度方面，主要成就是《周禮正義》《周官正要》。第四，《溫州經籍志》主要反映目錄學方面的成果。實際上，這四個方面又是互相關聯、彼此交叉的。在這些學問中，孫詒讓基本上是沿著乾嘉學者的治學方法而把經世之學貫穿其中的。

孫詒讓治墨學大約始於 1873 年，而不是有些論者說的 1877 年。〔註5〕他曾在《題蘇時學〈墨子刊誤〉》中說：「癸酉四月，假海寧唐嵩夫本移錄，並校一過。此書正訛脫尚為精審，惟篤信古文書，又好以借字讀正字，是其

〔註3〕孫詒讓：《札迻·自序》。北京：中華書局 1989 年版。
〔註4〕見《孫詒讓遺文輯存》，《溫州文史資料》第五輯，杭州：浙江人民出版社 1990 年版。
〔註5〕見王世偉《〈墨子閒詁〉校勘述略》。《文獻》1987 年第 2 期。

蔽也。」〔註 6〕癸酉四月是清同治十三年，公曆 1873 年。唐耑夫即唐仁壽。由此可見，孫詒讓在 1873 年已經校讀過蘇時學的《墨子刊誤》。又據孫詒讓《重刊聚珍本〈墨子閒詁〉題識》:「光緒乙未夏，余著《墨子閒詁》甫脫稿，即以聚珍本印之。今重勘一過，距初寫此冊時，忽忽廿四年矣。歲月不居，學殖荒落，家恤時艱，並集一時，展卷校字，無復少年時竟興矣。」〔註 7〕「光緒乙未」是 1895 年，那麼他寫《墨子閒詁》應是 1872 年前後。也就是在那時，孫詒讓開始著《周禮正義》。他的《周禮正義》和《墨子閒詁》幾乎是同步進行的。孫氏是古文學家，研究《周禮》不難理解。但他的《周禮正義》又不同於一般乾嘉學者的注疏，不只停留在甄明典制、考訂名物上面，而是朝著通經致用的方向發展。孫孟晉在《孫徵君年譜》（稿本）中說：孫氏「方欲以經制之學融貫漢宋，通其區畛，而以永嘉儒先治《周官》經特為精詳，大抵闡明制度，究極治本，不徒以釋名辨物為事，亦非空談經世者可比」。說明孫氏已不同於乾嘉學人對宋學的完全排斥，而是想「通其區畛」，同時有經世致用之目的。同樣，孫氏治《墨子》已經不同於乾嘉一些學者用子書比勘經書了。他在《墨子閒詁．自序》中說：「身丁戰國之初，感悕於獷暴淫始之政，故其言諄復深切，務陳古以剴今。亦喜稱道《詩》《書》及孔子所不修《百國春秋》，惟於禮則右夏左周，欲變文而反之質。」他還說：「然周季道術分裂，諸子舛馳，荀卿為齊、魯大師，而其書《非十二子篇》於游、夏、孟子諸大賢，皆深相排笮。洙泗齗齗，儒家已然，墨儒異方，跬步千里，其相非寧足異乎？綜覽厥書，釋其紕駁，甄其純實，可取者蓋十六七，其用心篤厚，勇於振世救敝，殆非韓、呂諸子之倫比也。」在他看來，墨學一些主張是戰國那個時代的產物，由此可以看出，他對墨學的評價已經不同於清代的許多學者。

綜上所述，並考察孫氏治墨學原因，有三個方面不可忽視。其一是自明末起，已有學者涉獵墨學。李贄、傅山等都對墨學有所研究，特別是乾嘉時期，汪中、畢沅、張惠言、翁方綱、王念孫等對《墨子》均有不同程度的校注，墨學雖仍然受到排斥，但日漸顯露復興的跡象。鴉片戰爭以後，「西學中源」說一度非常盛行，《墨子》日漸受到重視，這一切為孫氏治墨學逐漸剷除了學術思想上「儒學獨尊」的禁錮，同時也提供了文本上的方便。其二，鴉片戰爭後，

〔註 6〕孫詒讓：《題蘇時學〈墨子刊誤〉》，見《溫州文史資料》第五輯。
〔註 7〕見《孫詒讓遺文輯存》，《溫州文史資料》第五輯。

清政府積貧積弱暴露無遺,作為中國傳統知識分子的孫詒讓,身懷「國家興旺,匹夫有責」的歷史責任感,不可能不思考國家民族的危亡。中國傳統知識分子向來有以著述表達憂國憂民之志的傳統,孫詒讓自然也不例外。墨家「勇於振世救弊」的精神恰好適合救亡圖存的需要,孫詒讓顯然也關注墨家的「救世」精神。他在《與梁卓如論墨子書》中說:「讓少溺於章句之學,於世事無所解。曩讀墨子書,深愛其撢精道術,操行艱苦,以佛氏等慈之旨,綜西士通藝之學,九流匯海,斯為巨派。徒以非儒之論,蒙世大垢,心竊悕之。」〔註8〕他在《墨子閒詁·自序》中也作了特別說明。尤其需要指出的是,他對《墨子閒詁》中《備城門》等反映《墨子》軍事思想的篇章校釋尤其詳盡,「整紛剔蠹,脈摘無遺」〔註9〕,發掘《墨子》軍事思想以適應時代救亡的需要。俞樾在《墨子閒詁·序》感歎:「今天下一大戰國也,以孟子反本一言為主,而以墨子之書輔之,倘足以安內而攘外乎。勿謂仲容之為此書,窮年兀兀,徒敝精神於無用也。」直接陳述了孫詒讓治墨學的時代性。其三,孫詒讓曾寫信給章炳麟說:「近唯以研習古文大篆自遣,頗憤外人著文明史者,謂中國象形文字已滅絕。頃從金文、龜甲文獲十餘名,皆確實可信者,附以金文奇字,為《名原》七篇。」〔註10〕由此可以看出,孫氏對祖國文化遺產懷著深深的眷顧和憂慮,他校勘整理《墨子》也包含著發掘祖國文化遺產的願望。孫詒讓雖然受的是傳統教育,但也讀過一些西方科學書籍,因而他對《墨經》中的科學思想也發掘不少,以此彰顯中國古代的科技成就。當然我並不是要藉此而否認孫氏治墨學也有純粹的學術動機,更不是要否認《墨子閒詁》的學術成就。學術上「求是」與「致用」並非絕對矛盾的。在浩如煙海的中國典籍中,孫氏耗費長達二十多年的時間和精力研治墨學,顯然有其時代原因。

二、《墨子》校釋成就

　　清代墨學研究的首要工作是《墨子》校勘和注釋。因為《墨子》一書長期以來「傳誦既少,注釋亦稀,樂臺舊本,久絕流傳,闕文錯簡,無可校正,古言古字更不可曉」〔註11〕。校勘工作是與版本學、目錄學聯繫在一起的,三者

〔註8〕《溫州文史資料》第五輯。
〔註9〕俞樾:《墨子閒詁·序》。
〔註10〕轉引自《孫詒讓研究》,杭州大學古籍研究所1963年編印,第9頁。
〔註11〕俞樾:《墨子閒詁·序》,北京:中華書局2001年版。以下《墨子閒詁》僅標明頁碼。

相互聯繫，不可分離。因為校勘的需要，而對版本的考訂、編敘目錄，早在西漢末年劉向校書時已是如此，歷代校讎家也奉為圭臬。孫詒讓在這方面是訓練有素並成就卓著，《四部別錄》《溫州經籍志》均表現了他在這方面精湛的造詣。校勘工作首先又是從選定版本開始的。版本的優劣，多少直接關係到校勘的成績。孫詒讓的主要生活經歷在十九世紀後半葉，此前已有一些經過校勘的《墨子》版本流傳，因而他得以廣泛搜羅各種《墨子》版本。他在《墨子閒詁・序》中說：「余昔事讎覽，旁摭眾家，擇善而從，於畢本外，又獲見明吳寬寫本、顧千里校《道藏》本。」同時，他還參閱並吸收了王念孫、王引之、洪頤煊、戴望、俞樾等人的校勘成果。

畢沅校本《墨子》是孫詒讓校勘的底本，此書初刊於乾隆四十八年（1783年），它是畢沅「遍覽唐、宋類書、古今傳注所引」〔註12〕，以明《道藏》本《墨子》為底本，又吸收了盧文弨、孫星衍、翁方綱的校注成果，匯聚而成。畢沅校本作為近兩千年以來第一個比較完整的《墨子》校本，為後人研究《墨子》提供了極大的方便，影響深遠。但畢沅校本也有其不足，因為畢沅生活在乾嘉時期，所見《墨子》版本相當有限，再加上《墨子》長期以來少有人問津，訛脫偽誤不少，書中又多古言古字，校勘的難度相當大，因而有不少疏漏，誤改、誤釋也不算少，甚至有一些人為武斷的地方。但它作為《墨子》一書校勘的底本不失為當時最好的版本。

孫詒讓在《墨子閒詁序》中說：「昔許叔重注《淮南王書》，題曰《鴻烈間詁》，間者，發其疑牾；詁者，正其訓釋。」指明《墨子閒詁》是一部校勘專著。黃紹箕在談到《墨子閒詁》的校勘成就時說：「先生此書，援聲類以訂誤讀，採文例以移錯簡，推篆籀隸楷之遷變，以刊正訛文，發故書雅記之晻昧，以疏證軼事。」〔註13〕黃紹箕與孫詒讓同時代，為孫好友，他對《墨子閒詁》的評價雖高但並無過譽之處，而且，在我看來還不足以全面概括《墨子閒詁》的校勘特特點。用現在的眼光來看，該書應包括以下幾個方面的校注成就：

其一，旁採眾家之成就，匡正舊校之訛誤。孫詒讓本人毫不諱言：「余昔事讎覽，旁摭眾家，擇善而從。」又說：「余幸生諸賢之後，得據彼成說，以推其未竟之緒」。〔註14〕《墨子閒詁》一書，吸收了孫氏前輩學者以及同時代

〔註12〕畢沅：《墨子注序》。見《墨子閒詁》第 612 頁。
〔註13〕《墨子閒詁・跋》。
〔註14〕《墨子閒詁・序》。

的畢沅、盧文弨、孫星衍、王念孫、王引之、戴望、蘇時學、俞樾、黃仲弢、
楊葆彝等人的不少研究成果。畢沅校本《墨子》是孫校本的底本，孫氏經過仔
細甄別，凡是認為校釋準確的，都收錄進《墨子閒詁》。認為錯誤的，也指出
不少，這些在《墨子閒詁》中非常普遍。《墨子閒詁》吸收《墨子》校注成果
比較多的要數王念孫、王引之父子。在乾嘉諸儒中，孫詒讓最佩服王氏父子治
學上的精審博斷，因而凡是王氏父子的校注成就，幾乎全部收羅在《墨子閒詁》
中。比如，《尚同上》：「上以此為賞罰，甚明察以審信。」孫氏就援引王氏父
子的校注成果：「『甚』，舊本訛『其』，王云：『其』當為『甚』，甚明察以審信。
案：王校是也，今據正。」〔註15〕又如，《耕柱篇》「鼎成四足而方」的「四足」，
各種版本均作「三足」。王念孫認為：「三足本作四足。此後人習聞鼎三足之說
而不知古鼎有四足者，遂以意改之也。《藝文類聚》《廣川書跋》《玉海》引此
書作『四足』。《博古圖》所載商、周鼎四足者甚多，未必皆屬無稽。」孫詒讓
依照王念孫之說，又進一步從古文字角度加以考證，指出：「此書多古字，舊
本蓋作『二二足』，故訛為三。」此類例子，舉不勝舉。乾嘉以來《墨子》一
書舊校成果，凡孫氏認為精確者，都收攬進來。《墨子閒詁》初成印行後，孫
詒讓又廣泛徵求學界意見，其友人黃仲弢又詳細校閱一篇，舉正十餘條。而在
此時，得到張惠言《墨子經說解》，又據此補正孫校本《墨經》部分的許多不
足。此外又吸收了楊葆彝的《經說校注》一些成果。可以說，《墨子閒詁》是
有清一代《墨子》校注成果的總匯。

其二，校勘、訓詁相結合。《墨子》一書多古言古字，兩千年來文字演變，
訓詁是一項艱難而繁雜的工作。孫氏從小對於《爾雅》《說文》有著深湛的修
養，又對古文字學有深入的研究，為其文字訓釋大開方便之門。黃紹箕說，「先
生此書，推篆籀隸楷之遷變，以刊正訛文」，說明了孫氏文字學修養在《墨子》
一書訓詁中的運用。孫詒讓在《墨子閒詁·自序》中說：「今於字宜多遵許學。」
事實上，孫氏的訓詁絕不局限於《說文》，而是充分運用自己通貫經子的宏富
學識和文字學修養，在訓詁中旁徵博引。比如，孫詒讓在訓釋《兼愛中》「然
則崇此害亦何用生哉」時說：

俞云：「『崇』字無義，乃『察』字之誤。何用生者，何以生也。
《一切經音義》卷七，引《蒼頡篇》曰：『用，以也』，《詩·桑柔篇》
「逝不以濯」，即其證也。言國與國相攻，家與家相篡，人與人相賊，

〔註15〕孫詒讓：《墨子閒詁》，第 76 頁。

以及君臣父子兄弟之不惠忠，不慈孝，不和調，當察其害之何以生，故曰：『然則察此害之何用生哉』，上篇曰：『當察亂何自起』，與此同意。」案：俞說是也，蘇云：「『用』疑當作『由』」，非。〔註16〕

這一段文字，有校有訓，熔校勘、訓詁於一體。而且，文字訓釋並不謹守《爾雅》《說文》家法，而是從容運用自己宏闊的知識體系的優勢，仔細鉤沉，令人歎服。又如，他對《耕柱篇》「昔者夏后開……是使翁難雉乙卜於白若之龜」的訓釋更為著名：

舊本無「雉」字，今據《玉海》增。「白」畢校本改為「目」，云：「舊脫『乙』字，又作『白若之龜』，誤。《藝文類聚》引作『使翁難乙灼目若之龜』。《玉海》引作『使翁難雉乙卜於白若之龜』，當從『目若』者。《周禮》云『白龜者曰若』。《爾雅·釋漁》云『龜左睨不類，右睨不若』。賈公彥疏《禮》，以為睥睨是目若之說也。若，順也。」王云：「舊本訛作『白苦之龜』，畢據《藝文類聚》改為『目若之龜』，引《爾雅》以為『目若』之證，殊屬附會。今考《初學記》《路史》《廣川書跋》《玉海》，並引作『白若之龜』，『白』字正與今本同，未敢輒改。」詒讓案：「白若」，《道藏》本作《目若》，吳鈔本、季本作「白苦」，《初學記》引亦作「使翁難雉乙灼白若之龜」，《江淹集·銅堅贊敘》云「昔夏后氏使九牧貢金，鑄成九鼎於荊山之下，於昆吾氏之墟，白若甘擾之地」，虞荔《鼎錄》文略同，似皆本此。《書》亦作「白若」，而以為地名，疑誤。但此文舊本訛脫難通，審校文義，當以《玉海》所引校長。「翁」，當作「𦧈」。《說文·口部》：「『嗌』，籀文作『𦧈』，經典或假為『益』字。」《漢書·百官公卿表》「𦧈作朕虞」，是也。「𦧈」與「翁」形近。《節葬下篇》「哭泣不秩聲嗌」。「嗌」亦誤作「翁」，是其證。「難」當為「斬」。《備穴篇》：「剫以金為斬。」「斬」今本亦訛「難」。又《經說上篇》「斬指」、「斬脯」，「斬」並作「難」，皆形近訛易。「斬」與「斵」音義同，詳《經下篇》。「斬雉」猶言「斷雉」，即謂殺雉也。《史記·龜筴傳》說宋元王得神龜云「乃刑白雉及與驪羊，以血灌龜於壇中央」，蓋以雉羊之血釁龜也。「乙」當作「已」，「已」與「以」同。言啟使伯益殺雉以釁龜而卜也。《玉海》所引「雉」字尚未訛。今本又挩「雉」

字，遂以「翁難乙」為人姓名。真郢書燕說，不可究詰矣！〔註17〕

這一段長長的校釋，「推篆籀隸楷之演變」，從文字變遷的角度，廣泛徵引各種書目，訓釋精當，言之成理。

孫詒讓在《墨子閒詁・自序》中說：「非精究形聲通假之源，無由通其讀也。」《墨子・經說上》：「故言也者，諸口能之出民者也。」王引之認為：「當作『故言也者，出諸口，能之民者也。』『出』字誤倒在下，『能』下又脫一字。『能』與『而』通。謂言出諸口而加之民者也，《繫辭傳》曰：『言出乎身，加乎民。』」孫詒讓不同意王引之的觀點，認為：「王說移易太多，似未確。竊疑『口能』，即謂口之所能，猶《經上》云：『言，口之利也。』『民』當為『名』之誤。後又云：『聲出口，俱有名。』『出名』，亦謂言出而有名，猶《經》云：『出舉也。』」這段校釋，王引之誤用以音求意法，而孫詒讓以為「民當為名之誤」，體現了「以聲類通轉為之錧鍵」的思想。

幾乎是在校釋《墨子》的同時，孫氏開始《周禮》的研究。不少學者把《墨子閒詁》看成《周禮正義》的姊妹篇，從一個側面反映了這兩種著作在他學術研究中的重要性。孫詒讓說：「卅年以來，凡所以採獲，咸綴識簡端，或別紙識錄，朱墨戢舂，紛如落葉。既又治《周禮》及墨翟書，為之疏詁。稽覽群集，多相貫通，應時揦記，所積益眾。」〔註18〕在《墨子閒詁》中，廣泛運用《周禮》研究的成果，不僅表現在文字的訓釋上，甚至有名物制度的訓釋。比如，《兼愛篇》「注召之邸」，畢沅認為「注」應與上句連讀，其失誤主要原因就是畢沅不瞭解「注召之邸」即《周禮・職方式》之「召余祁」。孫氏據《周禮》予以校釋。又如，《非樂》篇「折壤坦」，畢沅以意改「坦」為「垣」。孫氏根據《周禮》，認為「折」即《周禮》「晢蔟氏」之「晢」。再如，孫氏在進行《周禮》研究時，把《周禮》中的「制祿」與《墨子》等中的有關內容相比勘，證明上中下士的年祿大體符合的。

其三，考訂《經說》上下篇旁行句讀。《墨子》一書中，《墨經》部分尤為難讀。畢沅說：「唐、宋傳注亦無引此，故訛錯獨多不可句讀也。」〔註19〕從現有史料記載來看，唐以前也僅有晉代魯勝作《墨辯注》，而且早已不見其書，僅存《墨辯注敘》。由於原書是竹簡抄錄，《經》與《經說》淆亂不堪，校勘相

〔註17〕孫詒讓：《墨子閒詁》，第 424 頁。
〔註18〕見《札迻》，北京：中華書局 1989 年版。
〔註19〕孫詒讓：《墨子閒詁》，第 308 頁。

當困難。乾嘉學人張惠言著有《墨子經說解》，校正了其中的一部分內容，但並沒有從根本上解決這些問題。梁啟超把校勘《墨經》的困難歸結為「八事」：「原文本皆旁行，今本易以直寫，行列錯亂，不易排比，一也。《說》與《經》離，不審所屬，無以互發，二也。章條句讀，交相錯迕，上屬下屬，失之千里，三也。文太簡短，其或訛奪，末由尋繹語言以相是，四也。案識之語，屢入正文，不易辨別，五也。累代展轉寫校，或強作解事，奮筆臆改，訛復傳訛，六也。古注已亡，無所憑藉質正，七也。含義奧衍，且與儒家理解殊致，持舊觀點以釋之，必致誤謬，八也。」〔註 20〕由此可以想見《墨經》校勘的難度。孫詒讓在《墨子閒詁・敘》中說：「《經》《說》、兵法諸篇，文尤奧衍凌雜，檢覽舊校，疑滯殊眾，研核有年，用思略盡。」可見其所費心力。孫詒讓在校勘《墨經》時，特別注意「旁行」問題，他說：「凡《經》與《說》，舊並旁行，兩截分讀，今本誤合併寫之，遂混淆訛脫，益不可通。今別考定，附著於後，而篇中則仍其舊。」〔註 21〕雖然十幾個文字，卻說明了他校勘《墨經》所運用的規則，其中包含著中國出版演變的歷史，並指出《墨經》淆亂而不可讀的原因。但考訂《墨經》旁行並非始於孫詒讓，早在乾嘉時期，畢沅、張惠言等人就注意到《墨經》「旁行」問題，畢沅曾說：「本篇云：『讀此書旁行』，今依錄為兩截，旁讀成文也。」〔註 22〕可見，畢沅已經發現「旁行」這條規律，只是他在運用過程中有一些不適當的地方。張惠言的《墨子經說解》對這個問題又有進一步的研究，他用魯勝「引說就經」之例，將《墨經》四篇逐條拆開，互相比附。孫詒讓又在此基礎上進一步校勘，取得了一定的成績。經過孫氏的校勘，《墨經》已基本可讀。但遺漏、誤校之處仍然不少，其原因之一固然是長期以來無人校勘，也與《墨經》語言簡練、富含名理及古代科技知識有關。孫氏所處時代，西方邏輯、科學知識輸入都相當有限，比勘《墨經》還缺少完備的近代參照系統，說明《墨經》校勘並非一時一代人所能完成。後來許多學者均對《墨經》再作校勘，但沒有人能對孫氏的成就置之不顧。

其四，訂正兵法諸篇訛文錯簡。《墨子》中城守兵法諸篇，簡冊錯亂程度與《墨經》相當，校勘難度也僅次於《墨經》。其原因之一是墨學塵埋千年，

〔註 20〕梁啟超：《墨經校釋自序》，見《梁啟超全集》第十一冊。北京出版社 1999 年版，第 3196 頁。
〔註 21〕孫詒讓：《墨子閒詁》，第 308 頁。
〔註 22〕參見方授楚《墨學源流》。北京：商務印書館 2015 年版，第 167 頁。

在中國古代，同樣是談兵法，長期以來，《孫子兵法》備受青睞，在中國古代軍事思想中幾乎佔據著統治地位，而《墨子》中軍事思想卻銷聲匿跡，孤寂冷清，形成一個鮮明的對照。校勘兵法各篇，首要的任務是正錯簡、離章句、校訛文。兵法各篇簡冊混亂，不刊正錯簡，無法通其讀。簡冊錯亂方式不一，有同篇中簡冊誤亂，有不同篇目中簡冊誤置，孫氏都細心爬梳，予以刊正。比如《備城門》中，自「城四面四隅，皆為高磨𣂈」以下二百三十二個字屬於同篇誤置，舊本錯在「五十二步者十步而二」後，孫氏根據顧千里、俞樾所校移正，這是同一篇文章中簡冊誤置。又如，「晨暮卒歌以為度，用人少易守」以上四十三個字，在舊本中誤入《雜守篇》，孫氏根據上下文承接關係，移入《備城門》。〔註23〕這是典型的不同篇目簡冊誤置。離章句與正錯簡緊密相關，城守兵法各篇言守備兵發很有條理，孫氏辨析各篇章句，使段落分明，條理井然。他在《備城門》題注中說：「自此至雜守，凡二十篇，皆禽滑釐所受守城之法也。」〔註24〕在校勘過程中，孫氏條分縷析，隨處注解，如：「以上驚門之法」、「意上鑿冪門之法」、「以上備穴之法」等等，不一而足。分析細緻，注釋入理。在離章句的基礎上，孫氏又刊正了不少錯簡。比如，《迎敵祠》中有言任用巫、醫、卜之法，有言戰前祝史祭告及諸侯誓師之禮，多有迷信色彩，而中間部分卻說明一般守城之法，與全文文義相悖，因而孫氏認為：「疑他篇之文，錯著於此。」〔註25〕校訛文則是在正錯簡、離章句的基礎上的工作。兵法各篇訛文很多，孫氏根據形、音、義等予以校正。《雜守》中校「孔表」為「外表」，是形近而誤；《備城門》篇「衝術」為「沖隊」，是音近而誤；而該篇中「城上十步一表」誤為「城上千步一表」，是義近致誤。這些孫氏都一一校正。兵法諸篇孫氏所費精力巨大，校正錯誤也不少，他自己也很滿意，「尤私心所竊自喜」〔註26〕。

三、墨學梳理

如果說清代學者在《墨子》校勘中取得卓著成績的話，那麼，墨家思想學說的詮釋則相形見絀。除了文字訓釋中滲透極少的思想闡發之外，有清一代，只有幾篇文字不多的校勘序文遺留後世，這不能不說是一大遺憾。清代學者的

〔註23〕孫詒讓：《墨子閒詁》，第497頁。
〔註24〕孫詒讓：《墨子閒詁》，第479頁。
〔註25〕孫詒讓：《墨子閒詁》，第561頁。
〔註26〕《墨子閒詁·自序》。

學術路向，偏重校勘、訓詁、考據，而忽視義理的貫通。但理由似乎又不盡然。從清代的儒學研究來看，校勘、考據中滲透著義理。而《墨子》研究，只有《墨子閒詁》中滲透少許義理的光輝。在清代學術思想中，高居廟堂之上的仍然是宋學，而形成強大學術實力的則先是漢學，後則是今文經學思潮，無論是宋學、漢學還是今文經學，它們都是傳統儒學的一部分，仍然排斥墨學。在我看來，乾嘉以來，只是由於《墨子》一書有利於比勘儒家經書，才有學者校勘《墨子》，他們當然不會去發掘受孟子等先儒排拒的《墨子》，由此我們不難理解清代墨學思想仍然冷寂的原因。

　　從目前的史料來看，清代學者中，對墨學進行較為細緻梳理的只有孫詒讓。除了校勘中滲入義理內容外，《墨子閒詁》書末還附有相當篇幅的《墨子附錄》一卷，《墨子後語》二卷。在孫氏看來，這些也許是並不重要的內容而放置附錄的位置，但從學術史的角度觀照，尤其是從墨學發展史上觀照，卻值得書上厚重的一筆。孫氏的這些梳理包括墨子生平里籍考證、《墨子》篇章辨偽、墨家流派甄別以及墨學思想的梳理。

　　其一，生平里籍考訂。墨子生平里籍是墨學研究者首先要搞清楚的問題，弄清了這個問題有助於從歷史的角度分析墨學產生的時代背景與根本原因，因為任何一個思想學說的發生、發展都是與其所處時代密切相關的。墨子里籍，是一個爭議頗多的問題，有魯人說、宋人說，近代以來，甚至還有外國人說，不一而足。孫詒讓在墨子生平里籍的考證上顯然下了許多工夫，他著有《墨子傳略》，以《墨子》及先秦其他相關典籍互相印證來考證墨子生平時代。《墨子》以及先秦其他典籍中記載的有關墨子事蹟是考定其生平的重要史料，孫詒讓根據《墨子・貴義篇》「墨子自魯即齊」，《魯問篇》「越王為公尚過束車五十乘以迎子墨子於魯」，《呂氏春秋・愛類篇》「公輸般為雲梯欲以攻宋，墨子聞之，自魯往，見荊王曰：臣北方之鄙人也」，《淮南子・脩務訓》「自魯趨而往，十日十夜至於郢」等史料，認為墨子「似當以魯人為是」。他還認為，「墨子學於史角之後，亦足為是魯人之證」〔註27〕。墨子的活動範圍則「蓋生於魯而仕於宋，其平生足跡所及，則嘗北至齊，西使衛，又屢遊楚，前至郢，後客魯陽，復欲適越而未果」〔註28〕。

　　墨子年齡也是墨學研究者關注的重要問題之一。由於缺少必要的歷史記載，

〔註27〕孫詒讓：《墨子傳列第一》。中華書局 2001 年版，第 681 頁。
〔註28〕孫詒讓：《墨子傳列第一》。中華書局 2001 年版，第 681 頁。

只能以相關史料推考。乾嘉時期的畢沅、汪中均有考證，但孫詒讓與他們的觀點不同，認為畢沅之說「失之太后」，汪中之說「失之太前」〔註29〕。他以《渚宮舊事》載墨子為楚惠王獻書，《親士篇》載吳起車裂之事，《非樂篇》載齊康公興樂等考證，認為墨子生於周定王時，卒於周安王末年，年齡超過八十歲。

其二，《墨子》篇章辨偽。《墨子》一書，由於久絕流傳，篇章辨偽考證任務也很繁重。歷代關於《墨子》的篇幅不盡相同，《漢書·藝文志》載《墨子》七十一篇，其他史料記載也相出入，到清代，僅見五十三篇。這五十三篇文章，究竟是墨子自著，還是像有些先秦典籍一樣出自眾人之手，歷來仁者見仁，智者見智。孫詒讓認為，自《尚賢》至《非命》三十篇，「所論略備」，基本上反映墨學要旨。《親士篇》「或稱『子墨子曰』，或否，疑多非古本之舊，未可據以定為墨子所自著之書也」〔註30〕。《墨經》四篇，「皆名家言，又有算術及光學、重學之說，精眇簡奧，未宜宣究。其堅白同異之辯，則與《公孫龍書》及《莊子·天下篇》所述惠施之言相出入」，「似戰國之時墨家別傳之學，不盡墨子之本旨」〔註31〕。孫氏的這些甄別，稍嫌粗略，但有不少可取之處，特別是自《尚賢》至《非命》三十篇反映墨學大旨之說，後來許多墨學研究者基本認同。另外，雖然後來的研究者並不認為《墨經》是「名家言」，但大多認為是後期墨家作品，是對墨子思想的發展。

其三，流派甄別。墨家在先秦聲勢浩大，與儒家相頡頏。先秦典籍稱墨子「徒屬彌眾」，反映了墨家在先秦的顯赫聲勢。孫詒讓考究《墨子》及先秦其他典籍，把先秦墨家分為墨子、墨子弟子、墨子再傳弟子、墨子三傳弟子、墨氏名家等類別，認為「墨子弟子十五人，再傳弟子三人，三傳弟子一人，治墨術而不詳其傳授係次者十三人，雜家四人，大都不逾三十餘人」〔註32〕。並且羅列他們的生平事蹟，雖然文字不多，可以說是當時最為詳盡的墨家集體傳記資料。

其四，思想梳理。姜亮夫先生說：「孫先生是儒家中心的學人，對墨子只是讚賞他堅實刻苦的精神。故此書疏證之功多，而闡發之功少。」〔註33〕孫詒讓生活在清末，雖然西學日漸東傳，中國傳統的儒家中心思想有動搖的跡象，但並沒有徹底打破。孫詒讓以經學起家，其學術以經學為中心，旁及子學和其

〔註29〕孫詒讓：《墨子傳列第一》。中華書局 2001 年版，第 692 頁。
〔註30〕孫詒讓：《墨子閒詁》。北京：中華書局 2001 年版，第 681 頁。
〔註31〕孫詒讓：《墨子閒詁》。中華書局 2001 年版，第 308 頁。
〔註32〕孫詒讓：《墨學傳授考》，《墨子閒詁》。中華書局 2001 年版，第 707 頁。
〔註33〕姜亮夫：《孫詒讓學術檢論》。見《浙江學刊》1999 年第 1 期。

他。雖然他也曾接觸西方科學和政治，但舊有的學術、思想結構不可能徹底粉碎。在近代這個古今中西思想文化交融的大背景下，他對中西思想、文化的認識不可能超越張之洞的「中學為體，西學為用」，他也不可能提出「經子平等」的近代學術命題。他對墨學的認識雖不同於唐代韓愈的「孔子必用墨子，墨子必用孔子」，但也只是說：「莊周曰：『兩怒必多溢惡之言。』況夫樹一意以為槼楬，而欲以易舉世之論，沿襲增益，務以相勝，則不得其平，豈非勢之所必至乎？今觀墨子之非儒，故多誣妄，其於孔子，亦何傷於日月？而墨氏兼愛，固諄諄以孝慈為本，其書具在，可以勘驗。而孟子斥之，至同之無父之科，則亦少過矣。自漢以後，治教專一，學者咸宗孔孟，而墨氏大絀。然講學家剽竊孟荀之論，以自矜飾標識，綴文之士，習聞儒言，而莫之究察。其於墨也，多望而非之，以迄于今。學者童丱治舉業，至於皓首，習斥楊墨為異端，而未有讀其書，深究其本者。是暖姝之說也，安足與論道術流別哉！」〔註34〕孫詒讓仍然用儒家的「孝慈」解釋墨家的「兼愛」，認為二者沒有根本區別。他把墨學塵埋歸咎於後來的讀書人過分相信孟子的偏頗之論，不讀《墨子》原典，而不是長期封建文化的專制，儒家思想的排斥。他也沒有能夠從墨學思想的本身來考察墨學中絕的原因。他的觀點可以另當別論，但他肯定墨學中實行的精神：「勞身苦志以振世之急，權略足以持危應變，而脫屣利祿不以累其心。所學尤該宗道藝，洞究象數之微。其於戰國諸子，有吳起、商君之才，而濟以仁厚，節操似魯連二質實亦過之，彼韓、呂、蘇、張輩復安足算哉！」〔註35〕這是近代社會積貧積弱的必然結果，是傳統知識分子抒發憂國憂民之思的必然結果，沒有超越儒家「治國，平天下」的政治教諭。他不可能把墨家放置於春秋戰國「百家爭鳴」的時代思潮中作歷史的研究，只能得出「墨家持論雖開涉偏駁，而墨子立身應世，具有本末，自非孟、荀大儒，不宜輕相排筝。彼竊耳食之論以為訾病者，其亦可以少息乎！」〔註36〕我們不可能苛求於清末的孫詒讓，他對《墨子》做前無古人的研究已經顯示了超越時代的膽識。

四、《墨子閒詁》所體現的治學特點

　　《墨子閒詁》以其校勘成就而在墨學史上佔據著重要的地位，也是孫詒讓學術生涯中最重要的著作之一。其學術特點和方法可以管窺孫氏的學術思想

〔註34〕孫詒讓：《墨學通論第五》。《墨子閒詁》。中華書局 2001 年版，第 733 頁。
〔註35〕孫詒讓：《墨子傳列第一》，《墨子閒詁》，第 681 頁。
〔註36〕孫詒讓：《墨子閒詁》。

特徵。

其一，實事求是、無徵不信的漢學方法與經世致用的時代特徵相結合。從學術的角度講，孫詒讓是晚清的古文經學大師，受過良好的漢學訓練。乾嘉漢學講求論學立說注重佐證，無徵不信。梁啟超在《清代學術概論》中說：

> 正統派之學風，其特色可指者略如下：一、凡立一義，必憑證據；無證據而以臆度者，在所必擯。二、選擇證據，以古為尚。以漢唐證據難宋明，不以宋明證據難漢唐；……三、孤證不為定說。其無反證者姑存之，得有續證則漸信之，遇有力之反證則棄之。四、隱匿證據或曲解證據，皆認為不德。五、最喜歡羅列事項之同類者，為比較的研究，而求得其公則。六、凡採用舊說，必明引之，剿說認為大不德。七、所見不合，則相辯詰，雖弟子駁難本師亦所不避，受之者從不以為忤。八、辯詰以本問題為範圍，詞旨務篤實溫厚。……十、文體貴樸實簡潔最忌「言有枝葉」。〔註37〕

孫詒讓秉承了乾嘉學人的治學風格，旁徵博引，對前人的訓釋不盲信，多方考證，「是者從之，缺略者補之」，這在《墨子閒詁》中俯拾即是。章太炎在這一點上對孫詒讓褒揚有加：「以戴學為權度，而辨其等差，吾生所見，凡有五第：研精故訓而不文，博考事實而不亂，文理密察，發前修所未見。每下一義，泰山不移，若德清俞先生，定海黃以周，瑞安孫詒讓，此其上也。」〔註38〕《墨子閒詁》成書後，他又廣發廣泛徵求學界的意見，多方汲納，直到1907年重新出版《定本墨子閒詁》，從而使《墨子閒詁》校勘成就超越前人。實際上，這也是孫氏一生的治學風格。他的《周禮正義》《札迻》等無不如此。正因為如此，才奠定了孫氏在晚清學術史上的地位。但是，孫氏的校勘與乾嘉學人的校勘又有很大不同，乾嘉學人「為學術而學術」，閹割了顧炎武治學經世致用的成分。這為孫氏所不取。孫氏生時適逢國難之際，把學術上的「求是」與「經世」的政治目的結合起來，學術活動有很明確的目的，那就是應世之急，表現了強烈的經世致用的目的。從某種程度上說，這是對明末清初思想家顧炎武學術方法的批判繼承。經世致用是孫氏一貫的學術特徵，他治《周禮》就是從現實需要的角度進行的。他認為《周官》一書，乃政

〔註37〕梁啟超：《梁啟超論清學史二種》。上海：復旦大學出版社1985年版，第39頁。

〔註38〕轉引自許壽裳著《章炳麟》，重慶出版社1987年版，第52～53頁。

教所自出，先聖經世之大法。他在《周禮正義序》中寫到：「劌切而振弊⋯⋯俾知為治之跡，古今不相襲，而政教則固百世以俟聖人而不惑者。世之君子，有能通天人之故，明治亂之原者，倘取此經而宣究其說，由古義古制，以通政教之閎意眇旨，理董而講貫之，別為專書，發揮旁通，以俟後聖，而或以不佞此書為之擁篲先導，則私心所企望而且莫遇之者與。」他治墨學更是如此，在墨子校勘中，對墨學中科技方面的內容發掘不少，對《備城門》以下諸篇用力尤勤，孫氏自稱「尤私心所竊喜」，表明孫氏在西方文化的刺激下，努力發掘中國古代的優秀文化。從而與乾嘉學人為考證而考證，為經書校勘而研究墨學有著原則區別。但這並不影響孫氏墨學研究的學術價值，相反，孫氏在校勘《墨子》過程中，不虛言誇飾，有理有據，運用文字、音韻、版本、校勘的豐富知識，許多校注確鑿可靠。這也體現了他在學術上求實的一面。

其二，校勘、訓詁與貫通相結合。乾嘉學人學術研究的重心是古籍的校勘、考據，特別是經書的校勘和考據。用胡適的話來說，這裡面包含著四種學問：文字學、訓詁學、校勘學、考訂學。〔註39〕這些看起來很死的學問，卻蘊含著科學的學術方法。校勘和考據往往並非只是鑽研某一種書，而是在廣博學識的基礎上由博返約，精審博斷，把通貫與博約相結合。《墨子閒詁》是一部校勘、訓詁相結合的著作是毫無疑問的，但貫通還必須有證據。我認為，《墨子閒詁》的貫通表現在兩個層次上：首先是校勘、訓詁上的貫通，把多種著作參互校正，融會貫通。這與乾嘉學人在貫通上相似的一面。但也有不同的一面，《墨子閒詁》不僅融會了《周禮》校勘的內容，也融匯了他所瞭解的近代科技的內容，比如他在《墨子・經下》「多而若少」下注曰：「依光學原理，置一物於凹鏡中心以外，即於凹鏡中心與聚光點之間，成物顛倒之形象，但較之實形稍小⋯⋯此言多而若少，與較實形稍小之款合，是以知人必立於凹鏡中心以外也。」這是乾嘉學人所沒有的。他在《札迻》中也說：「卅年以來，凡所採獲，咸綴識簡端，朱墨戢葊，紛如落葉。既又治《周禮》及墨翟書，為之疏詁。稽覽群籍，多相貫通，應時揃記，所積益眾。」其次是思想內容上的貫通，這是清代校勘著作中很少見的，也是區別於乾嘉學人的「貫通」。清代的學術以校勘、考據而著稱，但校勘、考據中缺少思想內容貫通的成分，至多有序言或跋語簡單介紹思想內容，談不上真正的思想詮釋，從而使校勘、考據顯得支離。這是清代學術的一個重要缺陷。孫詒讓顯然有所超越，他的《墨子閒詁》不僅有序言和

〔註39〕《胡適文集》第二冊。北京大學出版社1998年版，第288頁。

跋語，而且還有附錄，附有《墨學通論》《墨子緒聞》等篇章，已經顯露了貫通墨學的端倪。當然，孫詒讓在思想內容的貫通上只是開了個頭，沒有深入。他處在那個時代，近代西方社會科學的方法還沒有傳播到中國。

還有一點必須指出，孫詒讓在校勘、訓詁上與乾嘉學人不同。乾嘉學人注疏之學，謹守漢學家法，一般疏不破注，更不破經，對漢代經師之說闡發無遺，這是優點，也是缺點，因為過於拘泥，有時難免穿鑿附會。孫詒讓本著求實的學風，吸收他們的長處，但注疏的方法，則綜合各家之說，因而創見頗多。

談到校勘、訓詁與貫通結合。實際上與孫詒讓的學術視野相關聯。孫氏在多方面有學術成就，文字學、版本學、目錄學、金石學，甚至甲骨文也有所研究。他所校勘的書籍遍及群經諸子，有廣博的知識基礎。但是，僅有廣博的知識只是為校勘古籍提供了條件，還必須具有識斷能力，由博返約，博涉與專精相結合。孫氏的《定本墨子閒詁》成書，前後長達三十多年，佔據了他學術生涯的大半生。可以想見，他在「精」上作出了多少努力。《墨子閒詁》在校勘上創新頗多，之所以能夠成為《墨子》校勘上「前無古人，後無來者」的著作，與孫氏在學術上能夠做到精審博斷是密切相關的。

其三，孫詒讓的墨學研究仍然受「經學中心」的影響，這是孫氏學術研究的一個不足之處。孫氏是晚清古文經學家，經學仍然是他學術研究的中心內容，他一生的學術生涯，在《周禮》研究上耗費了許多心力。而且，在文化觀念上，他仍然持儒學中心的觀點，曾在家鄉瑞安創辦「興儒會」，提出「尊孔振儒」、「保華攘夷」的政治口號。綜觀孫氏的墨學研究，其最主要貢獻是在校勘訓詁上。對墨學的貫通詮釋相對顯得薄弱。而且，他對墨學的評價也不高，只是讚揚其實行的精神。究其原因，孫氏畢竟是古文經學家，他不可能完全跳出傳統經學的藩籬而給墨學一個客觀公允的評價。對此不必苛求。

在近代墨學發展史上，孫詒讓以其《墨子閒詁》結束了墨學研究的一個時代，創造了《墨子》校勘的一個巔峰。梁啟超說：「近代墨學復興，全由此書導之。」說明了《墨子閒詁》在墨學史上的影響和地位。此後的墨學研究，校勘、訓詁與學術思想的貫通兼而有之。而且，墨學研究也逐漸跳出了「儒學中心」的籬牆，成為近代學術家園的平等的一分子。但沒有人能夠置孫氏的《墨子閒詁》而不顧。

第四章　學術轉型期的墨學研究
（上）：梁啟超的墨學研究

　　從學術史的角度，特別是從近代墨學發展史的角度來看，孫詒讓結束墨學研究了一箇舊時代，而梁啟超、章太炎卻開啟了一個新時代。

　　梁啟超並非一個純粹的學者，他更主要是一個維新運動的宣傳家。但是，他卻以洋洋灑灑的幾百萬言在近代學術史上留下了自己的地位。我們不用說他的《中國近三百年學術史》和《清代學術概論》對清代學術總結的價值，這是人所共知的。在近代墨學史上，他也有開創性的貢獻，早在 1904 年，就著有《子墨子學說》和《墨子之論理學》，是近代第一個系統研究墨家思想學說的人。

　　而章太炎是近代的學術大師，他也曾宣傳革命，但並非他的長項，他以他的學術研究而奠定了其學術大師的地位。他的墨學研究，是其諸子學研究的一部分。在其諸子學研究中，最有價值的部分便是莊子和墨子。不過，於墨學，他沒有專門的著作，但在有關的著作中有墨學研究的篇章，對墨學作了考察和研究，從而也奠定了他在近代墨學史上的地位。

　　章、梁都是墨學研究轉型期的人物。他們的墨學研究既不同於清代學者的研究，為傳統所束縛，又不是真正近代性的研究，因為他們的研究中又保留了傳統的痕跡。

一、學術背景

　　欒調甫說：「清儒治《墨子》者，不過校注而已，初無事乎其學也。逮至

近二十年來，述學之作雲合霧集，而墨學之深義，亦日有啟揚矣。」〔註1〕近代《墨子》述學肇始於梁啟超的《子墨子學說》和《墨子之論理學》。1904年，梁啟超在《新民叢報》上連載《子墨子學說》及《墨子之論理學》，首次運用西方近世社會科學的思想方法來詮釋墨家思想學說，開創了近代墨學研究的新階段。二十年代初，梁啟超又先後出版《墨經校釋》《墨子學案》等著作，進一步深化了他的墨學研究。

梁啟超的墨學研究可以按時間的先後分為兩個階段，1904年，梁啟超著《子墨子學說》和《墨子之論理學》是他的墨學研究的第一階段；二十年代初，他息影政壇，專事著述，著有《墨經校釋》《墨子學案》等有關墨學著作，為第二階段。

從事維新變法運動宣傳活動的宣傳家梁啟超為什麼熱衷研究墨學呢？梁啟超稱在《墨經校釋·自序》中稱自己「幼而好墨」，早在維新變法前他就拜讀過孫詒讓的《墨子閒詁》，〔註2〕以思想敏銳著稱的梁啟超不可能不注意到墨家振世救弊、勇於犧牲的精神在當時救亡圖存中的作用，他在《西學書目表後序》中說：「當知漢後百家雖黜，而老楊之學深入人心，二千年實陰受其毒」。「當知墨子之學當復興」〔註3〕。可見他已經要用墨家的自我犧牲的精神來抵消道家消極避世、楊朱「為我」之學的負面因素。然而，當時正積極從事維新變法宣傳的梁啟超沒有閑暇來研究墨學。1898年，維新變法失敗後，梁啟超流亡國外，一方面繼續鼓吹改良；另一方面，有時間廣泛閱讀西方近代社會政治學說方面的書籍，同時反省中國傳統文化。在此期間，他寫了《新民議》《新民說》等一系列文章，希望重新塑造國民的人格精神。也就在這時，他開始運用西方近世社會科學的方法發掘優秀傳統文化，並融入西方資產階級的社會政治思想，以期重鑄國民人格精神，塑造「新民」。「苟有新民，何患無新制度、無新國家！」〔註4〕《子墨子學說》即是其產物。他在《子墨子學說》的開頭便說：「今舉中國皆楊也，……楊學遂亡中國。今欲救中國，厥惟墨學。惟無學別墨而學真墨，作《子墨子學說》。」可見他墨學研究鮮明的時代特色和強烈的救世精神。梁啟超看重的是墨學的「損己而益所為」及「摩頂放踵」、「赴湯蹈火」的自我犧牲精神，他說：「欲救今日之中國，捨墨學之忍痛苦則何以

〔註1〕欒調甫：《墨子研究論文集》。北京：人民出版社1957年版，第143頁。

〔註2〕孫詒讓曾經把《墨子閒詁》寄贈給梁啟超，並與梁啟超有書信往來論墨學。

〔註3〕梁啟超：《梁啟超全集》。北京出版社1999年版，第86頁。

〔註4〕梁啟超：《新民說》，見《梁啟超全集》。北京出版社1999年版，第655頁。

哉？捨墨學之輕生死則何以哉？」〔註5〕這是梁啟超在第一階段研究墨學的最主要動因。

梁啟超墨學研究的第二階段是退出政治活動之後的事，這時期，他得以集中精力從事學術研究。第一次世界大戰給西方文明帶來災難性破壞，梁啟超目睹這場災難，對西方文明的發展持悲觀的態度，認為西方文明業已破產，極力宣揚東方文化優越論，並企圖用中國文化來調和西方文化，進而拯救西方文明。他說：「近來西洋學者，許多都想輸入些東方文明，令他們得到調劑，我仔細想來，我們實在有這個資格。」〔註6〕因此，他致力於整理發掘中國傳統學術文化，尤其是先秦的學術文化，寫有《先秦政治思想史》等一系列關於中國思想史、文化史方面的著作。在他看來，先秦的學術和西方近代的實用哲學、創化哲學一樣，都注重心物調和。而且，孔、老、墨三家學派的共同歸著點是「求理想與實用一致」，「我們若是跟著三聖所走的路，求『現代的理想與實用一致』，我們不知有多少境界可以闢得出來嘿！」〔註7〕他不僅自己身體力行來發掘研究中國傳統文化，而且，還大聲疾呼「要人人存一個尊重本國文化的誠意」，「用那西洋人研究學問的方法去研究他」，從而組成一個「新文化系統」，「叫全人類都得著他的好處」〔註8〕。本著「返本開新」，用中國古代文化彌補西方文明的缺陷的目的，梁啟超著力研究先秦學術，於墨學用力猶多，先後出版了《墨經校釋》《墨子學案》等墨學研究專著。

比較梁啟超兩個階段的墨學研究，如果說第一階段是借墨學來宣傳西方資產階級社會政治學說的話；那麼，在第二階段，他顯然已轉向文化保守主義，墨學研究是他整理傳統學術文化的一部分，並試圖用中國文化來拯救西方文明，承擔起世界責任。

二、研究述要

梁啟超墨學研究的範圍非常廣泛，從墨子生平及墨家學派的考證、《墨子》

〔註5〕 梁啟超：《子墨子學說》，見《梁啟超全集》。北京出版社1999年版，第3182頁。

〔註6〕 梁啟超：《歐遊心影錄》，見《梁啟超全集》。北京出版社1999年版，第2986頁。

〔註7〕 梁啟超：《歐遊心影錄》，見《梁啟超全集》。北京出版社1999年版，第2986頁。

〔註8〕 梁啟超：《歐遊心影錄》，見《梁啟超全集》。北京出版社1999年版，第2987頁。

一書的辨偽，到《墨經》校釋、《墨子》思想學說的闡發、墨家邏輯研究等諸多方面均有較大貢獻。

關於墨子的生平，梁啟超在《子墨子學說》中《敘論及墨子傳略》一節中，沒有給出墨子具體生卒年月，只是說：「墨子時代，稍後於孔子，而稍先於孟荀。」〔註9〕這是一個相當寬泛的說法，不如畢沅、孫詒讓之說準確。但是，他從《墨子》一書推演墨子所處時代的社會歷史環境，指出「墨子之時當周末文勝之極敝」；「墨子之時社會不統一」；「墨子之時內競最烈」；「墨子於九流之中較為晚出」。顯然是前人沒能做到的。在《墨子學案》中，梁啟超對墨子生平的考證較為精詳，他反駁墨子宋人說，認為史料不足，他據《呂氏春秋·慎大篇》，認為「墨子魯人說，當為近真」〔註10〕至於墨子的生卒年代，梁啟超提出「當以本書（按：指《墨子》）所記墨子親見的人、親歷的事為標準，再拿他書所記事實做旁證反證」。墨子交遊之人可考者有公輸般、楚惠王、宋子罕、齊太王田和、告子等，從而得出「鄭繻公被弒後三年（公元前 390 年）墨子還未死，吳起死時（公元前 381 年）墨子卻已死了，墨子之死，總不出這前後八年間。上推他的生年，總不能比公輸般小過三十歲」。墨子的生卒年代約為公元前 463 年——前 385 年，前後誤差為五年。梁啟超對墨子生平的考證與其他各家並無多大差距，但他從考證社會歷史環境、墨子所處的社會關係來推演墨子的生平，在方法上比畢沅、孫詒讓等人略勝一籌。

梁啟超對墨家學派的傳承也作了較為詳盡的考證。他稱讚孫詒讓在這方面的貢獻，「凡得墨子弟子十五人，再傳弟子三人，三傳弟子一人，治墨術而不詳其傳授係次者十三人，雜家四人。」〔註11〕但他還認為宋鈃、尹文、許行、惠施、公孫龍、魏牟等人受墨家思想影響，屬墨學別派。此說有失偏頗。從思想學說上看，宋鈃、尹文與道家思想更為接近。至於惠施、公孫龍雖然都言名辨之學，但與後期墨家的辯學有很大不同。惠施抹煞概念的相對穩定性，從而陷入相對主義；而公孫龍則把概念絕對化。後期墨家在「堅白」、「同異」等問題上同惠施、公孫龍展開過激烈的辯論，使墨家邏輯得到了長足發展。

〔註9〕 梁啟超：《梁啟超全集》。北京出版社 1999 年版，第 3158 頁。
〔註10〕 梁啟超：《梁啟超全集》。北京出版社 1999 年版，第 3281 頁。
〔註11〕 梁啟超：《墨者及墨學別派》，《梁啟超全集》。北京出版社 1999 年版，第 3299 頁。

表見《墨子學案‧墨者及墨學別派》

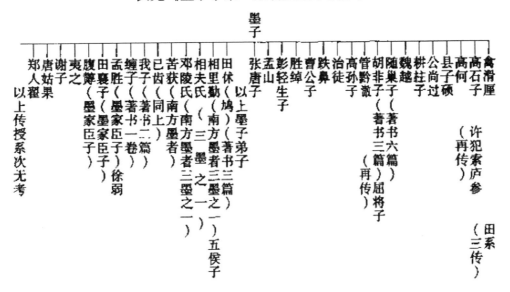

　　《墨子》一書的篇章辨偽也是墨學研究的關鍵。各篇的作者，眾說紛紜。梁啟超比孫詒讓的分類要細緻，與胡適的五組分類法大同小異：

　　第一類七篇，包括《親士》《修身》《所染》《法儀》《七患》《辭過》《三辯》，其中前三篇「非墨家言」，純出偽託；後四篇四篇是墨家弟子記墨學概要。第二類二十四篇，其中《尚賢》上、中、下，《兼愛》上、中、下，《非攻》上、中、下，《節用》上、中，《節葬》下，《天志》上、中、下，《明鬼》下，《非樂》上、中、下，共二十三篇，是墨學大綱，篇中皆有「子墨子曰」字樣，不是記墨子之言。第三類六篇：包括《經》上、下，《經說》上、下，《大取》《小取》，大半是講論理學；《經》上、下世墨子自著，《經說》上、下是述墨子口說，但後學有增補；《大取》《小取》是後學所著。第四類五篇，包括《耕柱》《貴義》《公孟》《魯問》《公輸》，是記墨子言行。第五類，《備城門》以下十一篇，專言兵法。梁啟超沒有說明作者是誰。

　　梁啟超的五類分組發基本上勾勒出《墨子》一書的概貌，但其中也有一些值得商榷的地方，如《親士》《修身》《所染》三篇，因為基本上包含有儒家思想，他認為是偽託制作，是站不住腳的。從墨子「受儒者之業」來看，包含儒家思想恰好能夠證明它們是墨子學儒之後的作品，反映了墨子思想演變的軌跡，應為墨子自著。此外，他認為《經上》《經下》是墨子自著，與孫詒讓的觀點很不相同，也是值得推敲的。特別是其中包含了許多科技知識，不是墨子

時代所有的。今天的學者一般認為《墨經》部分是墨家後學的作品。

梁啟超墨學研究的最大貢獻是對墨家學說的近代詮釋，這是他墨學研究的中心和目的之所在。在他看來，墨家和儒家一樣，都是應時而生的學術流派。孔子稱道堯舜，而墨子尊崇大禹，都是為了補救時弊。節用、節葬非樂是墨子針對當時社會奢靡風氣而提出的社會主張；尚賢、尚同是針對當時戰爭頻仍的社會提出的，其目的是希望統一；兼愛、非攻是針對當時「內競激烈」、「奸利迭起」的社會現象而提出的「人道」主張。孔、老等提出的社會主張在當時影響很大，墨子晚出，便另闢蹊徑，倡導天志、明鬼、非命，企圖建立一種宗教哲學，藉以收攬人心。《墨經》部分講「論理學」，是為了在當時的學術領域開拓出一塊新的領地。他還把墨家思想學說條分縷析，分成下述幾個部分進行梳理：

第一，宗教思想。梁啟超認為：天志、明鬼、非命三義構成墨家的宗教學說。墨家之宗教，與尋常宗教不同，具有明顯的入世色彩。墨家既「尊天」又「敬鬼」，表明墨家的宗教主張多神論。墨家之「天」為有意志的人格神。天有意志，如「規矩」、「法儀」，可以「度天下之方圓」。「愛人利人者，天必福之。惡人賊人者，天必禍之。」（《法儀》）「順天意者，兼相愛，交相利，必得賞。反天意者，別相賊，必得罰。」（《天志》）「天志」就是「愛人利人」。據此，他認為，墨家講「天」純粹是用來作兼愛主義的後援，即兼愛的手段。梁啟超進而指出：「道德與幸福相調和，此墨學之特色也。」所謂的「道德」，就是「兼愛主義」；所謂的幸福，就是「實利主義」。

他還認為，墨子的「明鬼」是一種經驗論。作為一種學說，講「明鬼」是不高明的。但其目的在於借鬼神起「賞賢罰暴」的作用，藉以儆戒世道人心。因此，墨子的鬼神論，並非迷信，而是改良社會方便法門。

墨子敬天事鬼，又講「非命」，從邏輯上看似矛盾的。但梁啟超認為，由於墨子強調力行，所以必然「非命」。同時，「非命」說反對儒家的天命，是救世之良藥。因此，墨子「非命」「真是思想界一線曙光」，「是把死社會救活轉來的學說」〔註12〕。

不難看出，梁啟超對墨家宗教思想基本上持肯定態度。他認為，墨家宗教思想是實現其「兼相愛，交相利」理想的工具，是改良社會的方便法門，揭示了墨家「天志」的本質，無疑是符合歷史事實的。然而，梁啟超到此便嘎然而

〔註12〕梁啟超：《墨子學案》，《梁啟超全集》。北京出版社1999年版，第3273頁。

止，未能進一步揭示墨家宗教思想產生的社會歷史根源。墨家代表小生產者及其他新興階層利益，在社會動盪、戰爭頻仍的戰國時代渴望社會統一與安寧，渴望人與人之間的無差別的愛，從而發展生產，過上小康生活。可是，生活在那樣的時代，他們又不能夠從己身尋找力量，只好寄希望於一個有權威的人格神來實現自己的理想，這才是墨家宗教思想產生的社會歷史根源。

梁啟超一方面肯定「天志」、「明鬼」是改良社會的方便法門，是手段；可另一方面又認為，「天志之外，還加上明鬼，越發贅疣了。」〔註13〕對同一個問題既肯定又否定，在邏輯上是自相矛盾的。他一方面想肯定墨家思想學說中的合理因素，另一方面想否定卻又不忍捨棄墨家思想中的不合理成分，受自身方法的局限，不能從本質上探求墨家宗教產生的社會歷史根源，必然陷入兩難境地。

第二，實利主義。墨家學說講「兼相愛，交相利」。梁啟超指出，「質而言之，則利之一字，實墨子學說全體之綱領也。」〔註14〕他對墨家的「利」字作了詳細的研究，認為墨家言「利」與日常之「利」不同，而是「殆利人非利己」，「其目的故在利人，而所以達此目的之手段，則又因人之利己心而導之。」即墨家「利人」是由人類利己心導引出來的。因此，墨學是「圓滿之實利主義」。〔註15〕

梁啟超進一步指出：社會生產和道德風尚是墨家實利主義的出發點；力時、財密、節用、養儉是墨子實利主義的幾個要素。也正因為這幾個要素，構成墨子「利」的界說很狹隘，即重視有形的物質之利，而忽視無形的、間接的精神之利。他批評說：墨子「使人人各遂其必要的願望而止」，「知有消極的而不知有積極的」，「知有物質上之實利，而不知有精神上之實利」〔註16〕。這是墨子實利主義的不足。

梁啟超還歸納了墨家實利主義的幾種表現：其一是就本人而論，利人有利於利己。《兼愛中》說：「夫愛人者人必從而愛之，利人者人必從而利之。惡人者人必從而惡之，害人者人必從而害之。」這就是說，實利主義是兼愛的「後援」，「兼愛」是「間接利己」。其二是就「天」而論，「兼相愛、交相利」是「天」的意志，反其道而行之就會「不祥」。墨家的「天志」與儒家的「仁愛」有相

〔註13〕梁啟超：《墨子學案》，《梁啟超全集》。北京出版社1999年版，第3272頁。
〔註14〕梁啟超：《子墨子學說》，《梁啟超全集》。北京出版社1999年版，第3167頁。
〔註15〕梁啟超：《子墨子學說》，《梁啟超全集》。北京出版社1999年版，第3167頁。
〔註16〕梁啟超：《子墨子學說》，《梁啟超全集》。北京出版社1999年版，第3170頁。

通之處，儒家的主張是「道學正鵠」，是「撥本塞源」之論；墨家講「利祥」，大概是有鑒於「天行之酷」，正是世俗人群不能不「謀其私」的心理反映。其三是利之大小輕重有比較。《大取》篇說，「天之愛人也薄於聖人之愛人也；其利人也，厚於聖人之利人也。大人之愛小人，薄於小人之愛大人也；其利人也，厚於小人之利大人也。」在《墨子》的其他篇章裏，也有利之大小的比較。梁啟超據此歸納墨子的「利」的含義：凡事利大於害者謂之利，害大於利者謂之不利；利於大多數者謂之利，利於少數者謂之不利；能使我良心泰然滿足者謂之利，否則謂之不利。

梁啟超把「利」區分為有形的物質之利和無形的精神之利，並用自己的「盡興主義」〔註17〕原則來評判墨家之「利」，對墨家重視有形的物質利益持肯定態度，並稱讚是「圓滿的實利主義」。但他又批評道：墨家忽視無形的精神之利，「不知欲望之一觀念，實為社會進化之源泉」。〔註18〕這樣，必然使人的天賦良能不能得到盡情發揮。梁啟超一方面看到墨家有類似清教徒似的生活，即嚴格的禁慾主義，另一方面他又忽視了更為重要的東西，脫離了墨家所處的社會歷史環境及生產方式。當時，社會物質財富還遠不夠充裕，奴隸主貴族過著奢靡的生活，消耗了大量的社會財富，而廣大平民衣食不足，甚至飢寒交迫。墨家代表平民階層的利益，反對貴族的剝削、掠奪，提出「非樂」、「節用」，正是維護自身生存、反對剝削的反映。梁啟超一方面試圖從社會環境來探求墨家學說的起源，另一方面卻又忽略了當時的社會生產方式，又不可避免的陷入自相矛盾的尷尬境地。

第三，兼愛主義。梁啟超認為，墨家的「兼愛」帶有明顯的宗教色彩。他把墨家的「兼愛」與其他一些宗教的「愛」相比較，歸納出以下幾種：其一，自我靈魂愛。佛教在印度形成之前所謂「外道」主張「軀殼為罪惡之本原」，因而主張一種超越的「愛」。因為所愛太離奇，所以失傳。其二，自我靈魂軀殼愛。比第一種愛範圍有所擴大，是以利己主義為宗旨的。古希臘的伊壁鳩魯、中國古代

〔註17〕 梁啟超說：「《中庸》裏頭有句話說得最好：『唯天下至誠，為能盡其性。』我們就借來起一名叫『盡興主義』。這盡興主義是要把各人的天賦良能，發揮到十分圓滿。就私人而論，必須如此，才不之成為天地間一贅疣，人人可以自立，不必累人，也不必仰人鼻息。就社會國家而論，必須如此，然後人人各用其所長，自動的創造進化，合起來便成為強固的國家，進步的社會。」(《歐遊心影錄·歐遊中之一般的觀察及一般感想》)

〔註18〕 梁啟超：《子墨子學說》，《梁啟超全集》。北京：北京出版社 1999 年版，第 3168 頁。

的楊朱大致如此。他們的「愛」於社會無益。其三，是以自身為中心而形成的遠近親疏的等差之愛，這是儒家的「愛」，在中國影響最大。其四，平等的無差別的並普及眾生之愛。墨子、耶穌都宣揚這一類的愛。這種「愛」雖然高尚，但實行起來很難。其五，圓滿普及眾生之愛。即佛教提倡的普渡眾生的主張。

　　梁啟超指出：兼愛是墨學的根本觀念，其他學說均從兼愛推演而來。墨家的兼愛說一方面是針對「天下禍篡怨恨」而提出的救世之方；另一方面也是針對儒家「愛有差等」提出來的。其出發點是高尚的，但「僅為一至善之理論，而斷不可行於實際」。〔註19〕他還從學理上進行分析，其一，從「兼愛說與能愛者之關係」看，極端的兼愛主義妨礙人類天賦良能的發揮。其二，從「兼愛說與所愛者之關係」看，天下也有「愛之非所以利之而反以害之者」。其三，從「兼愛說與社會全體之關係」看，「人類與非人動物之界限多，然其最要者，則對於外界而覺有所謂『自己』者存也」，即兼愛主義妨礙己身之獨立。

　　梁啟超運用西方近代社會政治學說來觀照墨家「兼愛」學說，對「兼愛」說產生的原因作社會歷史根源來分析，確實揭示了「兼愛」的內在矛盾：動機與的效果的矛盾。他受佛教影響，認為佛教普渡眾生的「菩薩行」比墨子的「兼愛」更完滿。但需要指出的是：墨家的「兼愛」說是墨家理想國的一個社會政治原則，而梁啟超卻從近代社會的人與人之間關係來解析「兼愛」說的可行性，偏離了歷史主義的原則，未免有所牽強。因此，他又說：「墨子之學說（指「兼愛」），蓋欲取現在社會之組織法，翻根柢而變更之，以現在社會之眼光觀察墨子，誠見其缺點。若世界進而入之於墨子之理想的社會，則墨子之說，故盛水不漏也。」〔註20〕

　　第四，政治主張。「尚賢」、「尚同」基本上反映了墨家的政治主張。梁啟超認為，墨子主張「上同於天子」，與英人霍布士君主專制論相同，霍布士發明「民約論」原理，卻以為立國以後，人人將固有之自由權交給君主，墨子則交給「天子」。墨子以「天子」為賢人、仁人，這固然是好的，然而如何保證呢？墨子沒有給出答案。梁啟超便推測：墨家「鉅子」由前任「鉅子」指定，「天子」產生必類似於「鉅子」。同時，他還指出：「墨家既為一個宗教，則所為『賢良聖智辯慧』之人，為教主足以當之。」〔註21〕如此，則墨家立國必為

〔註19〕梁啟超：《子墨子學說》，《梁啟超全集》。北京出版社1999年版，第3175頁。
〔註20〕梁啟超：《子墨子學說》，《梁啟超全集》。北京出版社1999年版，第3176頁。
〔註21〕梁啟超：《先秦政治思想史》，《梁啟超全集》。北京出版社1999年版，第3668頁。

政教合一國家,「結果能令個人為全社會所吞沒,個性消盡,於萬人同鑄一型,此又得為社會之福矣乎?」荀子譏其「有見於齊無見於畸,蓋謂此也」。〔註22〕

　　梁啟超用近代社會的組織原則來觀照墨家的政治主張,揭示了墨家政治主張的主觀願望與客觀效果的矛盾。不過,墨家的「尚同」與「尚賢」是緊密相連的,選用賢能的人作「天子」。並非像梁啟超所說的那樣完全沒有保證。在墨家看來,官無常貴,任何賢能之士都應該有機會參與政權。這是否定貴族階級的特權,表達了平民階層參與政權的願望。墨家的「尚同」表現為兩個方面,一方面憎惡當時諸侯紛爭,要求實現統一,以發展生產,這是應該肯定的;另一方面,反映了小生產者看不到自身的希望和力量,把希望折射在所謂的「賢人」身上,卻又提不出具體的途徑、可靠的保證,這是應該引起注意的。

　　通過上述分析,我們可以看到,梁啟超把整個墨家思想學說納入近代西方社會科學體系。他是始作俑者。他注意到墨家學說是一個相互聯繫的有機整體,並探求其中的內在關聯,這些都應給予充分肯定。他也試圖從社會政治環境中尋找墨家學說產生的原因,但又忽視了社會生產方式的決定作用。他用自己稱之為「盡興主義」的原則為指導研究墨家學說,而「盡興主義」是他把近代西方進化論和功利主義學說雜糅在一起的產物,雖然能在一定程度上揭示墨家學說產生的內涵,可是,又遠離了《墨子》時代的社會政治環境,背離了自己制訂的從社會環境研究思想學說的原則。

　　梁啟超運用西方社會科學方法進行學術研究,可是,他對西方近代社會科學的瞭解是不全面的,甚至是膚淺的。從某種程度上講,他對西方社會科學的研究是出於政治上的需要,而並非學理的研究。在這一點上,他與嚴復、胡適等有很大的區別。正因為如此,他的學術研究受到很大制約,他不能夠把西方的社會科學化作一種方法來作為學術研究的工具,而是做一種盲目的比附。這在他的墨學研究中非常普遍。

　　有論者認為,梁啟超對墨學的態度前後不一致,在學術上由儒墨並尊轉變為崇儒反墨。比如他後期批評墨家的「兼愛」說,推崇儒家的「差等愛」,反對墨家的功利主義等等。〔註23〕我認為,這種觀點是有待商榷的。確實,梁啟

〔註22〕梁啟超:《先秦政治思想史》,《梁啟超全集》。北京出版社 1999 年版,第 3668 頁。

〔註23〕參見蔡尚思《梁啟超在政治上、學術上和思想上的不同地位》。《學術月刊》1961 年第 6 期。方授楚也認為梁啟超對墨子的評價是變化的。我認為,變化是有的,但沒有根本的變化。

超「幼而好墨」，但這是相對於墨學自我犧牲的精神而言的，並非是對墨家的思想學說的推崇。他在《子墨子學說》中呼籲「學真墨」，其實也是對墨學振世救敝精神的提倡。即使是到後期，梁啟超對墨學精神仍然推崇，他在《墨子學案》中就曾說過：「論到人格，墨子真算千古的大實行家，不惟在中國無人能比，求諸世界也是少見的。」對墨學的評價，從《子墨子學說》到《墨子學案》，梁啟超都是有揚有抑，在總體評價上是肯定的，但在具體一些觀點上卻是批判的態度。而且，他晚年並沒有「崇儒反墨」。梁啟超晚年在文化觀上傾向文化保守主義，推崇儒學，這是沒有疑問的。但他並沒有因此而反對墨學，他晚年的著作《歐遊心影錄》中仍然把「孔老墨」並稱為三聖。

三、《墨經》研究

　　我把《墨經》研究單列出來，是因為這在他的墨學研究中占的分量較重。這裡所指的梁啟超的《墨經》研究包含兩層意義，其一是《墨經》文本校釋，其二是墨家邏輯研究。梁啟超於這兩個方均有成就。

　　自清代乾嘉時期張惠言校勘《墨經》以來，校注《墨經》者有一些，但取得成就的並不多。鄒伯奇、陳澧曾經運用從西方傳來的科技知識校注《墨經》，但並不全面，成就也不大，而且是為其「西學中源」說提供依據。孫詒讓《墨子閒詁》在校勘史上地位很高，但是於《墨經》部分卻並不理想，疑滯不少。究其原因，主要是由於《墨經》文辭簡約，歷代校釋者少，錯亂很多，而且其中富含科學知識和邏輯知識，增加了校釋的困難。梁啟超把校釋《墨經》的困難歸納為八個方面：

　　　　《墨子》全書，本稱難讀，而茲四篇者特甚。原文本皆旁行，今本易以直寫，行列錯亂，不易排比。一也。《說》與《經》離，不審所屬，無以互發。二也。章條句讀，交互錯迕。上屬下屬，失之千里。三也。文太簡短，其或訛奪，末由尋繹語氣以相是正。四也。案識之語，屢入正文，不易辨別。五也。累代展轉寫校，或強作解事，奮筆臆改，訛復傳訛。六也。古注已亡，無所憑藉質證。七也。含義奧衍，且與儒家理解殊致，持舊觀念以釋之，必致誤謬。八也。〔註24〕

　　梁啟超的校注《墨經》是知難而上的。不過，五四以後，西方科學知識、

〔註24〕梁啟超：《墨經校釋》，《梁啟超全集》第3196頁。

邏輯知識在中國已經並不陌生，為《墨經》校注提供了條件。

梁啟超充分汲納前人的研究成果，特別是畢沅、張惠言、孫詒讓等人的校注成果，熔諸己見。最值得一提的是「牒經」公例的運用。梁氏認為，「凡《經說》每條之首一字，必牒舉所說經文此條之首一字以為標題。此字在經文中可以與下文連續成句，在《經說》文中，決不允許與下文連續成句。」〔註25〕他運用牒經公例校注《墨經》，使許多原來艱深晦澀、令人費解的地方暢然理順。這條「公例」為後來學者校注《墨經》所沿用。其實，在梁啟超之前，張惠言、孫詒讓等人皆嘗試運用「牒經」方法，但沒有廣泛運用，更未形成公例。梁啟超大膽運用此法，實在是墨學研究中一大貢獻。

需要指出得失，梁啟超運用「牒經」公例，卻又受其限制，凡與此公例不合的地方，他便做大膽校改，甚至刪節，以至有些地方和原文不符。欒調甫先生在談到梁啟超運用「牒經」公例時就指出：「他定了這牒首一字的正例，還未想到牒二字的變例。」〔註26〕比如，《經上》第三條與第五條的首字相同，《經說》第三條本應牒「知材」二字，他卻據公例刪去「材」字，便是一個明顯的錯誤。事實上，他後來也認識到自己的錯誤，指出自己「守之太嚴，動成忤礙」。〔註27〕

梁啟超還運用了西方近代自然科學、社會科學知識來校釋《墨經》。例如，《經上》第四十五條「化，徵易也」，他認為，「此當時物理學之發軔也」。第五十條「厚，有所大也」，他「以幾何學名詞釋《墨經》，點，謂之端；線，謂之尺；面，謂之區；體，謂之厚」。第八條，「義，利也。」他認為，「此近世歐美實用主義之精神也。」第三十二條，「言，出舉也。」他認為，「此條言語言學之起源，最為精到，亦即論理學之根本觀念。」諸如此類，俯拾皆是。運用西方近代自然科學、社會科學術語來校釋《墨經》，對於人們理解這部古代偉大著作，認識中國古代科學技術的輝煌成就有著重要意義。梁啟超的目的也正是要弘揚中國古代的偉大文明，並用中國文明取調劑西方文明之不足。

但是，梁啟超卻據此認為《墨經》「與近世歐美精神相懸契」〔註28〕，這就忽略了二者的本質區別。《墨經》中的自然科學知識只是當時日常生產和生活經驗的總結，充其量只能說是古代自然科學的萌芽。至於其中的社會科學知

〔註25〕梁啟超：《墨經校釋》，《梁啟超全集》第 3199 頁。
〔註26〕欒調甫：《墨子研究論文集》。北京：人民出版社 1957 年版，第 7 頁。
〔註27〕梁啟超為張其鍠《墨經通解》所作序言。見《梁啟超全集》第 3304 頁。
〔註28〕《墨經校釋》，《梁啟超全集》第 3195 頁。

識，也是樸素的，根本沒有上升到理性化高度，而近代西方社會科學是建立在近代生產關係的基礎上，是系統研究和科學分類的結果。

此外，梁啟超在《墨經校釋》中也雜糅了佛學知識，如《經上》第二十三條，「生，形與知處也」，《經說》為「生，形之生，常不可必也」。他認為，「此與佛說無常義頗相合。」晚年的梁啟超對佛學頗為推崇，並作了不少研究，著有《佛學研究十八篇》等著作。用佛學來印證《墨經》，雖有些牽強，但卻有利於傳統文化的融通。

梁啟超是近代對墨家邏輯進行系統研究的學者之一。早在 1904 年，他就發表《墨子之論理學》，是近代的一篇專門研究墨家邏輯的文章。在後來的《墨經校釋》《墨子學案》中，他又對墨家邏輯進一步研究。首先，他運用西方邏輯學術語來印證、比附《墨經》中的邏輯名詞。比如，他用「論理學」來印證「辯學」，「所謂辯者，即論理學也」。以名詞、命題、前提、斷案、媒詞、特稱命題、假言命題、三段論法之格等來分別印證《墨經》中的名、辭、說、實意故、類、或、假、效等。這種解釋，固然有不當之處，但重要的是他通過不同邏輯系統的概念印證，為進一步研究《墨經》邏輯提供了可能。

梁啟超還把墨家邏輯與印度因明、西方三段論的論理方式加以比照。這首先表現在他把墨家的「三表法」加以排比論列，比之於形式邏輯中的演繹法和歸納法。他在《墨子之論理學》中說：

今陷括其所謂三表三法如下：

甲……考之於天鬼之志

第一法

乙……本之於先聖大王之事

甲……下察諸眾人耳目知情實

第二法

乙……又徵以先旺之書

第三法　……發而為刑政，以觀其能中國家人民之利

右（按：原文為直排）三法中，其第一法之甲，第二法之乙，皆屬於演繹法；其第一法之乙，第二法之甲，與第三法，皆所謂歸納法也。

其次，墨家邏輯與印度因明、西方三段論式的比較研究。梁啟超認為，「印度的因明是用宗因喻三支組織而成」，「西洋的邏輯，亦是三支，合大前提、小

前提、斷案三者而成」〔註29〕墨家邏輯與印度因明、西方三段論有許多相同之處，比如，印度因明的宗因喻三支做法，《墨經》也引說就經，三支顯備。《墨經》引說就經主要由三種方法：

1.宗在經，因、喻在說

宗　「知，材也」

因　何以故，以「知也者所以知而不必知」故

喻　凡知材者所以知而不必知，例「若目」

2.宗在說，而因在經

宗　「不在禁，雖害無罰」

因　「罪，犯禁也」

喻　「若殆」

3.宗、因具在經，而喻在說

宗　「損而不害」

因　「說在餘」

喻　若「飽者去餘」，「若瘧病者至於瘧也」

在《墨經》中也能找到類似西方三段論的形式：

大前提　「假必非也而後假」

小前提　「狗假虎也」

斷案　「狗，非虎也」

這種形式的比附是很有意義的，他把墨家邏輯不注重形式的特點通過比附賦予其外在的形式，使其適合今天的需要。當然，梁啟超的印證、比附尚又不太確切的地方，如將「三表法」同演繹法、歸納法相比照，把「類」釋為媒詞等。但瑕不掩瑜，重要的是他的這種印證使人們對奧賾晦澀的墨家邏輯有了進一步的認識和理解，也為不同邏輯體系間的相互溝通提供了可能。

梁啟超認為，「《墨經》論理學的特長，在於發明原理及法則，若論列方式，自不如西洋和印度的精密。」〔註30〕《墨經》中的邏輯原則是先秦時代思維方式的總結，提出了邏輯學的諸多原則和方法。但由於墨家邏輯是在百家爭鳴的文化浪潮中，與其他各家辯難中而產生的，很明顯存在著重內容輕形式、重實踐輕理論的傾向。但墨家邏輯也有自己的優點，尤其是在有關論辯方法上可以

〔註29〕《墨子學案》，《梁啟超全集》第 3286 頁。

〔註30〕《墨子學案》，《梁啟超全集》，第 3285 頁。

與西方邏輯和印度因明媲美。

　　梁啟超對墨家邏輯的比較研究說明，人類雖然生活在不同的地域和環境中，但思維方式卻有著共同的規律可尋。梁啟超是第一個系統地比較這三種思維方式的人，它的開拓精神功不可沒。此外，梁啟超的比較研究也使人們認識到中國古代有著和印度、西方一樣光輝的邏輯學，使人們認識到《墨經》這部著作的歷史價值。他不無感慨地說：「這部書是出現在亞里士多得以前一百年，陳那以前九百多年，倍（培）根、穆勒以前二千多年。他的內容和價值的大小，諸君把那四位的書拿來比較便知，我一隻字也用不著批評了。只可惜我們做子孫的沒出息，把祖宗留下來的無價之寶，埋在地窖子裏二千多年。」〔註31〕他的感慨也值得我們深思。

四、墨學研究特徵

　　梁啟超是近代著名的思想家和學者，其學術成就是多方面的，墨學研究只是其中之一。他的墨學研究範圍廣泛，但其中有著共同的特徵，具體表現在如下幾個方面：

　　第一，運用他自己稱之為「新史學」的理論和方法整理、研究墨家思想學說。所謂的「新史學」是相對中國傳統史學而言的。梁啟超認為，近代西方通行的學科中，中國只有史學。但這種史學是「舊史學」「知有朝廷而不知有國家」，「知有個人而不知有群體」，「知有陳跡而不知有今務」，「知有事實而不知有理想」。這四種弊端產生兩個後果，「其一是鋪敘而不能別裁」，「其二是因襲而不能創作」〔註32〕。因此，他提出以近代西方社會科學為參照而建構的「新史學」，指出新史學的任務在於「敘述人群進化之現象而求得其公理公例」，「新史學」以進化論為指導，來探討人群進化和歷史事件的因果關係，揭示人類社會的發展規律。他認為，「地球人類，乃至一切事物，皆循進化之公理」發展的。「新史學」還認為歷史的進化不是直線式發展，而是「或尺進而寸退，或大漲而小落，其像如一螺線」，由低級向高級曲折前進。但總趨勢是，今天勝過昨天，將來超過現在，愈變愈進步。梁啟超的「新史學」還強調地理環境的決定作用和英雄史觀；同時重視學術在歷史發展中的作用。鼓吹「學術勢力左右世界」。

〔註31〕《墨子學案》，《梁啟超全集》，第 3291 頁。
〔註32〕梁啟超：《新史學》。《梁啟超全集》第 737 頁。

在墨學研究中，他以「新史學」為其理論指導，這首先表現在他摒棄了儒家在學術上的正統觀念，把墨子同孔子、老子並成為中國古代的「三聖」。對墨家學說也給予較多的褒揚和肯定。而梁啟超之前，墨學研究者都未能夠跳出儒家正統觀念的藩籬。梁啟超摒棄了對墨學的歧視，甚至把墨學放在除儒家之外的其他各家更高的地位。其次，把墨家學說納入近代社會科學的理論體系之中，條分縷析，從宗教思想、實利主義、兼愛思想、政治主張等方面予以考察，使墨家學說成為一個有機的整體。從而區別於以前墨學研究的支離。儘管這種研究還不深入，且有許多附會的地方。但畢竟已經邁出了重要的一步。同時，他還從當時的社會環境來考察墨家學說的產生，這雖有環境決定論的傾向，但在當時卻使人們耳目一新。梁啟超的研究方法對後來的學者影響甚巨。

第二，把「所研究之事物」與「能研究此事物之心靈」相結合，歷史與歷史哲學相結合。這實際上仍是他的「新史學」特徵。他認為，「歷史與歷史哲學雖殊科，要之，苟無哲學之理想者，必不能為良史。」〔註33〕因此，他在墨學研究中，充分融入了自己的思想，表現出「六經注我」的風範，使他的研究具有鮮明的個性特徵。實際上，這也是梁啟超學術研究的總特徵。在《墨經校釋》中，他把自己所掌握的西方自然科學和社會科學知識滲透進去，在《子墨子學說》《墨子學案》等著作中，更把墨家學說比附於近代西方政治學說。

梁啟超在墨學研究中「筆端常帶感情」，借墨學闡發自己的思想，有時不免牽強，失之粗淺。然而，他並非專門的學者，而是集思想宣傳和學術研究於一身的宣傳家，他「為我國思想界力圖締造一開國規模」〔註34〕。因此，求「理想與實用一致」，表現了鮮明的實踐特色。

還需要指出，梁啟超說的「苟無哲學之理想，必不能為良史」並不是說他在墨學研究中注意發掘墨家的哲學思想。事實上，梁啟超沒有能夠發掘墨家思想學說中的哲學思想。這是他墨學研究的不足之一。

第三，比較研究是梁啟超墨學研究的又一重要特徵。他認為，「夫欲求人群進化之真相，必當合人類全體而比較之，通古今文野而觀察之。」〔註35〕因此，他在墨學研究中注重古今中西比較。他不僅把孔、老、墨三家學說加以比較，認為「言夫理想，老子近唯心，墨子近唯物，孔子則其折衷也。言夫作用，

〔註33〕《新史學》，《梁啟超全集》第 740 頁。
〔註34〕《清代學術概論》，《梁啟超全集》第 3101 頁。
〔註35〕《新史學》，《梁啟超全集》第 740 頁。

老子任自然，墨子尊人為，孔子則其折衷也」〔註36〕。而且，他把墨家思想學說同古希臘思想、基督教思想、近代西方資產階級社會政治學說，甚至社會主義思潮相比較，以求「見其具」，「知己之所長」。比如，他以為「墨家既以天的意志為衡量一切事物之標準，而極敬虔以事之，因此創為一種宗教，其性質與基督教最相適近」〔註37〕。他還把墨家的實利主義與邊沁的功利主義相比較；把墨家的社會起源說與霍布斯、洛克、盧梭的民約論相比較。諸如此類，在它的墨學研究中實在不少。

梁啟超的比較研究，從總體上看還停留在形式的比較，而缺少本質上的溝通，但也又不乏常人的研究深度。需要指出的是，梁啟超的比較研究為其後的學者提供了一個新的學術視野和方法，並為他們所借鑒。這是他比較研究的真正貢獻所在。

梁啟超的墨學研究上承孫詒讓等人，下啟胡適。如果說孫詒讓是用傳統學術方法研究墨學的集大成者，並標誌傳統學術方法研究墨學的終結的話，那麼，梁啟超則是用近代社會科學體系來規範墨學的開創者。遺憾的是，由於自身的學養等因素，他對西方文化的理解把握不可避免地有所局限。他沒有能夠把西方的社會科學體系化為學術研究的方法並運用於墨學研究，對墨學作理性的省察。因而，他未能完成墨學研究方法論由傳統向近代的轉換。其未竟的任務由深受西方文化薰染的胡適來完成。

〔註36〕 《老孔墨以後學派概況》，《梁啟超全集》第 3306 頁。
〔註37〕 《先秦政治思想史》，《梁啟超全集》第 3668 頁。

第五章　學術轉型期的墨學研究
（下）：章太炎的墨學研究

一、學術背景

在近代中國學術史上，章太炎以其獨立的學術研究佔據著無與倫比的地位，其學術研究涉及經學、史學、諸子學、佛學、哲學等諸多門學科，影響深遠。不過，在章太炎一生的學術生涯中，墨學研究並不佔據顯著地位，即使是在他的諸子學研究中，墨學研究也不如道家研究受重視。他既沒有《墨子》的校勘專著，也沒有長篇的墨家思想的論述。就我所見，僅在《訄書》中有《儒墨第二》，《檢論》中有《原墨》和《諸子學略說》中有關墨學部分，此外還有為張子晉《大取釋義》所作的序言、《國故論衡》中關於「墨家名學」的一些論述以及《膏蘭室札記》中部分關於《墨子》的文字考釋。至於其他，只是少許零星的論述。但在近代墨學發展史上，章太炎的墨學研究卻不可忽視，雖然其地位不像孫詒讓那樣成為一代墨學研究的集大成者，但卻有承上啟下之功。所謂承上，指他的墨學研究上承清代學人的墨學研究成果和方法；所謂啟下，是指他在繼承清代學人墨學研究的基礎上，開啟了一種新的研究領域和方法。正因為如此，才顯示其在墨學史上的地位和價值。

章太炎緣何研究墨學？楊向奎先生在《章太炎學案》中說：「民國初襲清末研究墨子的餘風，墨家蜂起，太炎亦其中之一。」〔註1〕從墨學復興的角度認為章太炎追隨學術潮流而研究墨學，這只看到了其中的一個方面。在我看來，墨學在近代復興，幾乎又成顯學，為近代學人所關注。作為近代學術中堅的章太炎，

〔註1〕《清儒學案新編》第六冊。濟南：齊魯書社 1994 年版，第 584 頁。

關心學術的發展，不可能不論及墨學，此其一。另外，章太炎一生都對民族文化懷著特殊的情感，很注重民族文化的弘揚和發展，並且把它和革命反清的事業聯繫起來，他在《國學講習會序》中明確說明：「吾聞處競爭之世，徒恃國學不足以立國，而吾未聞國學不興而國能自立者也。」他還在《國粹學報》紀念出版三週年的祝辭中說：「部婁無松柏，故日本因成於人，而中國制法自己，儒、墨、道、名尚已。雖漢宋諸明哲專精屬意，慮非島人所能有也。自棄其重，而倚於人，君子恥之，焉始反本以言國粹。」〔註2〕發揚國學，儒家經學自然不能代表全部的傳統文化，他視諸子學研究不足為「學術缺陷之大端」，力圖「補前人所未舉」〔註3〕。墨學在先秦與儒學並稱，當然是諸子學中的重要部分，不能棄之而不顧。此其二。其三，章太炎在自述其學術經歷和思想變遷軌跡時說：「（少時）雖嘗博觀諸子，略識微言，亦隨順舊義耳。遭世衰微、不忘經國。尋求政術、歷覽前史，獨於荀卿、韓非所說，謂不可易。……即因繫上海，三歲不覿，專修慈氏世親之書。……私謂釋迦之言，出過晚周諸子不可計數。程朱以下，尤不足論。既出獄，東走日本……旁覽彼土所譯希臘、德意志哲人之書，時有概述。……端居深觀而釋《齊物》，乃與瑜迦、華嚴相會。……千載之秘，睹於一曙。次及荀卿、墨翟，莫不抽其微言，以為仲尼之功，賢於堯舜、其玄遠終不敢望老莊矣。」〔註4〕由此可見，他的諸子學研究是與時代思潮分不開的，並且隨著時代思潮的變化而變化。在先秦諸子中，章太炎很讚賞墨家的道德精神，認為「墨子之學誠有不逮孔老者，其道德則非孔老所敢窺視也」〔註5〕。這種道德精神也正適應了近代社會政治變革、救亡圖存的社會需要。

二、考鏡源流

侯外廬曾說：「太炎繼承了清代學者的諸子研究（嚴格說來，起於傅青主），融會貫通，卓然成一家之言。最有價值的部分，在於他能考鏡源流。」〔註6〕

〔註2〕《國粹學報祝辭》。《章太炎全集》第四冊。上海人民出版社1985年版，第207頁。

〔註3〕參見唐文權、羅福惠著《章太炎思想研究》。武漢：華中師範大學出版社1986年版，第411頁。

〔註4〕章太炎：《菿漢微言》，浙江圖書館校刊於1917年，第145頁。也可參考《章太炎全集》第12卷，上海人民出版社2015年版，第69頁。

〔註5〕《諸子學略說》，《國粹學報》第二十一期，1907年。也可參考《諸子學略說》，廣西師範大學出版社2010年版，第12頁。

〔註6〕章念馳編《章太炎的生平與學術》。三聯書店1988年版，第136頁。

侯外盧先生所說的「最有價值的部分」，實際上是指章太炎在繼承清代學者諸子學研究基礎上的發展和創新，不僅包括考鏡源流，而且還有學術思想的融會貫通。之所以如此，來自章氏對諸子學，乃至對中國學術的認識。他在《經的大意》中說：「百年前有個章學誠，說『六經皆史』，意見就說六經都是歷史。這句話，真是撥雲霧見青天！」〔註7〕章太炎繼承了其同鄉前輩學者章學誠的「六經皆史」的學術觀點，同所有的古文經學學者一樣，把封建時代的儒家經典「六經」都看作史書，甚至把一切學術都看作歷史學。因而，他治學由經史入手。而中國的史家向來是很講究「考鏡源流」的，章太炎自然也不例外。他認為，「講論諸子，當先分疏諸子流別」〔註8〕，研究諸子學同樣要從經史入手，先明經史，溯源別流，而後才談得上諸子學研究。他批評當時的一些學者研究諸子而忽視經史，說：「其間頗有說老莊，理墨辨者，大抵口耳剽竊，不得其本。蓋昔人之治諸子，皆先明群經史傳，而後為之。今即異是，皮之不存，毛將焉附耶？」〔註9〕說明章氏治墨同樣是從經史入手，並由此決定了他治墨學必將先理清墨家源流脈絡，從歷史的角度理清墨家的發展線索，然後再考察其思想內涵。

追源溯流，離不開對墨家作歷史的考察。墨家起源於什麼，直接關係到其思想的內涵和延續性，章氏當然不願意忽略這個問題。在這個問題上，章氏有不同時人的觀點，認為墨家「出於清廟之守」，並援引《漢書‧藝文志》《呂氏春秋》等典籍作為其依據：「《藝文志》云：儒家出於司徒之官。……墨家出於清廟之守者，墨家祖尹佚。《洛誥》言：『蒸祭文王、武王，逸祝冊。』逸固清廟之守也。又《呂覽》云：『魯惠公使宰讓請郊廟之禮於天子，桓王使史角往，惠公止之，其後在於魯，墨子學焉。』是尤為墨學出於清廟之確證。」他還說：「然更上徵春秋之世，則儒家有晏子，道家有管子，墨家則魯之臧氏近之。觀於哀伯之諫，首稱清廟，已似墨道；及文仲縱逆祀、祀爰居，則明鬼之效也；姜織蒲則節用之法也。武仲見稱聖人，蓋以鉅子自任矣。」〔註10〕墨家的先祖是尹佚，墨學的有些思想在墨子之前已經產生。

章氏「墨家出於清廟之守」的學術觀點還有待商討，其賴以憑藉的證據《漢書‧藝文志》晚出於司馬遷的《史記》，而《史記》中墨家身世已不可考，那

〔註7〕　《章太炎學術史論集》。北京：中國社會科學出版社1997年6月版，第26頁。
〔註8〕　《國學講演錄》，華東師範大學出版社1995年版，第170頁。
〔註9〕　《制言發刊宣言》。《章太炎全集》第五冊，第159頁。
〔註10〕　《國學講演錄》，第168頁。

麼，用《藝文志》的論斷作為證據恐怕要打折扣。他又從《呂氏春秋》的記載又推出墨家一些思想在尹佚時代已經產生也不可信，墨家思想學說與墨子時代密切相關，是那個時代的反映。《親士篇》說墨子「受儒者之業」，這些只能說明墨子廣泛吸收了先人的一些思想學說，而不能直接說明墨家的師承關係。後來的不少研究者都不認同章氏「墨家出於清廟之守」的觀點，胡適就有著名的《諸子不出王官論》。但章氏的考證有一點值得肯定，那就是追源溯流，理清一家學說的源流脈絡，並試圖從中看出時代的關係。就這一點上說，章氏有承上啟下的建設性貢獻。

不僅如此，在章氏不多的墨學研究文字中，他還力圖考察墨子的生卒時代，以為「今後以戰國諸家為次，則儒家宗師仲尼，道家傳於老子，此為最先。墨子或曰並孔子時，或曰在其後」。又說「墨子亟說魯陽文子，當楚惠王時。惠王之卒，在魯悼公時」。依此推斷「墨子去孔子亦四五十年矣」〔註11〕。當然，章氏的考證既不如在他之前的孫詒讓詳細，也不如在他之後的梁啟超、胡適等明晰，卻也勾勒出墨子生平大概。

至於反映墨家思想的《墨子》一書篇章，也是個非常值得研究的問題。不弄清各篇的篇章作者和時代，就很難理清先秦墨學的真正思想內涵和變遷軌跡。作為一個有識見的學者，章太炎當然也不會置之而不顧，他依據《韓非子·顯學》《莊子·天下》等篇章的記載，並觀照《墨子》一書不少篇章有上、中、下三篇，而且三篇「文字雖小異，而大體則同」，斷言《墨子》作者不止一人，「一人所著，決不如此重杳」〔註12〕，有上、中、下三篇，正是「墨離為三」的證據，墨家三派的墨學傳錄不同，而《墨子》一書兼採三派的「傳錄」。此外，《墨子》一書還有後人增加的篇章，《所染》篇反映的時間與墨子生平世代相去較遠，其中的一些事情發生在墨子之後的時代，他由此推斷《所染》決不是墨子本人所著，而是後人「附益」上的作品。章氏對《墨子》篇章的考證不如梁啟超、胡適細緻，但是，他提出《墨子》一書有上、中、下三篇，正好反映「墨離為三」，即墨家學派後來的流佈，卻是一個獨特的學術觀點，在一定程度上解決了《墨子》一書中上、中、下三篇內容重複的問題。我認為，這個說法是基本可信的。如果章氏之說成立，那麼，《墨子》一書就與儒家的《論語》類似，是墨家弟子記錄墨子思想言行的書了，雖然也反映墨子思想，但並

〔註11〕 《國學講演錄》，第 170 頁。
〔註12〕 《國學講演錄》，第 214 頁。

非墨子本人所著。事實上，《墨子》一書各篇的確有些表述不相一致的地方，這也反映了其書不是出自一人之手。章氏又從《經說》各篇文字特徵考察其作者，認為「墨子之論辨，大抵質樸遲鈍，獨《經說》為異。意者，《經說》別墨所傳，又出《墨子》之後」〔註13〕。章氏所指的「別墨」，實際上是戰國時期的墨家。《經說》是否「別墨」所著，學術界仍有爭論，但基本上可以認為《墨經》與《墨子》其他篇章不是同時代的作品，其中的一些思想與《墨子》其他篇章有所區別，特別是其中所反映的科學成就絕非墨子時代所具有。章太炎說是「別墨」的作品，類似與胡適把先秦墨家分為前期墨家和後期墨家，而《墨經》是後期墨家的作品。這樣不失為一種好的解決方式，《墨經》思想可以看成是前期墨者思想的延續和發展，章氏所說的「別墨」就是我們今天所說的後期墨家，「別墨」著《墨經》就基本可信了。

三、《墨子》述學

　　胡適曾說：「校勘訓詁的工夫，到了孫詒讓的《墨子閒詁》，可謂最完備了。但終不能貫通全書，述墨學的大旨。到章太炎方才與校勘訓詁的諸子學之外，別出一種有條理系統的諸子學。」〔註14〕看似極為簡單的一句話，既指出了章氏諸子學研究的重要特徵，又肯定了章氏的諸子學研究（當然包括墨學研究）在學術史上的重要意義。在學術上，章太炎推重乾嘉學者所取得的學術成就，但畢竟時代已很不相同，章氏的墨學研究已不同於清代學者的校勘、輯佚、訓詁，雖然也有部分文字訓釋的篇章，但並不構成其墨學研究的重心，他在墨學研究上的最主要貢獻是「述學」，用胡適的話來說，就是「有條理的」墨學。

　　《墨子》一書今存五十三篇，一般研究者均認為從《尚同》到《非命》一組文章反映墨學的基本思想，這些文章中包含的觀點就是這組文章的標題，《墨子·魯問》也說：「凡入國，必擇務而從事焉。國家昏亂，則語之尚賢、尚同；國家貧，則語之節用、節葬；國家憙音湛湎，則語之非樂、非命；國家淫僻無禮，則語之尊天事鬼；國家務奪侵凌，即語之兼愛、非攻。」上面所說的尚賢、尚同、節用、節葬、非樂、非命、天志、明鬼、兼愛、非攻就是我們通常所說的「十論」，構成墨學的基本思想內涵。在這些基本的思想內涵中，究竟產生於何時、基本內容是什麼，或者說核心思想，歷來研究墨學者看法不盡相同。章太炎認為，「節

〔註13〕《國學講演錄》，第170頁。
〔註14〕《胡適文集》第六冊，北京大學出版社1998年版，第181頁。

葬、非樂二者，本非尹佚所有，乃墨子以意增加者也。其餘兼愛、尚同、明鬼、節用，自尹佚以來已有之。尚賢老子所非，其名固不始於墨子。墨子明鬼，但能稱引典籍而不能明言其理，蓋亦遠承家法，非己意所發明也。」〔註15〕尋根溯源，其觀點不一定正確，其方法卻值得提倡。循著這條路線，他抽繹墨學根本觀念，「墨子之學，以兼愛、尚同為本」，〔註16〕即兼愛、尚同是墨學的核心觀念。他還批評道：「近世治墨子者，喜言《經上》《經下》，不知墨子本旨在兼愛、尚同。」〔註17〕至於「十論」中的其他內容都是兼愛、尚同的補充或擴展，其依據是：兼愛、尚同則不得不尚賢。「至於節用，其旨專在儉約，則所以達兼愛之路也。節葬、非樂，皆又節用來。要之，皆尚儉之法耳。明鬼之道，自古有之，墨子傳之，以為神道設教之助，亦有所不得已」〔註18〕。

儒墨之爭在先秦是不同學派的爭論，儒家弟子，特別是是孟子對墨學的「兼愛」思想批評有加，認為「墨子兼愛，是無父也」。章太炎肯定墨家「兼愛」思想。他對孟子評價不高，回應孟子對「兼愛」的批評也很激烈，說：「詆其兼愛，而謂之無父，則末流之噣言，有以取譏於君子，固非其本也。……夫墨家宗祀嚴父，以孝視天下，孰曰無父。」〔註19〕在他看來，墨家「兼愛」，而且「宗祀嚴父」，與儒家的「孝」沒有什麼根本的區別。章太炎的《檢論》大約著於1915年，在那時，章氏的對墨學評價可以算是比較高的了。因為兩千年來，在意識形態領域基本上是儒家思想占主導地位，特別是自宋代以來，孟子的地位得到空前提高，被視為僅次於孔子的「亞聖」，孟子的評判幾乎成為儒家後學不可更易的「真理」。乾嘉時代的汪中曾給與墨學一些肯定，便被當時的翁方綱扣上「墨者汪中」的罪名，要求革除他生員的名位。鴉片戰爭以來，雖然有一些學人研究墨學，墨學日漸顯露復興的跡象，但在墨學評價上很是小心，即使是清末的孫詒讓，在《墨子閒詁》中對墨學也只是讚揚其實行的精神。梁啟超對墨子評價較高，也主要是從其振世救弊的精神而言的，對其學說則有褒有貶。章太炎批評儒家的孟子而肯定墨家的「兼愛」思想，在當時已經是很不尋常的。

章太炎對墨學中兼愛、尚同如此重視，以致他對墨學其他思想的研究都圍繞這個核心觀念來進行。《老子》批評《墨子》尚賢觀，「不尚賢，使民不爭」。

〔註15〕 《國學講演錄，》第 217 頁。
〔註16〕 《國學講演錄》，第 214 頁。
〔註17〕 《國學講演錄》，第 215 頁。
〔註18〕 《國學講演錄》，第 215 頁。
〔註19〕 《檢論・原墨》。《章太炎全集》（三）。上海人民出版社 1984 年版，第 433 頁。

章太炎則說：「老聃不尚賢，墨家以尚賢為極，何其言之反也？循名異，審分同矣。老子言賢者，謂名譽談說才氣也；墨子言賢者，謂材力技能功伐也。」〔註20〕「循名異，審分同」，墨子、老子所指「賢」的具體內容不一樣，因而他們的結論不一樣。他還肯定墨家的「非命」思想，說：「兼愛尚同之說，為孟子所非，非樂節葬之義，為荀卿所駁。其實墨之異儒者，並不在此。蓋非命之說，為墨家所獨勝。儒家道家，皆言有命，其善持論者神怪妖誣之事，一切可以權陷廓清，惟命則不能破。如《論衡》有名祿、氣壽、幸與、命義等是也……命者，孰為之乎？命字之本，固謂天命，儒者既斥鬼神，則天命亦無可立，若謂自然之數，數由誰設？更不得其徵矣。然墨子之非命，亦僅持之有故，未能言之成理也，……非命者，不必求其原理特謂於事有害而已。」〔註21〕不過，他也指出墨家「非命」說有其缺陷。

　　至於明鬼，章太炎一方面指出「自是迷信」；但另一方面，又認為墨子「明鬼」有其學說自身的理由，而並不像許多學者的非議那樣。他說：「墨子明鬼亦有其不得已者在。墨子之學，主於兼愛、尚同，欲萬民生活皆善，故以節用為第一法。節用則家給人足，然後可成其兼愛之事實，以節用故反對厚葬，排斥音樂。然人由儉入奢易，由奢反儉難。莊子曰：『以裘褐為衣，以跂蹻為服，墨子雖能獨任，奈天下何？』墨子亦知其然，故用宗教迷信之言誘人，使人樂從，凡人能迷信即處苦而甘。苦行頭陀，不憚赤腳露頂，正以其心中有佛耳。南宋有邪教曰吃菜事魔，其始蓋以民之窮困，故教之吃菜，然恐人之不樂從也，故又教之事魔，事魔則人樂吃菜矣。……墨子之明鬼，猶此志矣。」〔註22〕在這裡把明鬼的作用說的再清楚不過。他還說：「墨子無論有無，壹以自苦為極。其徒未必人人窮困，豈肯盡聽其說哉？故以尊天明鬼教之，使之起信。」〔註23〕即墨子明鬼實際上類似於一種宗教，具有勸誘、教化、告誡的作用。他還從學說的起源來說明明鬼的原因：「明鬼之道，自古有之，墨子傳之，以為神道設教之助，亦有所不得已。」〔註24〕這樣，「明鬼」、「天志」與「非命」不僅不矛盾，而且都是為「兼愛」、「尚同」這個核心觀念服務的。

〔註20〕　《原道中》。《國故論衡》。國學講習會 1910 年版，第 165 頁。也可參考《章太炎全集》第 14 卷，上海人民出版社 2017 年版，第 117 頁。

〔註21〕　《諸子學略說》，《國粹學報》第 21 期，1907 年。也可參考《諸子學略說》，廣西師範大學出版社 2010 年版，第 10 頁。

〔註22〕　《國學講演錄》，第 219 頁。

〔註23〕　《國學講演錄》，第 219 頁。

〔註24〕　《國學講演錄》，第 215 頁。

　　章太炎對節用、節葬、非樂等觀念也有研究。關於節用，他說：「墨子愛利並舉，不直以衷心煦然為能事，必將多為法藝以左右民，異乎小儒無具者也。愛人之心無窮，而天地物產有極，則不足以共其求，是故以貴儉為輔，荀卿譏其汲汲為天下憂不足者是也。」〔註25〕在中國漫長的封建歷史中，儒家思想佔據著主流地位，荀子卻備受歧視。章太炎卻非孟而尊荀，對荀子襃揚有加，可是他並不苟同荀子對墨子的評價，而是認為節用也是因為兼愛而產生。反映了其學術的「求是」精神。

　　墨學顯揚於先秦，其後卻聲音日稀，近乎中絕。墨學研究者對此仁者見仁，智者見智，各執一詞。章太炎否定墨學的宗教思想，認為墨學的宗教形態是其中絕的主要原因，墨家尊天明鬼，鬼神是其理想的代言者。可是當時的社會卻充滿著不幸與災難，「盜跖壽終，伯夷餓夭」，鬼神無以能助，不能賞善，更不能罰暴，必定動搖人民對其信仰，因而不能久傳不絕。此其一。其二，他對墨家的「非樂」也很有看法，以為大凡宗教，都輔以音樂莊嚴來感動人心，使心靈愉悅，堅定信念，《荀子‧樂論》也說：「金石絲竹，所以道德也」。墨家卻貴儉而非樂，同樣也不能綿延繁盛。章太炎對「非樂」的批評值得商討，墨學的衰落，當然不像章太炎說得如此簡單，還有更深層次的社會和文化原因，不過，墨學本身的缺陷是不可忽視的事實。

四、《墨經》研究

　　孫詒讓的《墨子閒詁》問世，為《墨經》的進一步研究奠定了文本的基礎。近代大凡研究墨學的學者，幾乎都重視《墨經》的研究，因為《墨經》研究的復興是近代墨學復興的重要內容。章太炎自然也不例外。章太炎墨學研究的篇幅並不多，但《墨經》研究佔據的比例卻不算小。其研究主要集中在墨家邏輯學、知識論和科學思想三個方面。

　　墨家名學，也就是我們今天所說的邏輯學，它是先秦名學史上最為光輝的篇章，構成了中國自己的邏輯內容。章太炎稱《墨經》邏輯為「名學」或「辯學」，因為在中國古代，邏輯的發端與論辯有著密切的關係。他給「辯」下了定義：「所謂辯者，將以成吾之旨，而使他人不能破，非泛以唇舌雄者也。治經訓者必通六書，步天官者必知九數，為墨道者必取名理。」〔註26〕他還在

〔註25〕《墨子大取釋義序》，《章太炎全集》（五），第 143 頁。
〔註26〕《墨子大取釋義序》，《章太炎全集》（五），第 142 頁。

《國故論衡‧原名》中述說了論辯過程：「辯說之道，先見其旨，次明其柢，取譬相成，物故可形。」不僅如此，他還把代表中國、印度、西方三種不同文明的邏輯形式加以比較，以為「印度之辯，初宗，次因，次喻。大秦之辯，初喻體，次因，次宗。其為三支比量一矣」。《墨經》的邏輯形式與印度、西方均不一致，他說：「《墨經》以因為故，其立量次第，初因，次喻體，次宗，悉異印度大秦。」他舉了當時學者最常引用的範例：

印度因明

　　宗　聲是無常

　　因　所作性故

　　喻體　凡所作者，皆是無常

西方三段論

　　喻體　凡所作者皆無常（大前提）

　　因　聲是所作（小前提）

　　宗　故聲無常（結論）

墨家邏輯

　　因　聲是所作（小故）

　　喻體　凡所作者皆無常（大故）

　　宗　　故聲無常

　　從範例中可以看出，三種邏輯的形式不同，論證過程的先後不一致。因而，章太炎說：「大秦與《墨子》者，其量皆先喻體，後宗。先喻體者，無所容喻。斯其短於因明立量者常則也。」〔註27〕可以看出，章太炎認為印度因明在形式上優於西方三段論和墨家邏輯。此外，章太炎以因名為參照系統，把西方三段論，墨家邏輯與之比附，也反映了他對印度因明的偏愛。章太炎對佛學有研究，並且深受法相唯識學影響，因而對印度的因明也表現出偏好。事實上，就這三種邏輯系統來說，西方三段論與印度因明局注重形式，論證嚴密。而墨家邏輯在形式上有欠缺，章太炎把《墨經》中著名的邏輯範疇「故」與三支形式相比附：

　　　　《經》曰：『故，所得而後成也。』《說》曰：『故，小故，有之不

　　必然，無之必不然。體也，若有端。大故，有之必無然，若見之成見

　　也。』夫分於兼之謂體，無序而最前之謂端，特舉為體，分二為節之

〔註27〕章太炎：《原名》，《國故論衡》。國學講習會 1910 年版，第 122 頁。也可參見
　　《諸子學略說》，廣西師範大學出版社 2010 年版，第 118 頁。

謂見。今設為量曰：聲是所作（因），凡所作者皆無常（喻體），故聲無常（宗）。初以因，因局故謂之小故（猶今人譯為小前提者）。無序而最前，故擬之以為端。次以喻體，喻體通，故謂之大故（猶今人譯為大前提者）。此『凡所作』，體也。彼『聲所作』，量也。故擬以見之成見（上見謂體，下見謂節）。因不與宗相劃切，故曰有之不必然。無因者，宗必不立，故曰無之必不然。喻體次因，以相要束，其宗必成。故曰有之必然。驗墨子之為量，因有喻體無喻依矣。〔註28〕

必須指出，這種比附是不正確的，墨家邏輯的「小故」、「大故」相當於「必要條件」和「充分條件」，而不是三段論的「大前提」、「小前提」。

《墨經》邏輯的論式既不如印度邏輯宗、因、喻三支論式分明，也不像西方古典邏輯大前提、小前提、結論三支論時那樣清晰，但卻常運用在實際的生活中，他說：「昔墨子之作《經》，履端而道，曰：『故，所得而後成也。』」（《經上》）『小故，有之不必然，無之必不然；大故，有之必然，無之必不然。』」（《經說上》）今之國命，亦雜大小故已，死者以濡縷之血易兆人，不死者禿其脛腓、摩其頂踵以憂兆人，豈故貞卜策事之必其濟？譬如殖殹，殖之不必或，不殖則必審其不獲矣。故曰：雖吾臣一德，以有成績，固知其不能復貞觀、開元也，播種而已。」〔註29〕對墨家邏輯的應用性予以肯定。

《墨經》說：「名之成，始於受，中於想，終於思」。章太炎認為，「領納之謂受」，「取象之謂想」，「造作之謂思」。〔註30〕。「受」、「想」、「思」三個階段實際上包含了感性認識和理性認識兩個階段，從而說明了概念的形成是從感性到理性的過程，思維在概念形成過程中的抽象作用。同時，章太炎還認為，《墨經》中的達名、類名、私名也與認識過程相聯繫，反映了認識從特殊到一般的過程。

《墨經》不僅包含著豐富的邏輯內容，也蘊含著豐富的哲學思想，特別是知識論，在先秦典籍中尤為明顯。作為一代學術宗師、兼通中西文化的章太炎，其研究不再像中國古代學者那樣籠統，而是較為自覺地接受了近代西方人文、社會科學的學術分科，因而他能夠重視《墨經》中的知識論思想。《墨經》說：

〔註28〕 《原名》，《國故論衡》，第 121 頁。也可參見《諸子學略說》。廣西師範大學出版社 2010 年版，第 117 頁。
〔註29〕 《訄書》（初刻本）。《章太炎全集》（三），第 57 頁。
〔註30〕 《原名》，《國故論衡》，第 118 頁。也可參見《諸子學略說》。廣西師範大學出版社 2010 年版，第 114 頁。

「知而不以五路，說在久。」《經說》：「智者，若虐病之於虐也。智以目見，而目以火見，而火不見，惟以五路知。久，不當以目見，若以火。」章太炎解釋道：「此謂虐不自知，病虐者知之；火不自見，用火者見之，是受想之始也。受想不能無五路，及其形謝，識籠其象，而思能造作見，無待於天官。天官之用，亦若火矣。五路者，若浮圖所謂九緣：一曰空緣，二曰明緣，三曰根緣，四曰境緣，五曰作意緣，六曰分別依，七曰染淨依，八曰根本依，九曰種子依。自作意而下，諸夏之學者不覼辯，泛號曰智。目之見，必有空、明、根、境與智。耳不資明，鼻舌身不資空，獨目為具五路。既見物已，雖越百旬，其像在於是，取之謂之獨影。獨影者，知聲不緣耳，知形不緣目，故曰不當。不當者，不直也，是故賴名。曩令所受著逝，其想亦逝，即無所仰於名矣，此明之所以成也。太始之名，有私名足也，思以綜之，名益多，故《墨經》曰：『名，達、類、私。』」〔註31〕《墨經》中的「五路」是指眼、耳、鼻、舌、身五種感覺器官，是人認識外界事物的基本條件。但要形成理性認識，還必須發揮思維的作用。在這裡，章太炎的區別了感性認識和理性認識，但他認為「思能造作，無待於天官」，則是不正確的，因為感性認識是理性認識的基礎，理性認識是在感性認識的基礎上形成的。章太炎還援引佛學法相唯識宗的知識論來詮釋《墨經》。法相唯識宗是中國佛學中最富於哲學思維的一個宗派，也是最重視知識論的佛學宗派。章太出入佛老，對佛學有深湛的造詣，特別是法相唯識宗的知識論，他有獨到的研究，並把它融入自己的哲學思想中。在闡釋《墨經》知識論內容時，他從容運用自己兼通佛學的優勢，援引法相唯識宗的知識論，融通墨家的認識內容。

　　《墨經》中還用聞、說、親來說明知識的來源，包括感性認識和理性認識所得來的知識。章太炎用因明中的現量和比量來詮釋。親知在《墨經》中指認識主體通過親身觀察得來的知識，是認識主體通過感覺器官感知外物。章太炎認為，「親者，因明以為現量」。而「現量」在因明中是感覺對於自相的直接反映，大約相當於感性認識。他用比量來詮釋說知，「說者，因明以為比量」〔註32〕，「比量」在因明中是指由已知推論未知的思維形式，與《墨經》中超越時空限制、由已知推出未知的「說知」基本相似。

　　《墨經》中有豐富的自然科學知識，這是眾所周知的，章太炎也有所論

〔註31〕《原名》，《國故論衡》，第119頁。參見《諸子學略說》，第114頁。
〔註32〕《原名》。《國故論衡》第121頁。參見《諸子學略說》，第116頁。

及。他肯定《墨經》中的自然科學知識,「《墨經》中有涉及幾何學者,如:《經》上、下又有近於後世科學之語,如:『平,同高也;圓,一中同長也。』解釋皆極精到」。並且把它們與西方的自然科學相比較:「此皆近於幾何,所與遠西不同者,遠西先有原理,然後以之應用;中國反之,先應用然後求其理耳。」這實際上揭示了中西對科學技術認識的差別,西方人重視理論思維,而中國人重視感性作用,中國古代技術發達,而缺乏科學。他同時又指出《墨經》的局限:「然物之形體,有勾股者,有三角者,有六觚者,但講平圓二種,一鱗一爪,偏而不全,總不如幾何學,事事具備。且其書龐雜,無系統可尋,今人徒以其保存古代思想,故樂於研討耳。其實不成片段,去《正名》篇遠矣。」〔註33〕

五、墨學研究特徵

章太炎的墨學研究不同於孫詒讓,孫氏以文本校勘為其學術研究的主體。又不同與梁啟超,梁氏的墨學研究校勘、述學兼而有之,但梁氏的墨學研究以致用為目的。這是章太炎所不足取的。章氏的墨學研究表現了下述兩個特徵:

其一,在求是與致用之間。

章太炎為人、治學,特別推崇明末清初的顧炎武,這包含兩個方面的意義,其一是顧炎武的民族氣節,明朝滅亡後,顧炎武不與清政府合作。其二是顧炎武的治學精神,顧氏治學,一反明末空疏的學風,力主實事求是。章太炎在治學中,繼承乾嘉學人的治學精神,標舉清代學者「求是」的旗幟,強調審名實、重左證、戒妄牽、守凡例、斷情感、汰華辭。在具體的學術研究中,強調「字字徵實,不蹈空言,語語心得,不因成說」〔註34〕。在許多地方,他都提到了學術貴在「求是」。《訄書‧清儒》說:「不以經術明治亂,故短於風議;不以陰陽斷人事,故長於求是。」〔註35〕《與鍾君論學書》也稱:「學在求是,不以致用;用在親民,不以干祿。」〔註36〕他認為,「學者在辨名實,知情偽,雖致用不足尚,雖無用不足卑」〔註37〕。

不過,章太炎在學術研究上的「求是」與乾嘉學者所標舉的「求是」又有

〔註33〕 《國學講演錄》,第 221 頁。
〔註34〕 《再與人論國學書》。《章太炎全集》(四),第 355 頁。
〔註35〕 《章太炎全集》(三),第 158 頁。
〔註36〕 參見《文史》第 2 輯第 279 頁。中華書局 1963 年。
〔註37〕 《與王鶴鳴書》。《章太炎全集》(四),第 151 頁。

區別，他所指的求是，既有學術發展的內在理路，又與現實刺激密切相關。因而有許多標新立異之處。侯外廬早在四十年代就注意到了，他說：「他於求是與致用二者，就不是清初的經世致用，亦不是乾嘉的實事求是，更不是今文學家的一尊致用。」〔註38〕那麼，章太炎所指的「求是」究竟是什麼，顯然，乾嘉學者「為學術而學術」，學術研究在校勘、考據之中。而章太炎所處的時代已經大不相同，他講學不忘革命，關心國事，並參加政治運動。於學術，他倡導求是，不僅在校勘、考據上求是，還有立說的「求是」。他一貫反對「通經致用」的主張。表現在墨學研究中，無論是文字考釋的《膏蘭室札記》中的《墨子》部分，還是《墨子》述學中所下的斷語，字字斟酌，有利有據，沒有華詞。這是章氏的治學風格。比如《墨子》中富含科技知識，章太炎認為：「墨子以禹為祖，故亦尚匠，亦擅勾股測量之術。」〔註39〕又如，在論到墨子「明鬼」時，要表明墨子有神道設教，勸誘世人的目的時就舉「吃菜事魔」的故事。在詮釋《墨經》「知而不以五路，說在久」時，就援引佛學來解釋。

但是，章太炎在標舉學術貴在「求是」的時候，並沒有忘記當時艱難的時勢，而且，他還親身參加革命活動。作為一個「有學問的革命家」，學術上的「求是」與「致用」是如何結合的呢？上面提到章太炎推崇顧炎武，他曾在《答夢庵》中說：「若顧寧人者，甄明音韻，纖悉尋求，而金石遺文，帝王陵寢，亦靡不殫精考索，惟懼不究，其用在興起幽情，感懷前德，吾輩言民族主義者猶食其賜。」〔註40〕也就是說，顧炎武具體治學時「求其真，不取其美」，故「持論多求根據，不欲空言義理以誣後人」。可治學之初衷以及學術之效用，卻關涉世事人道家國興亡。其實，章太炎這樣的闡述並不少，他倡導研究國學，就有用世的目的，他在《國學講習會序》中明確說明：「吾聞處競爭之世，徒恃國學不足以立國，而吾未聞國學不興而國能自立者也」。「夫國學者，國家所以成立之源泉也」。他在《答鐵錚》中也說：「故僕以為民族主義如稼穡然，要以史籍所載人物、制度、地理、風俗之類為之灌溉，則蔚然以興矣。不然，徒知主義之可貴，而不知民族之可愛，吾恐其漸就萎黃也。」〔註41〕

賀麟先生認為，章太炎反對「通經致用」的說法，譏之為漢儒藉以干祿的

〔註38〕侯外廬：《近代中國思想學說史》。生活書店 1947 年版，第 851 頁。
〔註39〕《國學講演錄》，第 220 頁。
〔註40〕《章太炎政論選集》，第 398 頁。
〔註41〕《章太炎全集》（四），第 371 頁。

鬼話。不是說經世不可以藉重學術，或者學術不屑於致用，而是反對將兩者直接掛鉤乃至等同起來的傳統說法。首先是政學分途，然後才談得上互相藉重。也就是後來學者們強調的，「學術的獨立自由，不僅使學術成為學術，亦且使政治成為政治」〔註42〕賀麟先生道出章太炎學術上「求是」與「致用」分途的意義。章太炎無論講學或著書，決不是乾嘉學人的「為學術而學術」的「求是」，而是寄託著政治信念。他「雖著書，不忘兵革之事。其志不就，則推跡百王之制，以待後聖，其材高矣」〔註43〕。他的學生黃侃曾如是披露章太炎的追求：「其授人以國學也，以謂國不幸衰亡，學術不絕，民猶有所觀感，庶幾收碩果之效，有復陽之望。」〔註44〕他研究諸子，研究墨學，是不是也有這樣的目的？

其二，繼承與創新。

從學術流派上看，章太炎走的是古文經學的路子，學術上以「東原先生為圭臬」〔註45〕。他繼承的是乾嘉漢學的實事求是，無徵不信的治學方法。但是，他並不唯清儒是尊，相反，他在《釋漢學》中批評清代學者的失誤說：「余謂清儒所失，在牽於漢學名義，而忘魏、晉干蠱之功，夫漢時十四博士，皆今文俗儒。諸古文大師雖桀然樹質的，猶往往俯而汲之，如賈景伯、鄭康成皆是也。先鄭、許、馬濡俗說為少，然其書半亡佚，後人欲窺其微，難矣。」〔註46〕因此，他在學術上還有「求新」的傾向。這首先表現在它擴大了清儒的研究範圍。清儒治學以經學為中心，基本上不超出校勘、考據的範圍。章太炎所處時代不同，校勘、考據之事其學術貢獻的一小部分，更多的是對古代學術、文化的闡發。他研究國學，也不再僅僅是經學，而是包括諸子學、文史學、制度學、內典學、宋明理學、中國歷史等多方面。他的墨學研究就是諸子學中的一部分。

章太炎學術創新的另一表現是致力於中國學術的近代化，當然包括墨學研究的近代化。因而他的墨學研究帶有鮮明的近代特色。章太炎的墨學研究，文字校釋只是其中的一小部分。更多的是對墨家思想學說的近代詮釋。他把治

〔註42〕參見《文化與人生》。北京：商務印書館 1988 年版，第 250 頁。

〔註43〕《章太炎全集》（四）的 117 頁。

〔註44〕《太炎先生行事記》，《黃季剛詩文鈔》。武漢：湖北人民出版社 1985 年版，第 31 頁。

〔註45〕《章太炎論學集》。北京師範大學出版社 1982 年版，第 349 頁。

〔註46〕轉引自許壽裳《章炳麟》，重慶出版社 1987 年版，第 94 頁。

學的目標已向域外，力圖運用歐美、日本的學理，即近代自然科學和資產階級社會政治學說，來研究中國古代文化學術。他曾說：「今日治史，不專賴域中典籍。凡皇古異文，種界實績，見於洪積石層，足以補舊史所不逮者。外人言支那事，時一二稱道之，雖謂之古史，無過也。亦有草昧初啟，東西同狀，文化既進，黃白殊形，必將比較同異，然後優劣自明，原委始見，是雖希臘、羅馬、印度、西膜諸史，不得謂無與域中矣。若夫心理、社會、宗教各論，發明天則，烝人所同，於作史尤為要領。」〔註47〕梁啟超準確地說出了章太炎學術研究近代化的特徵：「及亡命日本，涉獵西籍，以新知附益舊學，日益閎肆。」〔註48〕正因為是「附益」，章太炎沒有完成墨學研究的近代化。

　　梁啟超、章太炎都是致力於墨學研究近代化的近代學人，他們的墨學研究有相似之處，即思想學說的近代詮釋是其主要內容。但他們的墨學研究又有所不同。首先，梁啟超的墨學研究有著更多的個性特徵，在詮釋墨家思想是滲透著主觀的因素，表現出「六經注我」的特徵，這大概與梁氏本人接受今文經學影響有關。而且，梁氏的墨學研究更多地使用西方社會科學來詮釋墨家的社會政治學說。章太炎則是古文經學的「殿軍」，學術研究強調「語語徵實，不蹈空言」，所下每一斷語必經深思熟慮，分析嚴密。章氏運用西方的近代社會科學方法來詮釋墨學，但又反對動輒即用西方的學說附會中學，而是以「西學附益中學」。而且，章氏的墨學研究不僅闡釋墨家的社會政治學說，更多的是從哲學層面來研究墨家學說，試圖構建墨家的理論思維世界。

〔註47〕《訄書・哀清史第五十九》（重訂本），《章太炎全集》（三），第 331 頁。
〔註48〕《清代學術概論》之二十八。《梁啟超論清學書二種》，第 78 頁。

第六章　新範式的建立：胡適的墨學研究

一、研究緣起

在胡適早期的學術活動中，墨學研究佔據著極為重要的地位。他的博士論文《先秦名學史》就用了三分之一的篇幅研究墨家邏輯學，在其後的《中國古代哲學史》中，他把墨學研究進一步推進。此外，他有關墨學的論著或文章還有《〈墨子‧小取篇〉新詁》《梁任公〈墨經校釋〉序》《論墨學》《墨家哲學》等。

宣揚「全盤西化」〔註1〕的胡適為何在其早年的學術生涯中如此垂青於墨學呢？

胡適在赴美留學之前，即受梁啟超影響對墨學產生濃厚的興趣，他在《梁任公〈墨經校釋〉序》中說：「他在《新民叢報》裏曾有許多關於墨學的文章，在當時引起許多人對於墨學的新興趣，我自己便是那許多人中的一個人。」〔註2〕

〔註1〕「全盤西化」曾經是胡適對自己文化觀的一種表達，但在思想界引起誤解，認為胡適是主張用西方文化來取代中國文化。為此，胡適曾在《大公報》上發表文章《充分世界化與全盤西化》（1935年6月21日），對自己的文化觀做一個全面的解釋，所謂的「全盤西化」是「充分世界化」的另一種表述而已，真正的內涵是充分現代化。胡適自己也認為數量上的全盤西化是不可能的。思想界在批判胡適「全盤西化」的文化觀時顯然停留在字面的解釋上，忽略了胡適本人對內容的解釋，有失公允。參見《胡適文集》（五）（北京大學出版社1998年版）。

〔註2〕胡適：《梁任公〈墨經校釋〉序》，《胡適文集》（三）。北京大學出版社1998版，第124頁。

然而，這充其量只是一個誘因。眾所周知，胡適在新文化運動期間即大力提倡「整理國故」的學術活動，掀起了一個古學整理與研究的高潮。胡適把這場學術運動歸結為十六個字：研究問題，輸入學理，整理國故，再造文明，希望藉此而達到「中國的文藝復興」。

如果說「研究問題」是研究緣起的話，那麼「輸入學理」，「整理國故」則是研究的手段，再造文明才是這場研究運動的目的，胡適把整理國故納入再造文明的文化系統之中，其「再造文明」是要給中華文化創建一個新文化系統。當然，這個新文化系統既不能專靠輸入外部文化，也不能只是古代文化的復活，而應該是在中國傳統文化中找到「有機地聯繫現代歐美思想體系的合適的基礎，使我們能在新舊文化內在調和的基礎上建立我們自己的科學和哲學」〔註3〕不過，作為新文化人的胡適，與許多新文化運動的宣傳者一樣，有著強烈的非儒情緒，認為「中國哲學的將來，有賴於從儒學的道德倫理和理性的枷鎖中得到解放」，「換句話說，中國哲學的未來，似乎大有賴於那些偉大哲學學派的恢復。」〔註4〕因此，在先秦與儒學並稱「顯學」的墨學理所當然地引起胡適的興趣。借助於墨學，既可以跳出儒學的藩籬，又「可望找到移植西方哲學和科學最佳成果的土壤」。〔註5〕此其一。

其二，胡適曾多次表達了對研究方法的重視，他青年時代即形成以懷疑為起點，以解決懷疑的方法為歸宿的方法自覺。他認為，中國科學之所以不發達，其中原因固然不少，但重要原因之一是缺乏「哲學方法」。與有些新文化人徹底的反傳統、著力宣傳介紹近代西方社會政治學說不同，胡適認為如果「採取突然替換的形式，因而引起舊文化的消亡，這確實是全人類的一個重大損失」〔註6〕。因此，胡適的重心不在介紹西方某些西方的社會政治學說那些「表層文化」，而是在尋找中西文化的某種契合，即在中國文化中「找到可以有機的聯繫現代歐美思想體系的合適的基礎，使我們能在新舊文化內在調和的基礎上建立我們自己的科學和哲學」〔註7〕。胡適看中的是哪些具有決定作用的哲學方法。唯其如此，新文化系統才有根基，中國科學才能昌明。他的博士論文《先秦名學史》就是關注中國古代哲學方法的。思想敏銳的胡適注意到墨學中

〔註3〕 胡適：《先秦名學史》，《胡適文集》（六），第 10 頁。
〔註4〕 胡適：《先秦名學史》，《胡適文集》（六），第 10 頁。
〔註5〕 胡適：《先秦名學史》，《胡適文集》（六），第 11 頁。
〔註6〕 胡適：《先秦名學史》，《胡適文集》（六），第 10 頁。
〔註7〕 胡適：《先秦名學史》，《胡適文集》（六），第 11 頁。

有經驗主義的傳統，富含許多知識論和邏輯學方面的內容，而且與西方近代實用主義的邏輯方法有許多契合之處，特別適合構建新文化系統的深層意識——哲學方法。胡適正是看中了這些，才著力於發掘墨學中的營養並作近代闡釋。

二、墨子其人其書考證

胡適的墨學研究是從墨子其人其書的考訂開始的。他認為，「欲知一家學說傳授沿革的次序，不可不先考訂這一家學說產生和發達的時代。如今講墨子的學說，當先知墨子生於何時」，〔註8〕墨家源出何處。至於墨家淵源，胡適不同意章太炎墨家出於清廟之守〔註9〕的論斷。根據《淮南子·要略》，「墨子學儒者之業，受孔子之術」，胡適認為，雖不能確定，但墨子在魯國受過教育，受儒家的影響一定不小，並引用《呂氏春秋·當染》篇墨子受教於史角之後作為論證。有鑒於儒家學說的繁文縟節，而創立自己的學派。

關於墨子生平，畢沅、汪中、孫詒讓等人均有考證，胡適不同意孫詒讓的觀點，認為孫詒讓的錯誤有二：其一，孫氏所據的《親士》《魯問》《非樂上》三篇文章都靠不住，可能是後來人編輯的，或者包含了明顯的篡改。其二，墨子決不曾見吳起之死。因為《呂氏春秋·上德篇》說吳起死的那一年（公元前381年）墨家鉅子孟勝及弟子替陽城君守城，孟勝死前派弟子把「鉅子」之位傳給田襄子，以免墨家斷絕。據此，吳起死時墨學已成為一種宗教，墨子已死多年。他認為，汪中據《墨子》中《耕柱》《魯問》《貴義》《非攻》中下、《公輸》及《禮記·檀弓》下來考訂墨子生平很可靠。因此，他斷定墨子大約生於公元前500～490年，死於公元前425～416年。胡適從史料的辨偽入手，然後運用可信的史料，並運用不同的史料加以對照，以得出結論，是把乾嘉以來的考據學方法和西方實證方法結合起來，比孫詒讓在方法上前進了一步。其後的錢穆、侯外廬對墨子生平的考證均與胡適的接近。

文本的釐清是研究一家學說的最基本工夫，要對墨學進行系統研究，必須對基本材料《墨子》一書進行考訂。胡適大膽運用近代社會科學方法，從《墨子》一書的思想傾向、語言特色等方面入手，精考細梳，條分縷析，將其分為五組：

〔註8〕　胡適：《中國古代哲學史》，《胡適文集》（六），第 255 頁。
〔註9〕　章太炎：《國學講演錄》。華東師範大學出版社 1995 版，第 216 頁。

第一組，自《親士》到《三辯》，凡七篇，皆後人假造的。

第二組，《尚賢》三篇，《尚同》三篇，《兼愛》三篇，《非攻》三篇，《節用》兩篇，《節葬》一篇，《天志》三篇，《明鬼》一篇，《非樂》一篇，《非命》三篇，《非儒》一篇，凡二十四篇，大抵皆墨者演墨子的學說所作的。

第三組，《經》上下，《經說》上下，《大取》《小取》六篇，不是墨子的書，也不是墨者記墨子學說的書。我以為這六篇就是《莊子·天下篇》所說的「別墨」做的。

第四組，《耕柱》，《公孟》，《魯問》，《公輸》，這五篇乃是墨家後人把墨子一生的言行輯聚來做的，就同儒家的《論語》一般。其中許多材料比第二組更為重要。

第五組，自《備城門》以下到《雜守》，凡十一篇，所記都是墨家守城備敵的方法。

研究墨學的，可先讀第二組和第四組，後讀的三組，其餘二組，可以不必細讀。〔註10〕

顯然，胡適與此前的墨學研究者不同，他從文本入手，把整理史料作為切入點，把自己的研究建立在可靠史料的基礎上。這事實上是運用近代科學方法來研究古代學說。胡適是較早自覺運用近代科學方法論的近代學人，其後的馮友蘭等把這種方法論進一步推進完善。需要指出的是，胡適是第一個對《墨子》一書進行系統分類的人，為其後的研究者所傚仿。從這五組分類上可以看出，胡適把《墨子》一書看成先秦墨家思想邏輯演進的軌跡。不過，胡適認為惠施、公孫龍的學說「差不多全在這六篇（《墨經》）裏面」是值得商榷的，恰恰相反，《墨經》中的有些記載反映了墨家後學與惠施、公孫龍相辯駁。

三、墨家哲學方法與政治學說研究

在近代研治墨學的學者中，胡適是第一個運用系統的方法，發展的觀點把墨家分為前期墨家和後期墨家，使墨家思想「顯出變遷的痕跡」，「遞次演進的脈絡」。按照胡適的說法即「明變」、「求因」。〔註11〕胡適稱前期墨家為「宗教的墨學」，主要依據上述第二、四兩組史料來研究，並從哲學方法和具體政治

〔註10〕胡適：《中國古代哲學史》，《胡適文集》（六），第260頁。
〔註11〕胡適：《胡適文集》（六），第183頁。

主張兩個方面來進行詮釋。而前者是胡適研究的重心所在。

　　胡適把前期墨家的哲學方法歸結為「應用主義」，或者叫做「實利主義」。他說：「墨子處處要問一個『為什麼』」，「以為無論何種事物、制度、學說、觀念都有一個『為什麼』。換言之，事事物物都有一個用處。知道那事物的用處，方才可以知道他的是非善惡。」〔註12〕他進一步指出，墨家的「應用主義」又可以稱為「實利主義」。墨家正視「利」的正當性，《墨經》認為，「義，利也」。胡適指出，墨家的「利」並不是是「財利」的「利」，或者說不是指簡單的利益，「墨子的『義』和『利』都是指人生行為而言」，「無論什麼理論，什麼學說，須要能改良人生的行為，始可推尚。」〔註13〕他還指出，墨家「應用主義」哲學方法的是墨子哲學的根本方法，其是非準則並非心內的良知，而是心外的實用。「墨翟發現了應用主義的方法之後，便把它貫穿於自己的全部學說中，使它成為自己的學說的基礎。」〔註14〕

　　顯然，胡適是在運用「實驗主義」的哲學方法來梳理前期墨家的思想方法，他認為，「作為一個思想體系，墨家與功利主義和實用主義有很多相同之處。」〔註15〕因而他力圖把它納入實驗主義的哲學方法之中。他首先提煉出「應用主義」作為問題，然後逐層解析墨家的「應用主義」。他的研究是古代思想近代詮釋的一種嘗試，並使墨家的哲學方法適應「再造文明」的時代之需，這種古為今用的學術研究嘗試值得肯定。因此，胡適似乎對墨家的「應用主義」義利關係與儒家的重義輕利相對待而提出這一時代背景並不關心。還原到歷史情境，墨家的義利統一觀是小生產者社會經濟生活的訴求，重視物質利益的反映，對應的是儒家為代表的貴族階層重義輕利，是不同階層在社會生活層面的表現。而胡適則強調了它與近代實驗主義哲學方法相契合的一面，但二者產生的社會經濟基礎與時代思想背景則有著顯著地不同，前者是古代農業社會的思想方法，後者是近代工業文明的思想邏輯。

　　與哲學上的「應用主義」相聯繫，胡適認為，「三表法」是墨子的論證方法。如果說「應用主義」哲學方法是廣義上的邏輯，那麼「三表法」則是邏輯的應用，二者有著邏輯的必然性。《墨子‧非命上》說：「言必有三表」，「上本之於古者聖王之事」；「下原察百姓耳目之實」；「發以為刑政，觀其中國家百姓

〔註12〕胡適：《中國古代哲學史》，《胡適文集》（六），第 262 頁。
〔註13〕胡適：《中國古代哲學史》，《胡適文集》（六），第 263 頁。
〔註14〕胡適：《先秦名學史》，《胡適文集》（六），第 62 頁。
〔註15〕胡適：《先秦名學史》，《胡適文集》（六），第 54 頁。

人民之利。」胡適指出,「三表法可以概括為檢驗任何已知思想的真實性要求:（1）跟已經確立思想中最好的一種相一致；（2）跟眾人的經驗事實相一致；以及（3）付諸實際運用時導致良好的目的。」〔註19〕在他看來,三表法中最重要的是第三表,由此可見墨子注重實際應用。但其缺點是把「實際應用」作了過於狹隘的解釋,即解釋為直接的利益,從而忽視了不能立即看到的價值。比如,墨子對音樂的指責,「很可能對中國古代文化的美學方面造成相當大的損害。」〔註17〕至於第二表,胡適指出它表明了墨子重視親身觀察的價值。「墨翟關於直接觀察的理論雖然是粗糙的,卻標誌著中國經驗主義的開端。」〔註18〕「這種注重耳目的經驗,便是科學的根本。」〔註19〕但其缺點有二:其一是耳目所見所聞是有限的；其二是平常人的耳目,最易錯誤迷亂。回到第一表,他指出「第一表和第三表是同樣的意思」,「第三表說的是現在和將來的實際應用,第一表說的是過去的實際應用」。〔註20〕胡適用實驗主義的理論方法作為評判墨家的三表法思想方法工具,既肯定了它注重實際應用的偉大意義,又指出其應用的狹隘性,既看到它作為方法論是人們行動的理論指導,又指出它作為「真理的檢驗」的實踐意義。胡適的研究揭示了三表法所蘊含的理論意義與實踐價值,肯定了中國古代的思想智慧。或許出於「應用主義」的需要,胡適對墨家論證方法的評價,特別是對其近代性價值的肯定有所拔高。也許他沒有意識到,或許是有意迴避三表法只是小生產者日常生活生產經驗的總結,源於社會實踐,並對社會實踐的理論提煉,其經驗性思維的局限性比較明顯。事實上,任何經驗世界都是建立在有限性的基礎之上,在實踐中,只要提出任何一件反例,這種論證的有效性就可能喪失。所以,無論是作為行動的理論指導和作為「真理的經驗」,三表法的價值都是非常有限的。把它過分拔高甚至同近代實驗主義比附同樣是不可取的,作為哲學與思想方法的實驗主義,一反西方哲學的形而上學傳統,把哲學作為人類文化的一種現象現象,提供的是解決具體問題的工具或思想方法,並形成了比較精緻的理論系統。比較而言,三表法則簡單而形象,缺乏必要的邏輯論證。其理論價值與實踐效用顯然不可同日而語。胡適一方面主張研究一種思想學說要「瞭解一家學

〔註16〕 胡適:《先秦名學史》,《胡適文集》（六）,第 69 頁。
〔註17〕 胡適:《先秦名學史》,《胡適文集》（六）,第 70 頁。
〔註18〕 胡適:《先秦名學史》,《胡適文集》（六）,第 71 頁。
〔註19〕 胡適:《中國古代哲學史》,《胡適文集》（六）,第 268 頁。
〔註20〕 胡適:《中國古代哲學史》,《胡適文集》（六）,第 268 頁。

說產生和發達的時代」，可是在實際的研究中又把它從其時代抽象出來，作抽象的、超越時代的評判，顯然有些似乎而非。

相對於上述哲學方法來說，胡適顯然把墨家具體政治主張的研究放在次要地位。在他看來，具體社會政治是表層的，是受哲學方法支配的。相對於「應用主義」的哲學方法來說，墨子的具體政治主張，如兼愛、非攻、尚賢、尚同、非樂、非命、節用、節葬，只是其哲學方法——即根本觀念的應用，是墨學的枝葉。

墨子的具體社會政治主張，胡適在《中國古代哲學史》中認為是以「天志」為本的宗教，即「墨教」。他引用《墨子・天志上》作為其論證的根據：「我有天志，譬若輪人之有規，匠人之有矩。」胡適在另一篇文章《諸子不出王宮論》中也指出，墨家兼愛，本於天志。「意欲兼而愛人，兼而利人。」〔註21〕「兼愛」、「非攻」是「天志」的體現，「明鬼」是「天志」的補充。節葬短喪表明墨家對鬼神「只注重精神上信仰，不注重形式上的虛文」；〔註22〕因為要「興天下之利，除天下之害」，是以墨家主張兼愛；因為尚賢，「反對種種家族制度和貴族政治」；至於尚同，就是上同天志，「天志就是尚同，尚同就是天志」，「墨子的宗教，以『天志』為起點，以『尚同』為終局。」〔註23〕

在諸多墨學研究者那裏，都很難調和「天志」與「非命」的矛盾。胡適認為：「墨子不信命定之說，正因為他深信天志，正因為他深信鬼神能賞善而罰暴。」「墨子以為天志欲人兼愛，不欲人相害。」「若人人都信命定之說，便沒有人去做好事了。」〔註24〕與章太炎的「勸誘」說有所不同，胡適與梁啟超一樣都在「宗教」的範圍內解決了「天志」與「非命」的矛盾。但梁、胡又有所不同，梁氏認為，「天志」是兼愛的手段，因而宗教是手段而不是目的。而胡適認為，墨學從「應用」上講是宗教，用信仰的方式解決了「天志」與「明鬼」的矛盾。

《呂氏春秋》說：墨子貴兼。兼愛是墨子思想的主旨和歸宿，尚賢、尚同是兼愛思想在政治主張上的延伸，而天志、明鬼則是實現兼愛的一種假想的外部力量，是手段。胡適顯然顛倒了手段與目的的關係，把墨家的政治主張看成是以「天志」為本的宗教，這是他脫離具體社會經濟條件而抽象地考察墨家政

〔註21〕胡適：《諸子不出王宮論》，《胡適文集》（二），第 181 頁。
〔註22〕胡適：《中國古代哲學史》，《胡適文集》（六），第 272 頁。
〔註23〕胡適：《中國古代哲學史》，《胡適文集》（六），第 273 頁。
〔註24〕胡適：《中國古代哲學史》，《胡適文集》（六），第 272 頁。

治主張得出的必然結果。考察「天志」的內涵，不難發現，「天志」體現的便是兼愛。墨子主張「天志」是社會歷史條件的產物，作為宗教的「天志」原本於古代社會人們對自然的認識，也是殷周以來敬天思想的一種原始宗教的邏輯反應。墨家的「天志」雖具有宗教特徵，但更為明顯的是在宗教中反映了小生產者的社會理想與良好願望，囿於自身的力量有限性，墨家幻想一種超自然的力量來實現其「兼愛」的社會理想。隨著社會認識的發展，後期墨家揚棄了「天志」的宗教思想。

四、墨家知識論研究

中國古代思想的知識論傳統在道家與墨家中均非常豐富，但二者南轅北轍，道家由於人的有限性而在認識論上表現出相對主義的特徵。墨家則則對人的認識能力給予充分肯定。相對於前期「宗教的墨學」來說，胡適稱後期墨家為「科學的墨學」。他依據上述第三組史料，主要從知識論和邏輯學兩個方面來考察後期墨家思想。

知識論思想在後期墨家表現豐富而精彩，是後期墨家思想的重要內容之一。隨著西方哲學輸入，墨學中的知識論思想得以發掘。但在胡適之前，只有章太炎以佛教學說詮釋墨家的知識論〔註25〕，以中學詮釋中學。胡適兼具中西學術訓練，這為他發掘墨學中的知識論思想提供了思想方法上的優勢。

胡適首先考察了墨家的認識過程：「知，材也」，是在談人的認識能力。「知，接也」，是指感覺，感覺與具體事務相遇，便可以知道這事物的態貌。「恕，明也。」「恕」是『心知』。」由此，胡適認為，「『知覺』含有三個分子：一是『所以知』的官能，二是由外物發生的感覺，三是『心』的作用。」〔註26〕如何使認識的三個階段連接成一個有機的過程呢？胡適認為還必須有時間和空間的作用。胡適似乎運用康德批判者學對認識能力的研究來勾勒墨家的知識論，康德哲學的先驗感性論認為，主體的感性直觀能力有兩個方面，一是經驗直觀，一是先驗直觀，前者是後天的質料，後者則是先天的形式。認識的官能與外物發生的感覺則可以理解為後天的質料，感性的直觀形式就是空間與時間。胡適進而把後期墨家的認識過程看作是由感性認識到理性認識的一個逐步上升的過程，並以西方近代認識論思想為參照勾勒後期墨家的認識論概貌。但胡適誇

〔註25〕章太炎：《國故論衡》。上海古籍出版社 2003 版，第 119 頁。
〔註26〕胡適：《中國古代哲學史》，《胡適文集》（六），第 286 頁。

大了「恕」在墨家認識過程中的作用，認為「有這貫穿組合的心知，才有知識」〔註27〕。墨者群體並非是一群專門從事理論思辨的思想者，而是重感性、重經驗從事具體工作的勞動者。雖然後期墨家與名家一樣重視概念在認識中的作用，但尚未形成形式完備，邏輯清晰的知識論系統。墨家知識論思想更多的是在感性經驗的總結基礎上的理論認識，與西方近代以來的理性主義有著明顯的不同。

墨家認為，獲取知識的途徑有聞、說、親三種，即由別人傳授的「聞知」，由推理獲得的「說知」，由親身觀察獲得的「親知」。胡適指出，由於經驗的有限性，墨家強調推理獲得知識的重要性，擴大了知識的來源。從檢驗知識的標準上看，胡適認為：「別墨忠於墨翟的應用主義和經驗主義的傳統，也認為選擇和行為是檢驗知識的標準。」〔註28〕胡適把墨家檢驗真理的標準看成是一個發展的脈絡，符合墨學發展的邏輯。但胡適對後期墨家檢驗知識的標準詮釋是不夠全面的，後期墨家提倡「名實耦」，實際上是強調實踐對檢驗知識真理性的作用，具有樸素的唯物主義真理觀的特徵。至於「選擇和行為」與「實際成果」都不過是實踐的代名詞。當然，墨家的「實踐」更多指的是生產與生活，而今天哲學上的實踐則更廣泛，涵蓋人來一切自覺地行為。

綜觀上述三個方面，胡適是以近代西方哲學為參照系，把後期墨家知識論體系相當完整地勾勒出來，清晰地反映了墨家知識論的概貌。比章太炎以中詮中，引佛釋墨的研究要豐富。他開闢的墨家知識論研究為後來者提供了學術基礎。

五、墨家邏輯學研究

西學的輸入，為整理研究墨家邏輯學提供了條件。近代墨學研究者大多注重墨家邏輯研究。胡適在前人研究的基礎上，著力發掘《墨經》的邏輯成就。

胡適對墨家邏輯的名詞作了近代訓釋。首先對《墨經》中運用比較普遍的「故」、「法」作訓釋，認為，「故」與「法」是《墨經》中極為重要的兩個概念，只有「懂得這兩個大觀念，──故與法──方才可講《墨辯》的名學」〔註29〕。《墨經》中的「故」有兩層含義，「故」的本義是「物之所以然」，是

〔註27〕胡適：《中國古代哲學史》，《胡適文集》（六），第 287 頁。
〔註28〕胡適：《先秦名學史》，《胡適文集》（六），第 80 頁。
〔註29〕胡適：《中國古代哲學史》，《胡適文集》（六），第 296 頁。

成事之因。另一層意義是引申而來的，即凡立論的根據，也叫做「故」。「故」在《墨經》中還有「小故」與「大故」之分，「小故」是一部分原因，大故是原因的總和。至於「法」，即模範，即法象。「『故』是『物之所以然』，是『有之必然』」，「『法』是『所若而然』」，「一類的法即是一類所以然的故」。「科學的目的只是要尋出種種正確之故，要把這些『故』列為『法則』，使人依了做去可得期望的效果」。〔註30〕

胡適還對《小取篇》的「或、假、效、辟、侔、援、推」作了近代訓釋。「或」有「疑而不決之意」。「假」是假設。「或」與「假」是兩種立辭的方法。「效」是演繹法的論證。「辟與侔都是『以其所知喻其所不知而使人知之』的方法」，「辟是用那物說明這物，侔是用那一辭比較這一辭」〔註31〕。「援」相當於「類推」。「推」是歸納法。

胡適對「故」、「法」以及《小取篇》論辯七法的近代訓釋有許多可取之處，不僅僅在於訓釋的精當與否，更重要的是他的訓釋使墨家邏輯近代化成為可能。墨家注意思維的方式方法，其邏輯學是先秦時代思維方式的總結，在中國思想史上有獨特的價值。不可否認，其中的有些訓釋並不精準，比如，墨家的「或」實際上相當於形式邏輯的或然判斷，「假「相當於假言判斷等等，但並不能由此而抹殺其對墨家邏輯研究的貢獻。

胡適還用西方、印度邏輯的完備的形式來比附墨家邏輯，使墨家邏輯獲得形式的存在，以此復活墨家邏輯的內容。

印度因明三支與西方形式邏輯的三段論均有完備的形式，如：

因明三支：

> 孔子必有死，
>
> 因孔子是一個人。
>
> 凡「人」皆有死，例如舜。

西方三段論：

> 凡「人」皆有死，
>
> 孔子是一個「人」，
>
> 故孔子必有死。

近代學者章太炎用因明三支比附墨家邏輯，胡適對此提出批評，指出「《墨

〔註30〕胡適：《中國古代哲學史》，《胡適文集》（六），第296頁。
〔註31〕胡適：《中國古代哲學史》，《胡適文集》（六），第300頁。

辯》的『效』，只要能舉出『中效的故』，——因明所謂的因，西洋邏輯所謂小前提，——已經夠了，正不必有三支式。何以不必說出『大前提』呢？因為大前提的意思，已包含在小前提之中。」〔註32〕他舉例說：

> 孔子必有死，
>
> 因孔子是人。

在墨家邏輯中，省略了三段論的大前提，因為「我所以能提出『人』字作小前提，因為我心中已含有『凡人皆有死』的大前提」〔註33〕。胡適指出，墨家邏輯沒有印度因明、西洋三段論的形式，卻具有同樣的效用。印度和西方的「法式的邏輯」是經過千餘年不斷完善而成的，而墨家的邏輯卻塵封千年。況且墨家邏輯法式的缺陷，未必就不是他的長處。墨家邏輯能把推論的一切根本觀念都說得明白透徹，有學理的基礎，卻沒有法式的累贅。此外，印度、西方的「法式的邏輯」多偏重演繹，墨家的邏輯長處在於演繹、歸納並重。

胡適指出墨家邏輯在哲學史上有四大貢獻：

> 中國學派只有「別墨」這一派研究物的所以然之故。根據同異有無的道理，設為效、辟、侔、援、推各種方法。墨家的名學方法，不但可以為論辯之用，實有科學精神，可算得「科學的方法」。……這是墨家名學的二重貢獻。墨家論知識，注重經驗，注重推論。……這是真正的科學精神，是墨學的第三種貢獻。墨家名學論「法」的觀念，上承儒家「象」的觀念，下開法家「法」的觀念。這是墨家名學的第四種貢獻。

由此可以窺見胡適對墨家邏輯評價之高。他對墨家邏輯的發掘、比較，為融通中、西、印三種邏輯奠定了基礎，為溝通中西印三支文明的思維方式提供了可能。但是，胡適的研究仍局限於形式的比附與優劣上，邏輯形式是人們思維方式的形式表現，反映的人們思維方式的特徵。胡適對邏輯形式的比附重於內容的研究，因而限制了他對三種邏輯的本質特徵的研究。

六、墨學研究的新範式確立

近代以來，西方文明對中華文明的強勢挑戰，思想學術界面對著文明的挑戰做出了自己的回應。胡適對墨學的研究就是面對西方文明挑戰的一種回應，

〔註32〕胡適：《中國古代哲學史》，《胡適文集》（六），第 300 頁。
〔註33〕胡適：《中國古代哲學史》，《胡適文集》（六），第 300 頁。

烙上了時代的印痕。由於胡適個人學養因素，這種回應帶有強烈的個性特徵。通觀起來，胡適的墨學研究表現出以下幾個特徵：

第一，以實驗主義哲學思想作為理論與方法的指引，以近代西方哲學為參照系。胡適把實驗主義作為一種學術方法論運用於自己的學術研究，也是他墨學研究的思想理論依據。他把實證的方法和乾嘉漢學方法結合起來，對墨子的生平作了較為可信的考證，對《墨子》一書的分組方法也基本上為後人接受。因此，他在整理史料方面做出了相當的成績。但以實驗主義哲學方法來詮釋墨家思想學說時，就不可避免地使他的墨學研究帶有明顯的二重性。一方面，他的研究能夠擺脫傳統方法研治墨學的局限，傳統的校勘考證由此獲得了一個新生。胡適在一個較為開闊的學術視野上研究並評判墨學，從而超越前人，使他的墨學研究成為墨學研究近代化進程中的重要環節，具有里程碑的性質。另一方面，思想方法的局限使他不能真正揭示墨家思想學說和時代思潮的關係。他把前期墨家社會政治主張看成是以「天志」為本的宗教就是明顯的例證。

胡適以近代西方哲學參照系來印證墨家學說，認為前期墨家的哲學方法是「應用主義」，三表法是這個哲學方法在邏輯上的運用。他把後期墨家的哲學方法歸納到知識論和邏輯學兩個方面，是墨學研究的一個創舉。正是有了西方哲學這個參照系，才使他的墨學研究做出了卓著的成績。

第二，把哲學方法作為理解思想學說體系的根本來研究。黑格爾說：「歷史上那些哲學系統的次序，與理念裏的那些概念規定的邏輯推演的次序是相同的。我認為：如果我們能夠對哲學史裏面出現的各個系統的基本概念，完全剝掉它們的外在形態和特殊應用，我們就可以得到理念自身發展的各個不同的階段的邏輯概念了。」〔註34〕胡適的墨學研究貫穿了黑格爾哲學的這一方法原則。雖然胡適在研究墨學時不忘嚴密的考證史料，謹嚴地訓釋文字，表現出乾嘉治學風格。另一方面，思想學說的「貫通」始終是他研究的重心。在實際的研究中，他把前者作為後者基礎，後者以前者為依據。在運用「貫通」時，胡適清除了那些所謂「枝葉」的墨家具體政治主張，力圖發現先秦墨家思想的邏輯演進順序，並把它納入整個中國古代哲學的邏輯發展進程之中考察研究。他在研究前期墨家時指出哲學方法上的「應用主義」與邏輯上的「三表法」構成墨子學說的根本觀念；具體社會政治主張，如兼愛、非攻等，不過是根本觀

〔註34〕黑格爾著，賀麟，王太慶譯：《哲學史講演錄》（一）。商務印書館1983版，第34頁。

念的應用。比較而言，其研究僅僅點到為止。在研究後期墨家時，他更緊緊抓住知識論和邏輯學兩大特徵，對具體社會政治主張涉獵不多。

上述研究與胡適以方法論為中心的學術路向是一致的。他在《胡適文存‧序例》中說：「我這幾年做的講學文章，範圍好像很雜亂……目的卻很簡單。我的唯一目的是注重學問的思想方法。故這些文章，無論是講實驗主義，是考證小說，是研究一個字的文法，卻都可以說是方法論的文章。」〔註35〕顯然，胡適之所以如此重視方法論，是企圖構建一個龐大的、適合近代學術發展的方法論體系，並進而構建新文化系統的深層基礎──哲學方法。

第三，系統的方法，發展的觀點。即歷史的方法與邏輯的方法，研究某種思想學說的是要抓住思想學說的主線與邏輯脈絡，並考察其發展演進。胡適堅信：「凡能著書立說成一家言的人，他的思想學說，總有一個系統可尋。」〔註36〕因而，他努力研究先秦墨家發展的線索，「從來不把一個制度或學說看作一個孤立的東西，總把他看作是一個中段：一頭是他所以發生的原因；一頭是他自己發生的效果。」〔註37〕他把整個先秦墨家看作是一個發展的思想體系，探析其發生、發展以及中絕的原因。他不僅把先秦墨家分為前後兩個階段，而且指出，後期墨家之所以從「宗教的墨學」發展為「科學的墨學」，是因為戰國後期自然科學和名辯思潮的興起，它是「一個科學的產物」，從而揭示出前後兩個階段的有機聯繫。他對墨學中絕原因的分析尤其值得注意：其一，儒家的反對；其二，墨家學說遭政客的猜忌；其三，墨家後學的「詭辯」太微妙了。既有社會發展的外部原因，又從墨家思想本身中尋找其式微的根據。

歷史的方法擴大了他墨學研究的範圍，胡適把墨家思想學說看成先秦哲學思想的一個組成部分從先秦哲學思想的整個大背景下來研究墨家的哲學思想。「平等的眼光」使得他等跳出儒家中心論的思想藩籬，把墨家思想學說看作先秦諸子思想學說中一部分來研究，考察墨家與其他各家的關係。他在談到墨家思想貢獻時說：「古代哲學的方法論，莫如墨家的完密，墨子的應用主義和三表法，已是極為重要的方法論。後來的墨者論『辯』的各法，比墨子更為

〔註35〕胡適：《胡適文集》（二）。
〔註36〕胡適：《中國古代哲學史》，《胡適文集》（六），第 175 頁。
〔註37〕葛懋春、李興芝編：《胡適哲學思想資料選》（上）。華東師範大學出版社 1981 版，第 182 頁。

精密，更為完全。從這以後，無論哪一派的哲學，都受這種方法論的影響。」
〔註38〕正因為如此，從近代學術發展史、特別是從墨學發展史來說，他的墨學
研究比梁啟超、章太炎都更具有近代性特徵。

第四，比較研究方法。胡適在談整理國故的方法時曾說：用比較的研究來
幫助國學的材料的整理與解釋。〔註39〕胡適兼通中西哲學，這為他進行比較研
究奠定了學理基礎。他把儒墨兩家學說比較，認為儒墨的根本不同是哲學方法
的不同。〔註40〕不僅如此，他還把墨家思想學說與西方類似學說相比較，墨家
的「應用主義」與西方近代功利主義思想的比較研究，墨家邏輯與印度因明、
西方三段論比較都是典型的例證。無庸諱言，胡適的比較研究在某些方面有點
牽強，但那是近代學者研究傳統文化的一個普遍特徵，反映的是西學東漸的文
化大背景下近代思想者們對傳統的焦慮與不安，近代學人希望通過對傳統的
再詮釋來延續民族的文化命脈。即便今天，這種痕跡依然存在。但由於過於急
切，這種比較容易淪為簡單的比附，顯得尤為稚嫩。但開風氣不為師，作為開
拓者群體中的一員，其缺陷在所難免。他致力於尋求不同學說、不同文化契合
點的方法有著非同尋常的意義。

胡適的墨學研究承續了孫詒讓、章太炎、梁啟超等人的研究傳統。如果說
孫詒讓使用傳統的校勘、訓詁的學術方法對近代墨學研究做一次系統總結的
話；那麼，胡適則是第一個真正用近代科學的方法對墨學做一次系統的研究。
在胡適之前，雖然梁啟超著有《子墨子學說》及《墨子之論理學》，嘗試用近
代方法整理墨家思想學說，但遠不及胡適的研究系統完整。因此，胡適的墨學
研究真正使墨學研究方法近代化，是近代墨學研究進程中的一個里程碑，標誌
著墨學研究新範式的確立。

〔註38〕胡適：《中國古代哲學史》，《胡適文集》（六），第 308 頁。
〔註39〕胡適：《胡適文集》（一），第 376 頁。
〔註40〕胡適：《胡適文集》（一），第 376 頁。

第七章　唯物史觀影響下的墨學研究 （上）：郭沫若的墨學研究

　　新文化運動期間，馬克思主義開始傳播到中國，並逐漸成為學術研究的指導理論之一，學術研究呈現多元化的趨勢。但就墨學研究的理論和方法而言，20 世紀上半葉，還沒有出現一部以馬克思主義理論為指導的墨學專著。郭沫若、侯外廬等人在三、四世年代便確立了馬克思主義的世界觀，學術研究上也自覺或不自覺地以馬克思主義理論為指導，然而，他們沒有獨立的墨學研究著作，郭沫若的墨學研究表現在幾篇文章中，而侯外廬的墨學研究則是通過思想史研究表現出來。即便如此，他們的研究成果也標誌著墨學研究進入一個新階段。本章選取郭沫若、侯外廬為代表，並不表示當時只有他們二人的墨學研究是以唯物史觀為指導，而是因而他們二人的墨學研究的個性特徵宣明的緣故。

　　郭沫若、侯外廬的墨學研究雖然都是在唯物史觀指導下進行的，但由於在具體的研究中方法有所不同，對墨學的評價大相徑庭。郭沫若的研究受意識形態的影響和制約，在論斷上表現為主觀隨意性。從某種程度上說，侯外廬的墨學研究是對郭沫若墨學研究偏頗之論的糾正。侯外廬則從社會史與思想史切入，從分析史料入手，更多注重學理性考察。

一、學術背景

　　在近代中國學術史上，郭沫若以其戰士的勇氣和詩人的激情在史學、文學甚至哲學等諸多領域都留下了獨特的印記。特別是在史學方面，他關於中國社會分期和性質的大膽論斷影響深遠，以致我們有時甚至因此而忽略了他在史

學方面的其他成就。

討論郭沫若的學術研究，特別是諸子學研究，不應忽視他幼年時所受的教育。郭沫若幼年接受的是傳統的舊式教育，飽讀了《四書》《五經》，並且學習了《爾雅》《說文》《群經音韻譜》等書，為以後的學術研究奠定了良好的文字基礎。他接觸諸子學比較早，大約是在他十三、四歲時，從讀莊子開始的，他被《莊子》那汪洋恣肆的文風所吸引，也為其形而上的思想而陶醉。其後，他又讀了《道德經》《墨子》《管子》《韓非子》等先秦諸子著作，甚至還抄錄過一些諸子文章中的警粹性的句子。他自己說：「這些雖然說不上是研究，但也總可以說是我後來從事研究工作的受胎時期了。」〔註1〕

郭沫若與墨學的真正機緣可以從20世紀二十年代算起。墨學是近代顯學，就郭沫若的文化氣質來說，他幾乎不可能放過時代思潮中任何一個在當時社會具有廣泛影響的學術文化現象，在甲骨文研究上他是這樣，在諸子學研究上他也是如此，特別是在墨學研究上他更是如此。早在20世紀二十年代初，梁啟超出版《墨子學案》一書，給墨學以較高的地位和評價，郭沫若就以其敏銳的學術視角寫了篇具有論爭性質的文章《讀梁任公〈墨子新社會之組織法〉》，發表了不同的觀點和聲音。四十年代，他又在《青銅時代》《十批判書》等論著中進一步闡述了自己關於墨學的看法，表達了獨特的學術觀點。

二、墨學研究述要

墨學研究是郭沫若學術生涯中最具爭議性的問題之一。自他的第一篇墨學文章《讀梁任公〈墨子新社會之組織法〉》到四十年代的有關墨學的論文，對墨學的看法上已經有很大不同。他後來談到自己在20世紀二十年代對墨學的看法時說：「對於墨子我從前也曾謳歌過他，認為他是任俠之源。《墨經》中的關於形學和光學的一些文句，我也很知道費些心思去考察它們，就和當時對於科學思想僅據一知半解的學者們的通習一樣，隱隱引以為誇耀，覺得聲光電化之學在我們中國古人也是有過的了。」〔註2〕不過，後來，郭沫若對墨家的認識有了很大的轉變，他的《中國古代社會研究》成書於1929年，其中也論及墨學，指出墨家宗教是「反革命」。四十年代，他對墨學的看法更加系統化，否定的態度也更明確：「我認為他純全是一位宗教家，而且是站在王公大人立

〔註1〕《後記——我怎樣寫〈青銅時代〉和〈十批判書〉》。《十批判書》。北京：東方出版社1996年版，第489頁。
〔註2〕郭沫若：《十批判書》。北京：東方出版社1996年版，第488頁。

場的人。前後看法的完全相反，在我是有客觀根據的，我並沒有什麼『偏惡』或『偏愛』的念頭。我的方法是把古代社會的發展清算了，探得了各家學說的立場和根源，以及各家之間的相互關係，然後再定他們的評價。」〔註3〕郭沫若的墨學研究的重點篇章在四十年代發表，我這裡所要論及他的墨學研究以四十年代的研究為準。

　　20 世紀四十年代，郭沫若出版了《青銅時代》和《十批判書》等在當時學術界頗具影響的著作，其中有些篇章對《墨子》思想作了深入大膽的研究和評判，特別是在《墨子的思想》《孔墨的批判》《名辨思潮的批判》《先秦天道觀之進展》等論文中較為全面地闡述了自己對墨學的有關看法和基本觀點。

　　墨子的生平缺乏足夠的歷史資料，歷來的研究者只能從非常有限的資料中推斷，由於史料的運用各不相同，因而結果也不相同。作為一個重視考證的歷史學家，郭沫若對墨子的生平考證也表現出一定的興趣。他認為，由於史料有限，墨子的家世不祥，《元和姓纂》以為墨子是「孤竹君之後」毫無根據。他基本贊同文史學家錢穆的看法，從文字演化的角度來考證墨子的身世：「墨」本刑徒之稱，而且「墨子兼愛，摩頂放踵」，以為「摩頂者摩突其頂。蓋效奴作髡鉗，所以便事。放踵則不履不綦，出無車乘」。從而認為或者墨子的先人是職司刺墨的賤吏，後世以為氏。總之墨子和老子、孔子比較起來，出身當得是微賤的。老子為周守藏史，孔子的先人是宋國的貴族，他們都是當時的上流人物，故他們的陳義甚高，而墨子則迥然不同，只是一味的保守。墨子的出生稍晚於孔子，作為孔子的反對命題而出現。〔註4〕郭沫若不僅考證了墨子的身世，而且試圖從其出身來探尋其思想的根源。

　　郭沫若的墨學研究是以他稱之為《墨經》作基本材料的。有必要指出，他所說的《墨經》並不是我們通常認為的《經》上下、《經說》上下及《大取》《小取》，而是我們通常所說的反映墨家十項主張的那些篇文章，包括《兼愛》《非攻》《尚賢》《尚同》《天志》《明鬼》《節用》《節葬》《非樂》《非命》那一組文章。他認為，討論墨子的思想，不應超越這些文章的範圍。

　　在眾所周知的墨子十項主張中，究竟哪些是其思想的根本觀念，研究者們意見不盡相同。郭沫若明確指出：墨子有「天志」以為他的法儀，這是他一切

〔註3〕郭沫若：《十批判書》。北京：東方出版社 1996 年版，第 493 頁。
〔註4〕《青銅時代》，《郭沫若全集‧歷史編》（一）。北京：人民出版社 1982 年版，第 362 頁。

學術思想的一根脊樑。抽掉了這條脊樑，墨子便不能成為墨子。墨子的「天志」，是天老爺之意志，也就是「天下之明法」，也是他的規矩，就如沒有規矩不能成其為輪匠一樣。墨子信仰上帝，更信仰鬼神，上帝是宇宙中的全能全智的最高主宰，鬼神要次一等，是上帝的輔佐。上帝鬼神都是有情慾意識的，能生人，能殺人，能賞人，能罰人。這上帝鬼神的存在是絕對的，不容許懷疑。〔註5〕郭沫若批評了那些認為墨子的「天志」是「神道設教」的理論，認為「神道設教」是儒家的做法。由此他指出，墨子是一位宗教家。其根本思想是天志、明鬼。他是把殷、周的傳統思想復活了。他是肯定了一位人格的天，自然也肯定了鬼神。〔註6〕墨子的兼愛、尚賢、非攻、節用等等學說都是以這天鬼為規矩而倡導出來的。

墨子雖然是宗教家，但並沒能夠創立一個宗教。郭沫若說：

> 墨子生在二千四五百年前，以他的精神和主張盡可以成立一個中國獨特的宗教，而在戰國年間的墨家學派也的確有過這樣的趨勢的，如等於教主的所謂「鉅子」之衣缽傳授即其一例。然而結果沒有形成，後來反讓儒家和道家來奪了他的席，而儒家也並不成其為宗教，道也僅是印度教的拙劣的翻版。這在研究中國古代史上倒確實可以成為一個問題。為什麼在奴隸制解體以後中國不能產生一個獨自的宗教呢？在這兒我的看法是，中國的地理條件有很大的關係。各個世界大宗教都產生在熱帶國家。那些地方的貴族們一樣受著自然界的壓迫，故爾容易在幻想中去討生活，在生前想求得一種法悅以忘卻現世的辛苦；在死後自己昇上天堂，把敵對者打進地獄裏去。中國是溫帶國家，天堂何如現世的宮殿？地獄何如現世的監牢？故爾中國貴族最質實，無須乎再有昇天入地的必要了。因此中國的統治者早就知道歡迎比較更現實的工具，而冷落了那種虛無飄渺的東西。這，怕就是固有宗教雖是具體而微，而終究未能完成的根本原因吧？〔註7〕

郭沫若從地理環境分析了墨子沒有能夠創立宗教的原因，不免有些牽強。因為宗教的起源是一個相當複雜的問題，有著複雜社會歷史根源，環境因素遠非一個重要的成因。從宗教的起源看，創立宗教的大多是被壓迫者，他們以宗

〔註5〕 《墨子的思想》，《郭沫若全集·歷史編》（一），第464頁。
〔註6〕 《青銅時代》，《郭沫若全集·歷史編》（一），第361頁。
〔註7〕 《十批判書》，東方出版社1996年版，第111～112頁。

教這種特有的形式來表達自己的思想和願望，以求得一種精神的慰藉。前面已經說過，「天志」只不過是墨家兼愛的工具，兼愛才是的根本觀念。

　　對於一般研究者認為墨學根本觀念的「兼愛」，郭沫若認為在墨子思想體系中起核心作用，與非攻一起構成一個問題的兩個方面，「兼愛」是從積極的方面來說的，「非攻」是從消極的方面來說的，「非攻」只是「兼愛」另一種說法。不過，他對墨子的「兼愛」思想也持否定態度，認為其「最大的矛盾是承認著一切既成秩序的差別對立而要叫人去『兼』」〔註8〕，名義上談「兼愛」，實際上是「偏愛」。他說：

　　　　《墨子》的「兼愛」主張頗是動人，也頗具特色。本來儒家道
　　家都主張愛與慈，但沒有墨子的「兼」。大約墨子在這兒是有點競賽
　　心理的：你愛吧，唉，我還要比你愛得更廣些！這樣把愛推廣到無
　　限大，其實也就是把愛沖淡到沒有了。所以墨子一方面主張「兼愛」，
　　一方面又主張「去愛」，大約在他的內心中或者下意識中，是把「兼
　　愛」作為「去愛」的手段把？……他的最大矛盾是承認著一切既成
　　秩序的差別對立而要叫別人去「兼」。……既承認著這一切的差別而
　　叫人「兼愛」，豈不是叫多數的不安樂者去愛那少數的安樂者！而少
　　數的安樂者也不妨做一點愛的施予而受著大多數人的愛了。請問這
　　所謂「兼愛」豈不就是偏愛！〔註9〕

　　郭沫若把墨子看成既有秩序的維護者，一方面要維護既有的秩序，另一方面又要「兼愛」，是不可能的。這裡有郭沫若立論的一個根本依據：那就是在他看來，孔子是支持亂黨的，墨子是反對亂黨的，而「亂黨」代表新興階級的利益。墨子既然是維護既定秩序的，又怎麼去「兼愛」呢？出於同樣的理由，他認為墨子的「非攻」實際上也是從維護既定秩序出發的，名為「非攻」，實際上是「美攻」。因為墨子是承認著私有財產，把私產看成神聖不可侵犯的制度，並且承認著國家的對立的。由此他得出結論，墨子的「非攻」只是在替侵略者製造和平攻勢的煙幕而已。〔註10〕他進一步指出：

　　　　兼愛的結果便不會攻亂賊竊，不兼愛呢便會有攻亂賊竊；反對
　　攻亂賊竊便是反對不兼愛，故爾「非攻」只是「兼愛」的另一種說

〔註8〕　《青銅時代》。《郭沫若全集・歷史編》（一），第 471 頁。
〔註9〕　《墨子的思想》。《郭沫若全集・歷史編》（一），第 472 頁。
〔註10〕　《墨子的思想》。《郭沫若全集・歷史編》（一），第 472、473 頁。

法而已。因而在本質上,「非攻」也依然是對於所有權的尊重。……
故「攻伐無罪之國,入其國家邊境,芟刈其禾稼,斬其樹木,墮其
城郭,以湮其溝池,攘殺其牲牷,燔潰其祖廟,勁殺其萬民,覆其
老弱,遷其器重」,這比殺人越貨是更加不義了。「勁殺其萬民」與
「攘殺其牲牷」並列,而與「攘人犬豕雞豚者」,「取人牛馬者」同
等,故人民依然還是所有物;而攻人之國實等於侵犯最大的私有權
而已。這就是兼愛與非攻說的核心,尊重私有財產權並保衛私有財
產權。故他這一套學所併不重在愛人,而是重在利己,不是由人道
主義的演繹,而是向法治刑政的歸納。……攻是侵犯私有權,非攻
是反對侵犯私有權,因而非攻本身就是戰爭。〔註11〕

郭沫若從馬克思主義的唯物史觀出發,以當時的生產資料私有制來分析
墨學的「兼愛」、「非攻」說,指出墨家的兼愛、非攻實際上是維護財產私有制,
因而兼愛、非攻不是從人道主義出發,而實際上是利己。有必要指出,墨家不
否認「利」,主張「兼相愛,交相利」,從這個角度說,兼愛、非攻既是利人,
又是利己。但並不是如同楊朱那樣「拔一毛而利天下不為也」的利己一樣的利
己。

與上述論斷相聯繫,郭沫若對「尚同」也持否定的觀點,認為墨子的「尚
同」是要建立絕對的君主專制,是不許人民有思想的自由、言論的自由、甚至
行動的自由。是為了「一同天下之視聽,尤須獎勵告密與厲行連坐」〔註12〕。
他說:

> 以貴者智者統一天下的思慮,便是墨子的政治思想。所謂「一
> 同天下之義」,「上之所示亦必是之,上之所非亦必非之」,「上同而
> 下不比」,不許你有思想的自由,言論的自由,甚至行動的自由。要
> 「美善在上而怨仇在下,安樂在君而憂戚在臣」,「君有難則死,出
> 亡則從」,簡直是一派極端專制的奴隸道德!〔註13〕

他還在另一篇文章中說:

> 以王的意志統一天下的意志,以王的是非統一天下的是非。當
> 然王之上也還有天,王也得上同於天。但,天是什麼呢?天不過是

〔註11〕 《十批判書》,第115~116頁。
〔註12〕 《十批判書》,第113頁。
〔註13〕 《墨子的思想》。《郭沫若全集·歷史編》(一),第466頁。

王的影子。故結果是王的意志就是天的意志，王的是非就是天的是

非。〔註14〕

　　郭沫若看到了墨子尚同有其不完善的地方，但他把這種不完善的地方顯然誇大了。墨子的尚同，並非是要「以貴者智者統一天下的思慮」，而是與尚賢密切相關的。在墨子看來，統治者應該是賢人，而不是世襲的貴族。有賢則舉之，無能則下之。這實際上是反對貴族階層的世襲統治，當然不是主張絕對的專制。而且，墨子還有「天志」，作為其尚同的「規矩」和後援。後期墨家把墨子的「尚同」論進一步完善，說：「君，臣萌通約也」。即是統治者是從民眾中產生的，與民眾有一種契約的關係。這是一種政治理想。

　　至於墨子的「非命」，郭沫若認為是一種宗教式的皈依，「正因為他尊天明鬼所以他才『非命』。他是不願在上帝鬼神的權威之外還要認定有什麼必然性或偶然性的支配。在他看來上帝鬼神是有生殺予奪之權的，王公大人也是有生殺予奪之權的，王公大人便是人間世的上帝鬼神的代理。」〔註15〕。他還指出，墨子的「非命」與其宗教思想是矛盾的，他說：「宿命論固然應當反對，墨子學說裏面似乎也以這一項為最有光輝。但奇妙的是和他的學說系統和不調和」。「宿命論是和宗教迷信不可分的，而倡導非命的墨子卻是尊天明鬼的人，這不是一個奇事嗎？」〔註16〕確實，郭沫若揭示了《墨子》思想中「天志」與「非命」的矛盾，這與他的立論前提有根本的關係，他首先給墨子定論為宗教家。還是梁啟超在這點上說得好，墨子強調「力行」，所以非命，天的意志就是叫人「非命」。以「天志」為宗教的郭沫若當然看不到這一點，而且，在他看來，墨子既然代表「王公大人」的利益，非命就很奇怪了。

　　至於「節用」與「節葬」，郭沫若認為是一套消極的經濟政策，和老百姓的生活並沒有直接的關係。因為老百姓的用是節無可節，葬也是節無可節的。因而，他的整套學說都是以「王公大人」為對象的，「王公大人」的不合理的消費如果節省一些，當然也可以節省一些民力。此外，「節用」與「節葬」的另一個目的，是在反對儒家的禮。〔註17〕他還說：

　　　　一味地以不費為原則，以合適用為標準，而因陋就簡，那只是

〔註14〕《十批判書》，第112頁。
〔註15〕《墨子的思想》。《郭沫若全集・歷史編》（一），第475頁。
〔註16〕《孔墨的批判》。《十批判書》，第123頁。
〔註17〕《孔墨的批判》。《十批判書》，第117、118頁。

阻擾進化的契機。墨子的專門強調節用，出節用之外沒有任何積極
的增加生產的辦法，這不僅證明他的經濟思想的貧困，像「農夫春
耕夏耘，秋斂冬藏，息於瓴缶」的民間音樂，也在所反對之例，簡
直是不知精神文化為何物的一種狂信徒了。〔註18〕

郭沫若從社會生產發展與消費的關係角度指出節用、節葬的弊端，這有
一定的合理性。不過，墨家的節用、節葬的經濟政策正是針對「王公大人」
提出來的，是當時社會「饑者不得食，寒者不得衣」的反映，因此不能夠全
部否定。

郭沫若對墨子思想中只有一點稍加肯定，那就是墨家的救世的精神，他
說：「墨子正是一位特異人格的所有者，他誠心救世是毫無疑問的。雖然他在
救世的方法上有問題，但他那『摩頂放踵，枯槁不捨』的精神，弟子們的『赴
火蹈刃，死不旋踵』的態度，是充分足以感動人的。就是這樣被人感佩，所以
他的思想真像一股風一樣，一時之間布滿了天下，雖然被冷落了二千年，就到
現在也依然有人極端的服膺。」〔註19〕但就是這一點肯定，他的讚賞態度也非
常有限，他隨後就說：「人是感情的動物，頭腦愈簡單，愈是容易受暗示，受
宣傳，因而墨家的殉道精神，在我看來，倒並不是怎樣值得誇耀的什麼光榮的
傳統」〔註20〕。他還說，「墨子本人是一位特殊的人物，那是毫無問題，他存
心救世，而且非常急迫，我也並不想否認，但他的方法卻是錯了。莊子的批評，
我覺得最為公允」。「儘管他的人格怎樣特異，心理的動機是怎樣純潔，但他的
思想有充分反動性，卻是無法否認的。在原始神教已經動搖的時候，而他要尊
崇鬼神上帝。在民貴君輕的思想已經醞釀著的時候，而他要『一同天下之義』。
不承認進化，不合乎人情，偏執到了極端，保守到了極端，這樣的思想還不可
以認為反動，我真不知道要怎樣才可以認為反動」〔註21〕。

墨學由盛到衰乃至中絕，這是一個值得關注的問題。郭沫若也作了自己的
考察，他指出：「墨子的思想從歷史的演進上看來，實在是一種反動。他的立
論根據異常薄弱。但他的學術一出卻是風靡一時，不久便與儒家和道家的楊朱
三分天下。揆其所以然的原故，大約即由於他的持論不高，便於俗受。本來殷、
周二代都是以宗教思想為傳統的，尤其是周代乃利用宗教思想為統治的工具，

〔註18〕 《墨子的思想》。《郭沫若全集·歷史編》（一），第 469 頁。
〔註19〕 《墨子的思想》。《郭沫若全集·歷史編》（一），第 476 頁。
〔註20〕 《墨子的思想》。《郭沫若全集·歷史編》（一），第 477 頁。
〔註21〕 《墨子的思想》。《郭沫若全集·歷史編》（一），第 484 頁。

宗教思想是浸潤於民間的。」〔註22〕至於墨學衰落，郭沫若以為：第一是由於墨家後學多數逃入儒家道家而失掉了墨子的精神，第二是由於墨家後學過分接近了王公大人而失掉了人民大眾的基礎。〔註23〕此外，它的所以不傳是因墨子後學溺於變而流於文，取消了自己的宗教特質。郭沫若的分析與近代學人的研究幾乎都不一樣。這是他墨學研究所謂的「人民本位」立場的必然結果。

三、《墨經》研究

　　郭沫若是走在時代浪潮前沿的學者，他當然不可能忽視墨學中很有價值的《墨經》部分。在《墨子的思想》和《孔墨的批判》中，沒有關於《墨經》研究的文字。但是在《十批判書》的另一篇文章《名辨思潮的批判》中，有很大一部分是研究《墨經》的。顧名思義，《名辯思潮批判》是考察研究先秦名辯思潮。郭沫若注意到《墨經》六篇與《墨子》一書其他篇章的表達形式及成書時間、內容均不相同，其中包含著邏輯學的內容，因而他沒有把《墨經》研究放在《墨子的思想》和《孔墨的批判》中，而是與先秦名辯學一起研究。他以《經》上下、《經說》上下、《大取》《小取》為材料，考察墨家的「辯」。

　　郭沫若認為，他在《墨經》研究中有一大發現，而又被一般的研究者所忽視，那就是六篇文章中的主張不一致，甚至是完全對立的，《經上》《說上》與《經下》《說下》幾乎可以說是觀點對立的兩派。他從《莊子·天下篇》記載墨家後學「以堅白同異之辯相訾，以奇偶不仵之辭相應」出發，指出「相訾」即是相反駁，「相應」即是相和同，墨家後學派別對立是公認的事實。觀點是需要材料來支撐的，郭沫若證明自己觀點的材料是先秦哲學史上十分著名的「堅白之辯」與「同異之辯」。眾所周知，墨家後學參與了先秦一些重要哲學命題的辯論並且在辯論中觀點分明，這是所有研究者公認的事實。郭沫若所說的被大家忽視的並不是這些，而是墨家後學內部在這兩個問題上觀點也不相同，甚至相反。具體說，在堅白論這個論爭的焦點上，「《經上》派和《經下》派的見解是完全相反。《經上》派主張盈堅白，《經下》派則主張離堅白」〔註24〕。《經上》派主張「堅白不相外也」，與公孫龍堅白相離的觀點相反。而《經下》則說：「一，偏棄之。謂而固是也，說在因（否）。可偏去

〔註22〕《青銅時代》。《郭沫若全集·歷史編》（一），第362頁。
〔註23〕《墨子的思想》。《郭沫若全集·歷史編》（一），第477頁。
〔註24〕《十批判書》，第295頁。

－127－

而二，說在見與俱、一與二、廣與修。」《說下》「二與一亡，不與一在，偏去。……見不見離，一二不相盈，廣修，堅白。」郭沫若認為這是「離堅白」的觀點，與公孫龍的觀點完全一致。由此他得出結論，《經上》派與公孫龍派觀點對立，而《經下》派與公孫龍派觀點一致。為什麼在墨家後學內部會有這樣觀點分明的兩派，郭沫若的解釋是就像《墨子》一書中不少篇章有上中下三篇一樣，是墨家不同派別的觀點，而後人在纂輯成書時一併收錄。同時，郭沫若認為《經上》派與《經下》派在「同異」的觀點上也不相同，《經上》派的同異觀是根據常識來的，《經下》派在同異觀上則承受惠施的主張，有時和公孫龍的見解也十分接近。《經上》派把同異均分為「重體合類」四種，又列出「同異交得」，都不外是常識的歸納。《經下》派則主張「物盡異」，「物盡同」，同異有大小。與惠施的「大同而與小同異，此之謂小同異，萬物畢同畢異，此之謂大同異」，是完全合拍的。〔註25〕，不過，他指出，《經上》派與《經下》派在同異觀上的對立不如堅白論明顯。《墨經》中另外兩篇《大取》《小取》的見解與《經上》派接近，只是時代的先後不同。《大取》《小取》的年代應該在後。由此，他得出結論，《經下》派受惠施、公孫龍的影響極深，與《經上》派實不相同。《經下》派是「離堅白，合同異」，《經上》派是「盈堅白，別同異」。既然《墨經》六篇中反映了涇渭分明的兩派的觀點，為什麼又同屬於墨家呢？郭沫若給出的解釋是：《經上》《經下》與《大取》《小取》亦有相同之點。他們同樣承認辯的價值。《經上》：「辯，爭彼也；辯勝，當也。」《經下》：「謂辯無勝必不當，說在辯。

　　郭沫若之所以得出《墨經》分為《經上》派和《經下》派，源於他對《墨經》的解讀，特別是他對《經下》一段文字的解讀。《經下》有這樣一段文字：「一，偏棄之。謂而固是也，說在因。不可偏去而二，說在見與不見、俱一與二、廣與修。」郭沫若認為，這段文字反映了《經下》派「離堅白」的觀點。我認為，無論在這段文字的斷句和理解上，郭沫若的觀點均值得推敲。首先，他把「不可偏去而二」的「不」字與上文連讀，把「說在見與不見、俱一與二、廣與修」讀為「說在見與俱、一與二、廣與修」，導致對原文的理解錯誤。其次，這段文字實際上包含了三條經文，而不是郭沫若認為的一條內容。其中最關鍵的一條經文「不可偏去而二，說在見與不見、俱一與二、廣與修」。《經說》

應該是「不。見、不見離，一、二不相盈，廣、修；堅、白相盈」。而不是郭沫若認為的「見不見離，一二不相盈，廣修，堅白」。這條「經」與「說」正好說明了「堅白相盈」，而不是「堅白相離」，與公孫龍的「離堅白」大相徑庭。《經下》另一條「撫堅得白，必相盈也」，也證明了《經下》持堅白相盈的觀點。《經上》與《經下》在堅、白關係上並無根本的衝突。當然，我也並不想否認，墨家後學在一些具體問題的觀點上有差異，只不過是對一些問題的理解不同罷了，而與公孫龍及其他辯者在堅白、同異關係上卻有著根本的衝突。因而，郭沫若在這個問題的看法不可取。

事實上，郭沫若對《墨經》的誤讀不止於此，他對《墨經》中有關知識論的解讀也存在著根本的錯誤。《經下》有這樣一條：「知而不以五路，說在久。」《經說下》：「知，以目見而目以火見，而火不見。惟以五路知，久不當。以目見，若以火見。」這是郭沫若的校讀。他由此認為「這是說感官的知識不能得到真知識，而可以獲得真知識的主動者在感官之外，但這主動者為誰，卻沒有說出。這和公孫龍的見解相近」〔註26〕。這樣的解釋與《墨經》的原意大相徑庭。前期墨家重視感性認識在認識過程中的作用，墨家後學把這種知識論發揚光大，並且強調，只靠感性認識還不夠，還需要理性認識，才能認識事物的本質。這是墨家在知識論上的一大貢獻，郭沫若卻由於對《墨經》的誤讀而導致相反的觀點，從而得出墨家否認感性認識作用的結論，這是非常錯誤的。

郭沫若對《墨經》的研究不止於此，《墨經》中包含了大量的邏輯思想，許多研究者都很重視，郭沫若也作了一定的努力，並且試圖把墨家邏輯與印度因明相比較，指出墨家的類、理、故有些像印度因明學的三支宗、因、喻，但他沒有繼續下去，只是淺嘗即止。

四、墨學研究特點

20 世紀三十年代的中國思想文化界，爆發了著名的關於中國社會性質問題和社會史問題的論戰，郭沫若是後一問題論戰的主將，在那場論戰中，郭沫若寫了著名的《中國古代社會研究》一書，以馬克思主義唯物史觀作指導，對中國古代社會的特徵作了詳盡的考察和闡述。同時也表明，郭沫若開始用馬克思主義的唯物史觀來指導自己的學術研究。那時的中國，處於紛亂動盪之中，傳入中國的馬克思主義，不僅僅是一種思想文化思潮，更多的是一種政治鬥爭

〔註26〕《十批判書》，第 302 頁。

的指導思想，或者說是意識形態的武器，因而對馬克思主義缺乏理性的考察和全面深入的研究，用這樣的馬克思主義哲學作為政治鬥爭的武器取得了驕人的戰績，但作為學術研究的指導思想和方法論，雖然取得了不小的成績，卻不可避免地帶有片面性。特別是對於郭沫若來說，有政治鬥爭的熱情，又急於用世，其學術研究的時代性和局限性就表現得非常明顯，特別是那些非考證性的學術研究。郭沫若的墨學研究表現出下述特點：

其一，以馬克思主義的唯物史觀為指導。郭沫若在《中國古代社會研究‧1954年新版引言》中說：「掌握正確的科學的歷史觀點非常必要，這是先決的問題。」〔註27〕說明他對學術研究的理論指導是非常重視的。用什麼樣的理論指導自己的學術研究，這是個學術研究的關鍵問題之一，郭沫若在回顧自己學習和研究的經歷時，深有感觸地說：「辯證唯物論給了我精神上的啟蒙，我從學習著使用這個鑰匙，才認真把人生和學問的無門關參破了，我才認真明白了做人和做學問的意義。」〔註28〕他比較系統地學習馬克思主義開始於一九二四年，這就是通過翻譯河上肇的《社會組織與社會革命》一書來鑽研馬克思主義。這部二十萬字的著作的翻譯，使他具有了初步的馬克思主義觀點，形成了他思想的「一個轉換時期」。在亡命日本的十年中，他深入鑽研恩格斯的《家庭、私有制和國家的起源》等著作，並明確以馬克思、恩格斯的「研究方法」「為嚮導」來研究我國古代社會。他對當時學術界的流行的學術研究方法很不以為然，說：「談『國故』的夫子們喲！你們除飽讀戴東原、王念孫、章學誠之外，也應該知道還有馬克思、恩格斯的著作，沒有辯證唯物論的觀念，連『國故』都不好讓你們輕談」。」〔註29〕因而，他在《跨著東海》一文中談自己的中國古代思想研究時說：「我主要是想運用辯證唯物論來研究中國思想的發展，中國社會的發展。自然也就是中國歷史的發展。反過來說，我也正是想就中國的思想，中國的社會，中國的歷史，來考驗辯證唯物論的適應度。」1930年出版的《中國古代社會研究》標誌著郭沫若用馬克思主義的辯證唯物論和唯物史觀來指導自己學術研究的真正開始。其後，他又以馬克思主義的辯證唯物論和唯物史觀為指導，對中國傳統文化作比較全面的省察，《青銅時代》和《十批判書》即是其產物。

〔註27〕　《郭沫若全集‧歷史編》（一），第4頁。
〔註28〕　《我怎樣寫〈青銅時代〉和〈十批判書〉》，《十批判書》，第489頁。
〔註29〕　《中國古代社會研究‧自序》，《郭沫若全集‧歷史編》（一），第9頁。

郭沫若的墨學研究主要是在 20 世紀四十年代，當時他已經確立了馬克思主義的世界觀和方法論，因而，他在墨學研究中以馬克思主義哲學為指導，這主要表現在他試圖從社會存在決定社會意識出發，不把先秦墨家思想學說看著一個孤立的現象，而是「以一個史學家的立場來闡明各家學說的真相」。在研究先秦墨家之前，他已經對中國古代社會的社會、經濟、文化等諸多方面作了系統的分析和研究，在此基礎上，對先秦的哲學思想也作了深入的研究，《先秦天道觀之進展》把中國古代哲學思想作為一個系統來研究，墨子的思想成為其中的環節之一。墨子非儒，郭沫若指出是由於他們在天道觀上不一樣，他說：「老子和孔子在根本上都是泛神論者，而在肯定人格神的宗教家看來，便都是無神論者。故爾到了宗教家的墨子他們便一樣的非毀了起來。」〔註30〕他用唯物史觀來研究墨學的另一表現是以一種新的社會價值觀、歷史觀，即馬克思主義的歷史觀、價值觀去評判墨家思想學說，給墨家思想學說以新的評判，指出墨家學說的在歷史上的地位。

有必要指出，郭沫若這一時期對先秦諸子的研究，在於通過對意識形態的研究，為馬克思主義史學服務。他把意識形態的變化和社會性質的變革結合在一起。他說：「我對於古代社會的面貌更加明瞭之後，我的興趣便逐漸轉移到意識形態的清算上來了」，目的是要闡述「古代社會的機構和它的轉變，以及轉變過程在意識形態上的反映」。郭沫若的出發點是為馬克思主義史學服務的。可另一方面，使他的墨學研究意識形態化，學術價值受到了限制，他對墨家思想學說所下的許多結論經不住推敲，其學術價值打了折扣。

其二，在墨學研究中以「人民為本位」。郭沫若的墨學評判有個標準，那就是看墨學是否合乎人民的利益，即「人民本位」的立場。他在《十批判書·後記》中說：「批評古人，我想一定要同法官斷獄一樣，須得十分周詳，然後才不致有所冤枉。法官是依據法律來判決是非曲直的，我呢，是依據道理。道理是什麼呢？便是以人民為本位的這種思想。合乎這種道理的便是善，反之便是惡。」所謂的「人民本位」，就是以當時大多數人民的利益為本位。在對先秦諸子學說的評判中，就是要看他的學說和主張是為人民著想還是為王公大人著想。他認為，「孔子是袒護亂黨，而墨子是反對亂黨的人！這不是把兩人的根本立場和所以對立的原故，表示的非常明白嗎？亂黨是什麼？在當時都

〔註30〕《先秦天道觀之進展》，《郭沫若全集·歷史編》（一），第 359 頁。

要算是比較能夠代表民意的新興勢力。」〔註31〕因而，他得出「孔、孟之徒是以人民為本位的，墨子之徒是以帝王為本位的，老、莊之徒是以個人為本位的」〔註32〕。因為「墨子之徒以帝王為本位」，他對墨家的思想學說基本持否定態度。指出其不科學、不民主、反人性、反進化。

必須指出，郭沫若既是一位文化人，又是一位直接從事政治活動的活動家。在一個社會動盪、戰爭頻仍而政治形勢又變化多端的時代，他評判古人，難免受到他所在的政治環境的影響和制約。他的政治活動影響著他的學術研究，並使其學術研究深深打上了意識形態的烙印。這種急於用世為政治而學術的心理，使他的學術文章時而表現出一種對社會現實的影射。他對《墨子》「尚同」的批判實際上表現了他對當時政權專制的反抗。他的墨學研究中充斥了許多政治批判的用語：諸如反對亂黨、忠於主上、人民利益等等。

也由於政治鬥爭對學術的影響，郭沫若的墨學研究矛盾之處不少。他一方面認為墨子出身微賤，另一方面又說墨子代表「王公大人」的立場，為什麼出身微賤的墨子要代表「王公大人」的立場呢？郭沫若沒有能夠給出令人信服的解答。此其一。其二，郭沫若墨學研究以馬克思主義的辯證唯物論和唯物史觀為指導，唯物史觀強調社會存在決定社會意識，那麼，墨家思想學說是戰國時代的產物，郭沫若在研究時卻常常以自己所在的時代的政治鬥爭的需要來評判，又背離了唯物史觀。這又是一個難以解決的矛盾。而且，這是郭沫若墨學研究中最根本的矛盾。

其三，從儒墨對立的角度來研究墨學。在郭沫若的《先秦天道觀之進展》一文中，他就注意探究先秦各家思想的邏輯聯繫，特別是在天道觀上的聯繫。他指出在天道觀上，孔子是泛神論，而墨子肯定人格神，故墨子批評儒家學說。在《孔墨的批判中》，他把儒家思想與墨家思想作比較研究，不僅指出他們在政治立場、宗教思想、社會經濟思想上的對立，而且指出了儒墨對立的思想根源。他肯定了先秦儒家思想的先進性、民主性，代表人民的利益，而墨家思想具有保守性、落後性、專制性，代表王公大人的利益。進而指出，墨子是作為孔子的反對命題而出現。從比較的角度來探討儒墨的關係，從學術方法上來講這是一個進步，因為一方面這是把不同的思想學所作為一個整體的系統來考察，從而探索思想發展的規律性。另一方面，也擴大了學術研究的範圍。但是，

〔註31〕《孔墨的批判》。《十批判書》，第78頁。
〔註39〕《青銅時代·後記》，《郭沫若全集·歷史編》（一），第615頁。

郭沫若在儒墨的比較研究中有讀多牽強附會之處，上文已經指出，他不是從學術發展的自身規律來綜合考察儒墨的關係，而是受政治鬥爭和意識形態的限制來考察儒墨的對立，這是不可取的。

第八章　唯物史觀影響下的墨學研究（下）：侯外廬的墨學研究

一、學術背景

　　在中國近現代學術史上，侯外廬以中國思想史研究見長，並且形成了以他為中心的「侯外廬學派」。他主編的卷帙浩繁的五卷六冊《中國思想通史》是其中國思想史研究的代表性著作，這套書第一冊是研究先秦思想史，墨學研究佔據著其中的兩章的篇幅，是第一冊的重心之一。《中國思想通史》是一部以馬克克思主義的唯物史觀為理論指導的學術著作，可以說，侯外廬也是第一個以馬克思主義的觀點和方法把墨學研究納入思想史、哲學史體系研究的。

　　《中國思想通史》第一卷的寫作背景可追述到 1942 年由侯外廬獨立完成的《中國古代思想學說史》，因為《中國思想通史》第一卷直接繼承了《中國古代思想學說史》的許多成果。當然，其中也融會了杜國庠的《先秦諸子思想概要》、趙紀彬的《古代儒家哲學思想》的一些成果。據侯外廬回憶，該書「無論在內容、體例方面，還是對古代思想發展階段的劃分，以及對許多問題的提法和全書的結構體系，基本上與《中國古代思想學說史》是相同的。但是，這個本子在內容上融會了杜老《先秦諸子思想概要》，紀彬《古代儒家哲學思想》中的寶貴見解和史料；而且對一些問題的論證，也進一步深入和嚴密了」〔註1〕。《中國古代思想學說史》是完成於 1942 年的。不過，《中國思想通史》第一卷的真正寫作時間開始於 1946 年，完成於 1947 年，是在侯

〔註1〕侯外廬：《韌的追求》。北京：三聯出版社 1985 年版，第 272 頁。

外廬的精心組織下，由侯外廬、趙紀彬、杜國庠三人共同完成。他們在治學上都是以馬克思主義哲學為指導，而且都是以中國思想史、哲學史研究見長，三人中的杜國庠，對墨學研究有濃厚的興趣，甚至在立身行事上也受墨學影響，有「墨者杜老」的戲稱。不過，本節無意考察《中國思想通史》第一卷中墨學部分由誰來寫作，而是把它看成侯、趙、杜三人共同成果。由於侯外廬是第一作者，而且是《中國思想通史》這套書的主編和核心作者，本文為行文方便，以侯外廬來說明其中的墨學研究的作者，並不表示其中的墨學部分就一定由侯外廬完成。

二、墨學研究述要

從思想史、哲學史的體系來系統研究墨學並非始於侯外廬，在侯外廬《中國思想通史》面世之前，胡適的《中國古代哲學史》、馮友蘭的兩卷本《中國哲學史》等著作都把墨學納入思想史、哲學史的系統來考察研究。但是，隨著馬克思主義學說在中國的傳播和發展，中國出現了一批以馬克思主義理論為指導的學者，並以馬克思主義哲學為指導思想，來整理研究中國古代思想，郭沫若、侯外廬在這方面作出了巨大的成就。郭沫若的《青銅時代》和《十批判書》的出版稍早於侯外廬的《中國思想通史》第一卷，但是，侯外廬首先以馬克思主義理論方法為指導，從思想史、哲學史的角度來考察研究先秦墨學。在《中國思想通史》第一卷中，侯外廬用《前期墨家思想》《後期墨家的墨學發展及其唯物主義思想》兩章的篇幅對先秦墨學作了全面系統的考察研究，包括墨子生平、著作考證、思想闡述等諸多方面。

由於墨子生平史料缺乏，清代以來，大凡研究墨學的學者都對其生平悉心考證，試圖給出一個令人信服的解答，侯外廬也不例外。他在前人考證的基礎上，根據自己的研究，認為墨子與孔子一樣是儒者出身，孔子卒年與墨子生年比較接近。墨子至早生於孔子卒前十年，至遲生於孔子卒年。也就是說，墨子與曾子（公元前 505 年至前 436 年）、子夏（公元前 507 年至前 420 年）等所謂孔門後輩弟子相差約十歲至二十歲，大體與孔門的再傳弟子同時。因此，墨子約生於周敬王三十年，即公元前 490 年，卒於周威烈王二十三年，即公元前 403 年。由此看來，侯外廬的觀點與其他研究者並無較大出入。侯外廬還認為，孔子學術活動的時代是在春秋末年，墨子學術活動的時代是在戰國初年，二人的學術活動基本上是銜接的。

　　墨家思想研究是侯外廬墨學研究的重心，許多墨學研究者都以墨學「十論」為綱來考察墨家思想學說，他們從中抽象出墨學的核心觀念，有「天志」中心說，有「兼愛」中心說等等，不一而足。侯外廬敢於創新，把墨家思想學說作高度的概括，抽象出階級論和天道觀、知識論、邏輯學這樣幾個思想內涵，把「十論」納入這樣的範疇系統來考察研究。

　　侯外廬用馬克思主義的階級論來考察墨家的階級觀。他說：「墨子從人類中劃分出舊貴族和國民階級，否定了氏族貴族的「無故」富貴的地位，並把國中之眾的自由民、四鄙之萌人的奴隸、手工業者以及公社農民和百工商賈等這一類遠者疏者，和氏族貴族的親者近者看成對立的階級，從而同情著國民階級。」〔註2〕他認為，墨子與孔子都代表「國民階級」的利益，可是，墨子與孔子並不一樣，他所在的時代晚於孔子，因而比孔子更激進，代表國民階級的利益，反映了國民階級日趨走向成熟，是國民階級的代言人。他認為：「如果說孔子的人類觀點將春秋末期維新貴族與晚出的國民階級的對立調和起來，並依溫和的『損益』史觀解消其矛盾來維持古代社會，則墨子的人類觀點便將孔子所『由分而合』的人類，再『由合而分』起來，暴露了階級鬥爭的事實，所以墨子的人類觀點實質上是階級論。」〔註3〕墨子的階級論，反對以孔子為首的儒家的階級調和論，而強調階級對立，將氏族貴族與國民階級對立起來。墨子主張「尚賢」，實際上是尚國民階級資格，並堅持著國民階級的立場以反對氏族貴族。需要指出的是，侯外廬所指的國民階級，是與氏族貴族對立的那部分人，包括自由民、手工業者等平民階層以及奴隸。在侯外廬看來，墨子的「尚賢」論否定了氏族貴族「無故富貴」的地位，反映了國民階級參與的願望。

　　侯外廬把墨子的這種「階級論」和「兼愛」學說聯繫起來考察，認為墨子「不但把歷史的現實矛盾揭開，而且把當時的人類區別為一個『別』人階級和一個『兼』人階級，主別者客觀上就是氏族貴族，主兼者客觀上就是國民階級，所謂「兼以易別」，就是社會階級頡頏的表現。李嘉圖在《經濟學原理》中區分人類為三大階級，曾經馬克思承認其有科學的價值，墨子在另一個時代也有相似的創見」〔註4〕。在另一個地方，侯外廬認為「墨子在階級立場上的國民自我覺醒，和他在理論上的人類觀點是不可分離的。他的人類觀點的旨趣是化

〔註2〕侯外廬：《中國思想通史》第一卷。北京：人民出版社1967年版，第200頁。
〔註3〕侯外廬：《中國思想通史》第一卷。北京：人民出版社1967年版，第198頁。
〔註4〕侯外廬：《中國思想通史》第一卷。北京：人民出版社1967年版，第204頁。

『別』為『兼』，所謂『兼以易別』。『別』即指西周至儒家所一貫肯定的宗法宗禮的貴賤等差，『兼』的義諦便否定了這種貴賤等差，客觀上顯示出古代國民階級的平等的理想」〔註5〕。同時，侯外廬也指出：「無可否認，這是形式的平等觀，而且本質上是另一種不平等觀，即墨子所謂的富之貴之和貧之賤之的對立。然而在氏族貴族的舊制束縛下的當時，他敢於非『別』（反對舊階級制度），這卻是偉大的發現，可以說是古代社會的光輝的知識。」〔註6〕既指出了墨子階級論的歷史意義，又闡明了其局限性。

侯外廬在唯物史觀的指導下，從社會存在決定社會意識出發，把當時的社會劃分為氏族貴族和國民階級兩大對立的階級，墨子是國民階級的代表，並指出，墨子的「兼愛」主張是當時社會對抗的產物，也是西周以來思想發展的邏輯結果，有思想史的意義。侯外廬的研究顯然比郭沫若要平實、客觀，結果也更能力人信服。

墨子的階級論是與其社會政治思想聯繫在一起的。侯外廬首先區分出墨子社會政治思想的原則與方法，指出其原則是「興天下之利，除天下之害」，方法則是墨學的「十論」。從這樣的原則和方法出發，墨子的「社會思想也左祖了人民。這裡所謂人民，即墨子三表中『觀其中國家百姓人民之利』的人民」〔註7〕。接著，侯外廬又指出，墨子社會思想有其出發點，即：

1.當時的氏族貴族（王公大人）所支配的社會，是對內對外實行侵凌（剝削）、兼併（佔有）並攻伐的惡社會。

2.書中所舉的王公大人的一串數以千萬計之財富，不外是生產資料與勞動力。

3.這一串數以千萬計的財富，都是不按報償法則而掠奪來的。

4.從來書於竹帛或銘於鍾鼎的，都被統治者加以法權的規定和道德的規定，在墨子看來，這是掠奪的特權。

5.這一掠奪性質的國家的政權，又是被「非所學而能者」的統治階級所擅專，被基於「骨肉之親」的氏族貴族所壟斷，因此，富貴人永遠是富貴人。這正是奴隸制社會的經濟關係，更是中國古代社會土地國有的經濟關係。

6.基於墨子的「民無終賤」的理想，假設賤人也可以竊取，書於鍾銘，遺

〔註5〕侯外廬：《中國思想通史》第一卷。北京：人民出版社 1967 年版，第 201 頁。
〔註6〕侯外廬：《中國思想通史》第一卷。北京：人民出版社 1967 年版，第 204 頁。
〔註7〕侯外廬：《中國思想通史》第一卷。北京：人民出版社 1967 年版，第 207 頁。

於後世子孫，道理上應該是並不矛盾的。這指明了社會現實的矛盾，使他所假設的問題，能夠提出來。不但如此，他還以為統治階級的仁義內容，越說得「大」，越顯得無恥。〔註8〕

　　侯外盧用馬克思主義經濟學原理來分析墨子時代的生產關係，指出墨子的社會思想是從財產私有制所得出的。在此基礎上，他進一步考察墨子的政治思想，批判了那些認為墨子的「尚同」是開創專制主義先聲的觀點，「因為墨子並沒有把一般的天子規定為可效法的，而只假定一個被人民所選擇的天子才可以效法，這一個天子又是墨子的主張之執行者」〔註9〕。強調不能從抽象的概念出發，而應該歷史主義的看待墨家「尚同」的政治觀念，指出，「墨子所主張之平等，『兼』與『同』，是古代的形式民主」。但又指出這種形式民主的局限性：「近代資本主義社會的形式民主離實質較遠，古代的形式民主離實質更遠，然而這不妨礙墨子是一般的民主主義者。」〔註10〕

　　至於墨子的天道觀，許多研究者都指出了「非命」與「天志」的矛盾。侯外盧另闢蹊徑，從馬克思主義的唯物史觀出發，認為天命思想是統治階級欺騙人民的工具，因而，墨子的「非命」是針對統治階級的。「如果說孔子的知命而不語「力」的論點是前期儒家調和思想的表現，則墨子的主「力」而非命的論點是前期墨家改革思想的標幟。調和與改革的分歧點，集中的表現在儒墨有關天命的理論上」〔註11〕。侯外盧並不迴避「非命」與「天志」的矛盾，指出：「墨子的天道觀的上帝（天），也保留下傳統精神上的主宰性」。「這個能賞能罰的天，無疑地有宗教的性質。然而，墨子的天道思想同時又不是西周以來無條件的上帝，他在『天』的性質上附加了使天老爺也難接受的條件，那便是天等於一個『方法』」〔註12〕。這樣的上帝，便是一個「法儀」。因此，從形式上看，「非命」與「天志」是矛盾的，但從內容上看，則是相反而相成的。形式從屬於內容，「天志」與「非命」是一個問題的兩個方面，在內容上是統一的。

　　知識論是墨學的重要組成部分。侯外盧肯定了墨子的知識論是唯物主義的知識論。首先，從知識的對象上看，墨子的知識對象，可以說客觀上是國民領域的農、工、商生活。墨子三表法中的第二表「下原察百姓耳目之實」，「眾

〔註8〕　侯外盧：《中國思想通史》第一卷。北京：人民出版社1967年版，第210頁。
〔註9〕　侯外盧：《中國思想通史》第一卷。北京：人民出版社1967年版，第214頁。
〔註10〕侯外盧：《中國思想通史》第一卷。北京：人民出版社1967年版，第215頁。
〔註11〕侯外盧：《中國思想通史》第一卷。北京：人民出版社1967年版，第218頁。
〔註12〕侯外盧：《中國思想通史》第一卷。北京：人民出版社1967年版，第219頁。

和百姓即當時的國民（農、工、商）。其耳目之實是可感覺的世界現實，其『耳目之情』是感覺的實在。因此，他注意著感覺世界，也強調人類的感覺。這是唯物主義的知識論」〔註13〕。而且，在《墨子》書中最特別的地方是首先在中國思想史上提出「非以其名，亦以其取」的知識論。「取」即取材，墨子所取材的，大多是人類社會的生活。侯外廬指出，墨子這一「取材」的知識論，後期墨家發展而為「以類取，以類予」。他用馬克思主義哲學的思維與存在的關係來觀照墨家的知識論，進而指出，取予即存在與思維的過程，墨子的知識論是以存在為第一性的。〔註14〕他也指出，墨子的知識論把「可感覺的」看成「即存在的」，是唯物主義的認識論。但是，又過分誇大了感覺的作用。之所以如此，侯外廬又作歷史的分析，認為「是與國民階級的登臺密切相關的。當戰國初葉，國民階級，作為創造歷史的主人翁，對於殘餘的氏族遺制開始了偉大的清算；在勝利信心的激盪下，目無全牛的肯定了自己的感性認識，並不自覺地流於誇張，以感覺與否為測定存在與否的尺度。這種『感覺既存在』說，不能離開具體的歷史」〔註15〕。

其次，侯外廬還比較先秦儒、墨在名實問題上的不同觀點，批評了孔子的「循名以責實」，肯定墨子的「取實以予名」，因為歷史是發展變化的，「名」應該隨著「實」的發展變化而改變，即「必須取現在的實在以予新名」。侯外廬稱這叫做「實變而名遷行論」，這種唯物主義的認識論對後期墨家乃至先秦其他學派有著廣泛的影響。

再次，判斷知識的真偽問題是知識論的又一內容，墨子是如何做的呢？侯外廬認為，墨子用「立儀」來鑒別知識的真偽，墨子所立的「儀」是什麼呢？即歷史實際、社會實際以及人民利益。這種知識的標準，是與傳統思想作鬥爭的產物，是主觀主義知識論的反對物。但他也指出，墨子立儀的知識論，是企圖建立知識的客觀標準，是絕對的標準論，因而是形而上學的。

侯外廬用馬克思主義哲學的認識論系統地梳理了墨家的知識論，指明了墨家的知識論是歷史的產物，是樸素的唯物主義的反映論，它不僅承認存在對思維的決定作用，而且試圖用「立儀」來作為知識的標準，進而肯定了墨家知識論的價值與歷史作用。如果說，胡適是第一個用西方近代哲學來樹立墨家知

〔註13〕侯外廬：《中國思想通史》第一卷。北京：人民出版社1967年版，第225頁。
〔註14〕侯外廬：《中國思想通史》第一卷。北京：人民出版社1967年版，第226頁。
〔註15〕侯外廬：《中國思想通史》第一卷。北京：人民出版社1967年版，第227頁。

識論的話，那麼，侯外廬則是近現代第一個用馬克思主義的認識論學說來梳理墨家的知識論系統的。

墨家的邏輯思想也是侯外廬墨學研究的重心之一。他首先批評了那些只承認後期墨家的邏輯思想，而不承認或者不重視前期墨家邏輯思想的偏見。進而指出，墨子的著作充滿著「辯」的精神。墨子既是充滿辯詰精神的思想家，便必然有其辯詰的方法，而這種辯詰的方法就是墨子邏輯思想的所在。墨子時代，由於國民階級已衝破了氏族舊人的桎梏而尋得了自己的經濟生活，其邏輯思想也就呈現為顯在狀態。墨子雖然沒有文字上的邏輯著作，而在思想實質上正是中國邏輯史的偉大發端。〔註16〕墨子在邏輯學上最偉大的貢獻是在「類」與「故」兩個概念上。「類」與「故」這兩個概念在墨子之前的儒家著作中已經使用，但並不是作為邏輯學概念，而在《墨子》一書中，「類」與「故」才成為邏輯學上的術語，在《墨子》中，訓「是以」的「故」字多至二百四十四個，訓「原因」的「故」字也出現了九十一個。而墨子在運用「類」概念時，也包含著形式邏輯的矛盾律的思想。墨子依據「知類」的邏輯，使其推理方法走入了歸納法的途徑。墨子的「以往知來」則是由全稱推出特稱的演繹推理。

侯外廬還運用歷史的方法分析了墨家邏輯學產生的社會歷史根源，「類」「故」兩概念，就其社會的根源說，是戰國顯族社會的合理產物；就其作為理論的發現說，則是國民思想家的墨子的偉大貢獻。並且指出，墨子的邏輯思想，不是名家的離實踐而詭辯的概念遊戲，而是國民階級的古代社會改革運動的批判武器，並且是與「武器的批判」緊相配合的「批判的武器」。墨子的「察類」「明故」方法，則是從格物致知的古代科學所吸收的邏輯。至於墨子的方法之所以能保證其科學性，是因為墨子的「察類」「明故」方法，更與實踐有著內部的關聯。

侯外廬對前期墨家邏輯學的研究，抓住了「類」與「故」這兩個概念，並從文字訓釋入手，有理有據，是對那些認為前期墨家沒有邏輯思想的有力回擊。同時他還分析了墨家邏輯的特質與時代的關係。他不僅肯定了前期墨家邏輯在中國邏輯史上的地位，也指出其缺陷，即「墨子的類推的方法，有時陷於純量說的錯誤。這就是說，在運用類概念以明是非、別同異的場合，墨子往往見量不見質，不知由量變質的道理，不至同量成分由於所係屬的事物有高級形態與低級形態的差別；不知異質異類不能相比，而仍視為同類，相為推論，以

〔註16〕侯外廬：《中國思想通史》第一卷。北京：人民出版社 1967 年版，第 238 頁。

致陷於錯誤而不能自知」〔註17〕。不過，侯外廬認為墨家的「以往知來」是由全稱推出特稱的演繹推理則值得商榷，我認為，這不過是一種類推，而並非演繹推理。

三、《墨經》研究

我這裡所要說的《墨經》研究實際上指的是侯外廬對後期墨家的考察研究。侯外廬對後期墨家的研究首先從考辨《墨經》成書時代及作者入手，因為《墨經》是考察後期墨家思想的材料和根本依據。他明確指出，《墨經》不是墨子自著的書，而是墨家後學的著作，其書寫定年代是相當晚的。其原因可以概括為以下幾點：墨子年代略後於孔子，而一般認為那時還沒有個人著述的風氣。此其一。其二，就《墨經》的內容看，有些見解，已是墨子思想的發展和修正，在思想上表現了時代進展的痕跡。其三，墨子是最重理智的，在《墨經》中卻加進了情感的要素，這些都是《墨經》作者對墨子思想的修正。其四，就文字來說，這六篇與《尚賢》等篇的風格顯然不同。其五，《經上》與《經下》，體裁的繁簡文質大不相同。墨子時代尚不能有這種文體。其六，《經上》「辯，爭彼也。辯勝，當也」。這是針對《莊子·齊物論》「辯無勝」及「大辯不言」說的，但墨子不可能活到莊子時代。其七，《大取》《小取》兩篇更不是出自墨子。《大取篇》「愛人不外己，己在所愛之中」是針對《荀子·正名篇》「聖人不外己」說的。而《小取篇》「殺盜非殺人」也是答覆荀子的詰難。因此，依據思想的內容看來，《墨經》的根本觀點是師承墨家的傳統，其中雖對於墨子的見解有若干發展或修正，但都可以說是墨學必然的合理的演進。就成書的過程來看，可以說作者並非一人，編定亦非於一時。倘更由各篇的內容來推定，則年代的先後順序大體是：《經上》→《經下》→《經說上》→《經說下》→《大取》→《小取》。《大取》《小取》，尤其是《小取篇》，綜合的說明了推理和「辭辯」的方法，它帶有總結墨學的性質。

侯外廬對《墨經》成書時代及作者的考證分析非常細緻，從社會歷史環境、學術文化風氣到先秦各家的關係以及墨學思想的邏輯演進等方方面面，條分縷析，透徹入理。勾勒出《墨經》思想的軌跡，為研究後期墨家思想提供了可信的資料。

在材料分析的基礎上，侯外廬認為，前期墨家與後期墨家思想有著內在邏

〔註17〕侯外廬：《中國思想通史》第一卷。北京：人民出版社1967年版，第242頁。

輯的聯繫，因而，他在研究後期墨家思想時首先考察後期墨家對前期墨家思想的發展，侯外廬稱為「對墨學的通約」。後期墨家為什麼能夠「通約」墨學，又在哪些方面「通約」墨學呢？

侯外廬考察了後期墨家的時代背景：「墨辯一派的活動，開始於孟、莊時代，終結於荀、韓時代。這個時代，思、孟腫脹了孔學，走向宗教性的唯心主義，老、莊以為孔、墨改革現實的樂觀想法和歷史的前途並不一致，因而走向否定歷史發展的玄妙世界觀，詭辯者超「存在」而逃避到概念的抽象世界，離開人類社會走向離堅白、合同異的詭辯論。墨辯一派在這樣的思潮裏採取了特別的路數，他們把墨子的社會變革理論通約於人類思維的世界。……相對地走入了名學領域中的科學途徑，堅持了認識論的唯物主義。」〔註18〕接著，侯外廬又考察了後期墨家能夠發展墨學的內在原因，基本贊同方授楚的觀點，即「墨子本注重知識，又與其弟子，多參加實際生產事業。日積月累，親身之經歷既多，後學繼此精神加以組織之，說明之」。可見，侯外廬是從歷史的角度來分析後期墨家為什麼能發展墨學。

後期墨家對墨學的「通約」表現在三個方面：其一是發展並修正了墨學；其二是後期墨家具有豐富的自然科學知識；其三是後期墨家綜合了先秦名辯思潮。

後期墨家修正墨學的地方，大都在於洗刷其對舊形式的曲解，表現在先王觀念、人性論、心理學等方面。關於先王觀念，侯外廬通過對《墨經》的考察，指出後期墨家除了《大取》《小取》偶而提及先王以外，摒棄了前期墨家的「天志」、「明鬼」之說，否定了上帝，從而更接近唯物主義。在人性論方面，墨子重「所染」、重「欲惡」，主張對人性「損益」。後期墨家繼承了墨子這一觀點，並把它理論化。在心理學方面，《墨經》對知、情、意三者作了明確的規定。此外，後期墨家還把墨子的「兼相愛，交相利」通約於人們的一切行為道德。

侯外廬從思想發展的內在理路考察後期墨家與前期墨家的邏輯聯繫，並從歷史的角度指出了後期墨家對墨學的發展，成就遠遠超過郭沫若。

《墨經》中包含豐富的科學知識。侯外廬指出，《墨經》中的科學思想與其唯物主義思想是分不開的，具體表現如下：其一，《墨經》肯定物質第一性，且是客觀的實體。其二，《墨經》詳細地闡明了時間、空間諸範疇。其三，《墨

〔註18〕侯外廬：《中國思想通史》第一卷。北京：人民出版社 1967 年版，第 485～486 頁。

經》講到運動與變化。其四,《墨經》中有量變與量定之說。其五,《墨經》中有許多科學定理。

顯而易見,侯外廬對《墨經》科學思想的發掘不同於其他的研究者,他沒有具體闡述《墨經》中包含哪些科學知識,而是用馬克思主義哲學的辯證唯物論高度概括其科學思想,並詳細論述其科學思想的哲學價值,肯定其唯物主義性質。

侯外廬對後期墨家的知識論也作了詳細的考察,明確指出,其知識論包含以下幾方面的內容:

第一,承認人類主觀意識之外,有客觀的物質的存在,而且它是第一性的東西;第二,承認我們主觀的官能——所謂「五路」(即五官)和「心」「知」——有「貌」「擬」外物(即反映外物)的能力;第三,認為主觀的官能,不但須與外物接觸,並且還須與外物相習,才能認識外物,即是說,承認認識是一種實踐的過程;第四,承認客觀事物是有真理的基準的,真理須以實踐的檢證為基準。〔註19〕

具體說,《墨經》承認認識是一個過程,「知,材也」與「知,接也」可以看到三點:「第一,承認認識是一個過程,對於外物要切實『貌之』,並必須相習。第二,承認物可以知。第三,人的才能也確能知物。」〔註20〕這些都是感性認識。而「慮,求也」,「䚻,明也」,則開始進入高級思維領域,即理性認識。

關於知識的來源,《墨經》分為「親知」、「聞知」、「說知」三種,侯外廬指出,「墨家自墨子始,最重實踐,故在認識論上必然也重視親知,而以親知為求知識的基礎。」〔註21〕

關於名與實關係,侯外廬指出:墨家重實,「用實正名」,明顯地是以「實」為主導,即凡名必須副實。

侯外廬還指出,《墨經》「知、聞、說、親;名、實、合、為」,其用意是表明重視實踐。這裡包含兩種意義:一為求知的目的在於聯繫實際的致用;一為知識的正確與否須靠實踐的檢證。

侯外廬以馬克思主義的認識論來觀照墨家的知識論,從分析知識來源、認

〔註19〕侯外廬:《中國思想通史》第一卷。北京:人民出版社 1967 年版,第 503 頁。
〔註20〕侯外廬:《中國思想通史》第一卷。北京:人民出版社 1967 年版,第 507 頁。
〔註21〕侯外廬:《中國思想通史》第一卷。北京:人民出版社 1967 年版,第 513 頁。

識過程入手，指出墨家在知識來源上注重實踐的作用，在認識過程上則是從感性認識到理性認識。通過對後期墨家知識論的考察，侯外廬強調，由此可以證明《墨經》作者的哲學是唯物主義的。

後期墨家的邏輯學也是侯外廬墨學研究的重點之一。他對墨家邏輯的考察顯然不同於其他墨學研究者把墨家邏輯與西方的三段論式、印度因明的形式比附，而是與墨家的哲學思想結合，特別是知識論綜合來考察的。比如，《墨經》中的「名」與「實」，既是知識論考察對象，也是邏輯學考察的對象。侯外廬指出，從邏輯學上講，「實」是主詞，「名」是敘詞。「名實耦，合也」，就成了命題。

《小取篇》論辯七法向來為研究墨家邏輯者所重視，侯外廬也予以自己的詮釋：（一）演繹法的絕對前提，謂之「效」。（二）舉他事以明此事之比較法，謂之「辟」。（三）比較兩個同一命題的平行法，謂之「侔」。（四）援例擬事的類比法，謂之「援」。（五）概然判斷，謂之「或」。（六）假設命題，謂之「假」。（七）以類取而以類予之歸納法，謂之「推」。至於《小取篇》說的「以辭抒意」，「以說出故」，他指出，前者指的就是命題，後者指的就是推理。「故」即推理的理由或前提。

通過對墨家邏輯學的考察分析，侯外廬指出：「後期墨家在形式邏輯上承繼了墨子的傳統，得出了歸納法的同異論。這個方法論的優點是，否定先驗的類別，而依據客觀對象的類別，分析事物的規律，這是墨子理論的發展。」〔註22〕

《中國思想史》第一冊對墨家邏輯的考察分析顯然是比較簡單的，作者之一的杜國庠後來對墨家邏輯作了一進步考察研究，彌補了這種不足。

四、墨學研究特徵

侯外廬是中國近現代學術史上較早接受馬克思主義，並自覺地把馬克思主義理論作為自己學術研究的指導思想的學者之一。1927 年，他赴法國留學，第二年開始翻譯《資本論》，以此為契機，接觸馬克思主義學說，他說：「這件工作卻幫助我比較系統地學習了馬克思主義的基本理論和方法，確立了我的辯證唯物主義世界觀，對我後來從事史學研究起了重大指導作用。」〔註23〕20

〔註22〕侯外廬：《中國思想通史》第一卷。北京：人民出版社 1967 年版，第 524 頁。
〔註23〕《侯外廬史學論文選集》（上）。人民出版社 1987 年版，第 6 頁。

世紀三十年代初中國學術界、思想界關於中國古代社會史問題的論戰，侯外廬
沒有直接參與，但深受那場論戰的影響，他後來回憶：「在這場論戰中，以郭
沫若為代表的中國馬克思主義者的一個重大功績，就是他們在批判形形色色
的唯心主義史學的同時，開創了以馬克思主義為指導的中國新史學。新史學的
出現，激起了巨大的社會反響，推動了中國社會史問題論戰的高潮。我就是在
論戰高潮中，由於受到郭沫若的影響而開始轉向史學研究的。」〔註24〕之後，
侯外廬就嘗試以馬克思主義理論為指導從事中國古代社會研究，寫了《社會史
導言》（1933）和《中國古代社會和老子》（1934）等文章，初步把馬克思主義
理論作為其學術研究的指南。四十年代初，他又著《中國古代社會史論》（又
名《中國古典社會史論》），以馬克思主義唯物史觀為理論指導，對中國古代社
會作了深入細緻的剖析。完全確立了馬克思主義理論在其治學方法中的指導
作用。《中國思想通史》便是侯外廬以馬克思主義理論為指導，系統研究中國
思想史的一部著作，墨學研究是其中的一部分內容。因此，以馬克思主義為理
論指導是侯外廬墨學研究的一個總的特徵。他把墨子的時代的社會階層劃分
為氏族貴族和國民階級兩大對立的階級，就是對馬克思主義理論的運用。在具
體的墨學研究中，還表現了下述特徵：

首先，從社會史切入思想史研究是侯外廬思想史研究一個公認的特徵，用
侯外廬自己的話說：「把社會史和思想史有機地結合成一個系統進行研究，我
認為是一個合理的途徑。」〔註25〕他在《韌的追求》中又把其具體表述為五個
方面：

一、社會歷史階段的演進，與思想史階段的演進，存在著什麼關係。二、
思想史、哲學史出現的範疇、概念，同它所代表的具體思想，在歷史的發展過
程中，有怎樣的先後不同。範疇，往往掩蓋著思想實質，如何分清主觀思想與
客觀範疇之間的區別。三、人類思想的發展與某一時代個別思想學說的形成，
其間有什麼關係。四、各學派之間的相互批判與吸收，如何分析研究明其條理。
五、世界觀與方法論相關聯，但是有時也會出現矛盾，如何明確期間的主導與
從屬關係。

在侯外廬從事思想史研究之前，他已經對中國古代社會史作了詳細的梳
理考察，特別是在《中國古代社會研究》一書中確立了中國古代社會是「亞細

〔註24〕　《韌的追求》，第 223 頁。
〔註25〕　《韌的追求》，第 118 頁。

亞生產方式」為主導。在此基礎上，侯外廬認為，由於中國古代社會的特殊性，中國古代的思想家不是古希臘的「智者」型，而成為所謂的「賢人」型。墨子便是中國古代「賢人」型的思想家。因而，墨子所論究的問題，不是宇宙的本源，而是以人事為範圍，重視道德論、政治論、人生論。

其次，在先秦學術的大背景下，從孔、墨顯學比較中來研究墨學。這在侯外廬的墨學研究中很顯著，《中國思想通史》第一冊中篇的標題就是「孔墨顯學」，其中有一節「維新束縛下的孔墨顯學」，對孔學、墨學作了多方面的比較。孔子學術活動的時代是在春秋末世，墨子學術活動的時代是在戰國初年，二人的學術活動是銜接的。「這個交替時代，正是中國古代社會轉入不完全典型的顯族時代，人類性的問題、社會的國民之富的問題以及天上宗教的問題，都發生了變革。」〔註26〕他肯定孔學、墨學都是先秦學術的一部分，孔學、墨學既有內在思想的聯繫，又有很大的不同。墨子對於孔子是批判的，而不是抹煞的。孔、墨內在的聯繫，侯外廬通過「國民階級」來表現。孔、墨都是國民階級的代表，但孔子早出，其思想帶有調和性，反映了國民階級的軟弱性。墨子晚出，其思想的激進性表現了國民階級開始登臺，並日趨成熟。墨子高揚了孔學的優良傳統，而批判了孔學的軟弱性。孔學、墨學雖有內在的聯繫，但更多的是表現思想的對立。他認為，「孔、墨顯學的對立，首先以西周文物的『述而不作』與『循（述）而且作』為其主要爭執點，自是勢所必然的思想動向。關於『述而不作』與『循而且作』的分水嶺，也即所謂孔、墨異同之一。」〔註27〕他還認為，「孔子是以全盤西周（《詩》《書》、禮、樂）為觀念根據，墨子是以一半西周（是《詩》《書》，非禮、樂）為觀念的根據」。「用近代語言講來，如果孔子是以內容為先形式為後，而訂正西周文化（《詩》《書》、禮、樂）；則墨子是以內容高於一切，形式不妨唾棄，而發展西周文化。這是孔、墨顯學所爭持的要點之一」〔註28〕類似這樣的孔、墨比較在侯外廬的墨學研究中還很多。我認為，有兩點原因必須注意：其一是後外廬從社會是切入思想史，孔學、墨學都是當時社會歷史的產物，經濟、政治、文化等諸多環境是孔學、墨學誕生的社會文化基礎。因而，他們中間有著某種聯繫。其二，孔、墨時間先後不同，社會文化環境也不同。從學術發展的內在理路看，孔學、墨學有某種必然的聯

〔註26〕《中國思想通史》第一卷，第 193 頁。
〔註27〕《中國思想通史》第一卷，第 133 頁。
〔註28〕《中國思想通史》第一卷，第 134 頁。

－147－

繫，無論是繼承還是批判。

　　第三，郭沫若、侯外盧都是在唯物史觀指導下從事墨學研究，而且都是從孔、墨的比較中來研究墨學，但他們對墨學的評判有著很大的差別。郭沫若肯定孔學，對墨學幾乎持全盤否定的態度，認為墨學是反人性、反科學的；而侯外盧對墨學則肯定多於否定。郭沫若的結論是在所謂「人民本位」的立場指導下的必然結果，他認為孔子反對亂黨，代表人民的利益；而墨子反對亂黨，代表貴族利益。侯外盧則相反，認為墨子時代氏族貴族與國民階級對立，墨子代表「國民階級」的利益。侯外盧所指的「國民階級」包自由民、括手工業者、商人等階層，是當時進步的社會階層。郭、侯二人都是以馬克思主義理論為指導，之所以結論大相徑庭，是由於二人的個人風格及具體學術方法不同所致。郭沫若急於用世，對唯物史觀的理解不免教條化，學術研究又受其所在的政治環境制約，理性的考察顯然不夠。侯外盧則在唯物史觀指導下，從社會學的角度，用歷史的方法加邏輯的方法來考察墨學。侯外盧在治學上雖然曾受過郭沫若的影響，〔註29〕但在墨學研究上自成體系。

　　其實，就學術研究的指導思想來說，侯外盧受郭沫若的影響不小。但就具體的研究方法來說，侯外盧則更多受章太炎的影響。侯外盧與章太炎在治學性格上有許多相似之處。章太炎治學，重在獨立自得，他褒貶學術思想，關鍵在看是否有自得。侯外盧在學術問題上敢於堅持真理，堅信依據理性所獲得的學術結論，闡微決疑，大膽創新，自成體系。侯外盧推崇章太炎的治學方法和態度，但並不是遵循謹守，而是批判繼承，吸收章太炎的學術方法的長處，運用馬克思主義理論改造並形成自己的學術方法和風格。

〔註29〕侯外盧在《韌的追求》中說：「在這場論戰中（指關於社會史的論戰），以郭沫若為代表的中國馬克思主義者的一個重大功績，就是他們在批判形形色色的唯心主義史學的同時，開創了以馬克思主義為指導的中國新史學。新史學的出現，激起了巨大的社會反響，推動了中國社會史問題論戰的高潮。我就是在論戰高潮中，由於受到郭沫若的影響而開始轉向史學研究的。1930年我從國外回來不久，便有機會讀到郭沫若的新著《中國古代社會研究》。這本內容豐富而又新穎的著作很快吸引了我。尤其是他在掌握大量史料的基礎上，運用歷史唯物主義觀點和方法，以其銳利的眼光，第一次提出並且論證了中國古代同樣存在奴隸制社會，從而證明了馬克思主義關於人類社會史一般規律的普遍意義，這一大膽的科學發現使我感到興奮。……郭沫若在古文獻、古文字和考古學方面的淵博知識以及他對古史研究中疑難問題的大膽論斷，都開闊了我的眼界，啟發了我的思考，喚起了我對古史研究的興趣。」

第九章　墨學研究方法的近代轉化

　　李賢中認為，「『方』在使用上有道、理、規範等意義，『法』則有制度、模範、法則等意涵。因此，『方法』含有應該遵循或必須遵循的規範與約束性。」〔註1〕學術研究方法是研究者在研究過程中所運用的具體手段和規範，是在學術研究的實踐中形成的，關涉到提出問題、分析問題以及解決問題等等。勞思光有言，方法具有普遍性，但這個普遍性具有使用的範圍。〔註2〕也就是說，學術研究的手段等具有普遍性。比如說，中國古代的學術方法在傳統中具有普遍性，無論是漢學方法，還是宋學方法，都具有一定的普遍性。這個普遍性受到時代的影響，近代中國處於古今中西交匯的大變局中，受近代社會歷史文化諸多因素影響，學術研究方法也處於由傳統向近代的轉化之中。近代中國學術研究的進步與成就的取得，無不與方法的突破有關。

一、中國哲學史研究方法的近代轉化

　　中國古代沒有哲學一詞，更沒有哲學這個學科。眾所周知，「哲學」源自古希臘，意思是「愛智慧」。現在所運用的「哲學」概念。是一個地地道道的舶來品，從日本輾轉而來。日本近代思想家西周（1829～1897）在接觸英文 philosophy 這個詞語的時候，如何翻譯頗費心思。他根據該詞的意義，找到了漢字「哲」，因為「哲」在漢語裏面有智慧的意思。《爾雅》：「哲，智也」。《說文》：「哲，知也。」我們通常說的「古聖先哲」、「孔門十哲」的「哲」字就是

〔註1〕李賢中：《墨學：理論與方法》，臺北：楊智文化事業股份有限公司 2003 年版，第 37 頁。
〔註2〕勞思光：《思想方法五講新編》，香港中文大學出版社 2000 年版，第 2 頁。

這樣的意思。孔子感歎「哲人其萎乎」(《禮記・檀弓上》),「哲人」就是明達智慧的人。近代中國許多西方的思想都是經過日本輾轉到中國的,「哲學」也一樣,經過黃遵憲介紹到中國。北京大學 1912 年設立「中國哲學門」,這大概是中國把哲學作為獨立學科的開始。

也就是說,作為獨立學術門類的哲學是從二十世紀出才從中國傳統思想中剝離出來。在此之前,中國的著述雖然汗牛充棟,但由於沒有學科意識,因而沒有學科的劃分。中國傳統學術著作被劃分為經史子集四大類別,《四庫全書》雖然卷帙浩繁,即是依循這樣的標準分為四庫。在傳統社會,政治等級觀念根深蒂固,也體現到著作之中,經史子集並不是並列或平行的關係,「經」是最高的著述等級,由早期的六經、五經,發展到宋代的十三經,都是儒家的早期典籍,被奉為神聖的圭臬,成為讀書人立身行事的依據。在古代中國,除了儒家典籍之外,被稱作「經」的,還有一部佛教的典籍「壇經」,是由不識字的禪宗創始人慧能口述,其弟子記錄整理而成。「史」類是關於歷史記載的文獻典籍,通常由官府修史,所謂的二十四史,基本上都是官修的。雖然古代的史官秉筆直書,但由於專制皇權,難免打上統治者的烙印。官史之外尚有野史,民間的歷史記錄,不被普遍認可或接受。「子」是諸子百家的著述。主要是先秦儒家孔子、孟子之外的著述,如《老子》《墨子》《莊子》《韓非子》等,在政治地位上比經書要低,當然,這是漢代確立儒學獨尊之後的事。雖然子學的政治地位不如經書,但是,子書的內容及其價值絲毫不讓經書。至於「集」,收錄詩詞文章等。拋開人為的政治等級對學術出版的影響,四部圖書都蘊含著豐富的學術價值。中國古代的哲學思想蘊含在四庫之中。

如果不考慮佛學,中國傳統學術的發展,大多依託於經與子,中國學術思想的發展比較有意思的是在對古人著述的研究中發展的,對前人著作的校釋、注疏與闡釋。自漢代開始,經學大盛,從而產生了今文經學與古文經學,是對先秦儒家經典的一次重大發展,在學術思想史上,視作中國學術發展的第二個階段,即漢代經學階段。今文經學與古文經學看似經學發展的兩個流派,卻在思想內容和學術方法上有著巨大的分野。古文經學嚴守經學分際,注重義理、考據、詞章,其方法是校勘、輯佚、訓詁等,義理依從與校勘、訓詁。今文經學則注重微言大義。在學術史上,古文經學是乾嘉漢學的鼻祖,今文經學則是宋明理學的先驅。如果按照今天的學術尺度,古文經學對文獻整理、校釋與注疏方面取得重大成就,而在思想發展上則乏善可陳;今文經學對思想的發展則

有重大貢獻。

　　不過，即便是今文經學對思想發展貢獻巨大，但依然反映了中國學術思想的方法特徵，即學術的發展依傍對古代經典闡釋，喻思想於古代經典的詮釋之中，宋明理學即是對儒家經典的一種詮釋。中國思想家言必稱古聖先賢，用古聖先賢的話語來表達自己的思想，而不是獨立地開創新的學派。宋明儒學雖然與先秦儒學有著巨大的不同，但宋明儒學的思想家們依然標舉孔、孟等先秦思想巨匠的旗幟，認為自己才是對先賢的最佳詮釋，事實上，他們是對先秦儒學的微言大義，六經注我。這是中國思想傳統的重要特徵。反映在學術方法上，是中國闡釋學發達，在闡釋中滲透作者的思想與觀念。因此，在古代的學術研究中，方法是隱性存在的，而不是獨立的學術規範，誠如成中英所認為的那樣，「『方法』這一概念在中國哲學中是隱然的存在，並為凸顯為方法論的研討。這是由於中國哲學自創始即緊密結合本體經驗發言，故方法只是追求就『已知』對象提供的工夫而已。」〔註3〕學術方法的不獨立限制了學術研究，以致在漫長的歷史中，中國學術思想的發展沒有像西方那樣的推陳出新，高潮迭起。

　　中國傳統學術思想研究特徵決定了古代學術方法特徵，主要表現為：

　　其一，渾然一體性。中國的學術傳統，決定了中國古代學術思想史的書寫呈現出渾然一體的特徵。按照現在的學術分科，文學、歷史學、哲學等交織在一起，也就是我們通常所言的文史哲不分家。所以，現在學術界有人用「國學」來概括古代學術。所以，類似於哲學史的方法從屬於國學研究的方法，或者說，沒有從國學研究中剝離出來。近代以來，學術分科，文學、歷史學、哲學等方法既有聯繫，又有自己的獨特特徵，而中國古代則沒有這種明晰的區分。比如說，哲學史的邏輯的方法，在中國古代則沒有反映出來。

　　其二，籠統概括性。古代西方的哲學思想表現為細緻的分析，嚴密的邏輯論證。而中國古代著述一般言簡意賅，即便在人類思想史上影響巨大的著作也是如此，《老子》大約五千來字，《論語》大約二萬來字。在表達觀念時直接下判斷，雖然這些判斷是人類智慧的結晶，但大多沒有論證。這樣的學術傳統即便在表現在學術思想總結時也是如此。如先秦時代的《莊子‧天下》《荀子‧非十二子》《韓非子‧顯學》對學術流派的研究也是以斷語呈現。簡明扼要，概括而籠統，所下斷語雖然是從其思想中提煉或概括而來的，但一般沒有嚴密

〔註3〕成中英：《本體詮釋學》，《成中英文集》第一卷。北京：中國人民大學出版社2017年版，第132頁。

細緻的分析，寥寥數語概括出一家一派的學術思想，比如，《荀子・非十二子》對墨家、宋鈃的評價：「不知一天下建國家之權稱，上功用，大儉約，而慢差等，曾不足以容變異，懸君臣。然而其持之有故，言之成理，足以欺惑愚眾，是墨翟、宋鈃也。」籠統性有其優點，單刀直入，言簡意賅，使人們對其思想一目了然。不過，其缺點也是顯而易見的，過於粗略，說理性不強。而且由於缺乏邏輯分析，主觀性也很大，往往帶有論者的強烈的傾向性。

其三，主觀自在性。在漫長的中國學術傳統中，方法並沒有凸顯出來，用成中英的話來說，有方法意識，無方法理論。〔註4〕中國傳統學術思想史的方法論尚處在自發運用而非自覺運用階段。傳統的學術史著作，無論是先秦的《荀子・非十二子》還是後來的學案（如黃宗羲的《宋元學案》《明儒學案》），雖然也涉及方法論問題，但並非是方法論的自覺，具有零散性、樸素性的特徵，缺乏方法論的相對獨立、系統、自覺的特徵。

近代以降，世界範圍的交往推動著中國傳統學術思想的發展，開始出現了學術分科，哲學、文學、歷史學成為獨立的學科門類，傳統的闡釋學方法不能滿足新的學術環境與發展的需要，西方學術理論與方法開始影響中國，這樣的歷史進程也就是中國學術方法近代化的歷程。我這裡所說的近代學術方法的轉化，限定在中國哲學史方法的轉化方面。之所以會有這種轉化，是因為有個設定的前提：傳統與近代性這樣兩個既相互聯繫又相互對立的概念。中國哲學史方法的近代轉化必然有其參照系統，這個參照系統便是近代西方的哲學體系及其方法。

不同於中國學術傳統是一種詮釋或解釋，詮釋者或盡可能去理解文本本身的意義，或者在詮釋中體現詮釋者的價值，並以此來發展中國傳統思想。也就是我們通常所說的「我注六經」或「六經注我」。近代以來，西方學科分類方法及學術理論成為研究中國思想的參照系統，並成為研究中國思想問題的方法背景，從最初簡單的中西比附到後來的比較、融通，中國傳統思想獲得了巨大的發展，並走向世界，成為多元文化的重要組成部分。當胡適在北京大學講授哲學並出版《中國古代哲學史》，以西方哲學為參照系統，運用近代西方哲學方法來整理、研究中國古代哲學的時候，也就開啟了中國哲學近代轉化的大門，從那之後，馮友蘭等在此基礎上推陳出新，運用西方學術方法把中國哲學研究推向新階段。

〔註4〕成中英：《本體詮釋學》，《成中英文集》第一卷。北京：中國人民大學出版社2017年版，第132頁。

近代西方哲學、社會科學系統和方法的輸入，中國學術分科開始出現，哲學從籠統的傳統學術思想中剝離出來。這是中國學術近代化的必然結果。一般說來，哲學的近代化主要表現為獨立化，即從經學和神學的體系中掙脫出來；人道化，即哲學關注人，包括人的個性、尊嚴、解放等；科學化，即對哲學的科學詮釋以及與哲學與科學結盟等；邏輯化，即由傳統綜合型走向邏輯分析型，形式上趨於分析和嚴整。〔註5〕

中國傳統學術的方法論顯然不能適合近代學術發展的需要，隨著西方社會科學體系和方法的輸入，中國哲學史方法論出現新的轉變，即近代轉化，具體表現為如下幾點：

其一，對哲學方法和中國哲學史方法的自覺。這應該從胡適說起，胡適是一個注重方法的學者，他的學術研究都是圍繞方法來進行的。在實驗主義方法指導下，他著有《先秦名學史》和《中國古代哲學史》，在這兩部哲學史著作中，表現了一種方法的自覺。風又來也時代近代哲學轉型作出重要貢獻的學者，20世紀三十年代初，他的兩卷本《中國哲學史》出版，用西方哲學的新實在論來疏解中國哲學，使中國哲學研究走向科學化、邏輯化。

其二，以近代西方哲學為參照系統。蔡元培先生在為胡適《中國古代哲學史》所作的《序》中指出：

> 我們便中國古代哲學史有兩層難處。第一是材料問題；周秦的書，真的同偽的混在一處。……第二是形式問題：中國古代學術從沒有編成系統的記載。《莊子》的《天下篇》，《漢書‧藝文志》的《六藝略》《諸子略》，均是平行的記述。我們要編成系統，古人的著作沒有可依傍的，不能不依傍西洋人的哲學史。〔註6〕

蔡元培先生所說的第二層難處實際上指的是研究中國哲學史的參照系統問題，說明了以西方哲學為參照系的必要性。胡適、馮友蘭等都是以西方哲學為參照系來梳理中國哲學的，其影響是巨大的。張岱年先生也從另一個角度說明了以西方哲學為參照的歷史必然：「如此區別哲學與非哲學，實在是以西洋哲學為標準，在現代知識情形下，這是不得不然的。」〔註7〕

其三，邏輯主義的方法與歷史主義的方法的統一。黑格爾提出的歷史的方

〔註5〕參見柴文華《中國哲學史方法論的近代化》，《哲學研究》1992年第9期。

〔註6〕參見《胡適文集》（六），第155頁。

〔註7〕張岱年：《中國哲學大綱‧自序》。北京：中國社會科學出版社1982年版。

法與邏輯的方法相統一成為哲學史研究的基本方法。中國哲學史研究上較早運用這樣的方法的先是胡適，後是馮友蘭。胡適的《中國古代哲學史》是第一部力作，他把實驗主義的方法與清代「漢學」方法結合起來，提出在哲學史研究上的三項目的：明變、求因、評判。馮友蘭則說：「一個道理，是一個判斷，判斷必合邏輯。各種學說之目的，皆不在敘述經驗，而在成立道理，故其方法必為邏輯的、科學的。」〔註8〕馮友蘭還把哲學史分為兩類，即哲學史自身與寫的哲學史，強調寫的哲學是應該以「信」為目的應當盡可能符合客觀的歷史。

二、墨學研究方法的近代轉化

從廣義學術史的視野看，所有的學術研究皆成歷史，墨學研究也不例外。所謂的墨學研究，與《墨子》研究既有聯繫，也有區別。後者注重墨子本人的生平與思想，《墨子》文本的考訂與詮釋。前者的範圍則更為廣泛，大致包括墨學文本的梳理詮釋與研究、墨學的歷史發展研究、墨學的創造性轉化研究。可以看出，墨學研究與墨子研究既有重合的部分，又有相區別的內容。研究墨學，既要注重墨學文本的研究，更要注重墨學的創造性轉化，因為從墨學的發生來說，它是2000多年前的產物，是那個時代思想、文化與社會的反映，不可能完全適應今天的中國社會。但是，作為中華民族的子孫，如果沒有傳統文化的綿延，就將失去民族的精神與靈魂。因此，傳統文化在今天的繼承、發展就顯得尤為重要。這種文化的綿延不是簡單的古代文化的繼承與學習，而是傳統文化的創造性轉化與重生。這種轉化與重生，不應該是某家某派文化獨享的權利，而是中國古代文化的多樣性復活與重生，以適應文化多樣性與多元化的時代要求，從而增強今天的文化活力。眾所周知，先秦時代墨學與儒學並稱顯學，傳統文化的復活與重生，不僅僅是儒學所面臨的時代課題，也是墨學必須面對的時代課題。

墨學研究是中國哲學研究、歷史研究與文學研究的重要內容，這裡重點關注的是從哲學史觀墨學。墨學研究的方法是中國哲學研究方法的當然組成部分，同時，近代墨學研究方法的轉化也是從屬於中國哲學史方法轉化的。但由於墨學是在近代復興，由校勘、考據、訓詁開始，到20世紀初才有義理的貫通。因而，其方法論轉化又有特殊性的一面。

（一）清代墨學研究的方法特徵。這裡實際上是指孫詒讓及其以前的墨學研究的方法特徵。前面說過，清代墨學研究主要表現為《墨子》文本的校勘、

〔註8〕馮友蘭：《中國哲學史》第一篇第一章。北京：中華書局1961年版。

考據和訓詁，而絕少有義理的內容。因而，在方法上表現出下述特徵：

其一，遍為搜討，旁徵博引，強調考察的全面性。清代學者「以通經博物相尚」，強調無徵不信，論必有據。如果說宋明理學帶有思辨的特色，那麼，強調言必有據的乾嘉漢學方法則有實證的特色。乾嘉學者反對以孤證立論，認為「偏舉一隅，惑滋多於是」。〔註9〕「凡學未貫本末，徹精粗，徒以意衡量，就令載籍極博，獨所謂思而不學則殆也」〔註10〕。「貫本末，徹精粗」，即全面考察。從方法上說，全面性原則與客觀性原則本質上是相聯繫的：離開了對事物各個方面的系統研究，就很難提供一幅有關事物的客觀圖景；而全面考察所獲得質材料如不能真實地反映對象的本來面目，則同樣也是有害的。無論是乾嘉學人的《墨子》校勘，還是孫詒讓的《墨子閒詁》都廣泛搜求各種版本，以及其他方面的史料，交相參證。

其二，會通義理與一以貫之的統一。校勘學講求發其義例：「稽古之學，必確得古人之義例。執其正，窮其變，而後其說也不誣。」〔註11〕所謂義例，包括語言文字領域的通則以及古書著述體例等。清代學者認為，只有對豐富的事實材料反覆推究，嚴加剖析，概括出一般的條例規則，才能把握紛繁複雜的具體現象。在主張會通義例的同時，乾嘉學人又要求「一以貫之」：「不會通其例，一以貫之，只厭其膠葛重複而已耳，烏睹所謂經緯途徑者哉。」〔註12〕所謂一以貫之，就是在一般的義理通則的指導下，考察千差萬別的特殊現象。如果說，會通其例主要是從個別到一般的歸納過程，那麼，一以貫之則是從一般到個別的演繹過程，二者統一，構成了清代學者治學的重要特點。與主張一以貫之相聯繫，清代學者十分注重條理分析：「務要得其條理，由合而分，由分而合。」〔註13〕清代學者強調在考釋過程中要條理分析，實質上即肯定理論對經驗層次研究活動的指導意義。但是，乾嘉學派的條理分析主要限於考據領域，在考據之外，他們多少具有輕視理論思維的傾向。「蓋學問之道，求於虛不如求於實，議論褒貶，皆虛文耳，作史者之記錄，讀史者所考核，總期於得

〔註9〕戴震：《毛鄭詩考正》卷三。見《戴震全書》。第一冊，合肥：黃山書社2009年版，第648～649頁。

〔註10〕戴震：《與任孝廉幼植書》。見《戴震全書》第六冊。合肥：黃山書社2009年版，第367頁。

〔註11〕阮元：《揅經室集》，北京：中華書局1993年版，第241頁。

〔註12〕凌廷堪：《禮經釋例·自序》，北京大學出版社2012年版。

〔註13〕段玉裁：《戴東原先生年譜》。見《戴震全集》第六冊，北京：清華大學出版社2010年版，第3426頁。

其實焉而已，外此又何多求哉。」〔註14〕畢沅的《墨子注》、張惠言的《墨經校釋》、孫詒讓的《墨子閒詁》等墨學研究著作都表現了會通義例與一以貫之方法的統一，「讀此書旁行」即是這種方法在《墨經》校勘中具體的運用。

其三，闕疑存異與推求的統一。清代學者治學強調實事求是，反對盲目尊信，認為「尊信太過，先有成見在心，即有可疑，亦必曲為之解，而斷不信有偽也。」〔註15〕對所有史料取存異的態度，在校勘、訓釋中，對每一證據必嚴加考究，辯其真偽。與闕疑存異相聯繫，清代學者反對「株守」：「信古而愚，愈於不知而作，但宜推求，勿為株守。」〔註16〕顯然，這裡所說的「推求」，即是學術研究中的創新。清代學者對《墨子》的整理顯然貫徹了這條原則，孫詒讓的《墨子閒詁》對前人的研究成果詳加考辨，然後「是者從之，缺略者補之」，從而成為集大成式的著作。

（二）梁啟超、章太炎的貢獻。梁、章二人在墨學研究上已經不同於其前學者的校勘、考據與訓詁，而是力求義理的闡釋與貫通。他們都對西方社會科學有所研究，但其學術態度不一，學術風格迥異。梁啟超學術研究的指導思想是進化論，是其揉合西方近代進化論學說和今文經學的「三統」、「三世」主張而形成的，而在具體研究方法上則是以他所提出的「新史學」的歷史觀為指導。他用這樣的「新史學」來反對舊史學的「一治一亂」的循環史觀，表現在墨學研究上，把墨子看成先秦學術發展的一個環節，並闡述其與社會歷史條件的關係，同時，用近代眼光來評判其價值。他用西方社會科學來比附墨學，取得了成就，但有時不免牽強。章太炎也曾受進化論影響，但在學術方法上受樸學訓練，在治學上強調「字字徵實，不蹈空言」。他對西方社會科學有研究，但並不用其比附墨學，而是在方法上受其影響，並「用新知來附益舊學」。梁、章二人的墨學研究在方法上的共同點是都自覺或不自覺地運用西方社會科學的方法。他們的墨學研究是墨學研究方法論近代化的中間環節。

（三）胡適的貢獻。前面已經說過，胡適是重視方法的學者，他不僅以西方哲學為參照系，而且自覺地把西方哲學化作方法來考察研究中國哲學史，這項工作的真正意義在於通過引入新的理論和方法推進學術研究的近代化。他

〔註14〕王鳴盛：《十七史商榷‧自序》。中國書店 1987 年影印。
〔註15〕崔述：《考信錄提要》卷下。《崔東壁遺書》，上海古籍出版社 1983 年版。
〔註16〕《戴震全書》第六冊，第 276 頁。

越出了傳統經學的框架而代之以近代意義上的哲學分析，在他的墨學研究中，他既吸收了傳統學術方法的優點，特別是「漢學」的方法，與實驗主義方法結合；又摒棄傳統學術方法的局限性。

胡適曾經把實驗主義把概括為兩大方法，一是「歷史的方法」，即把任何一種制度或學說放在歷史的因果鏈條去加以評判的方法。在《先秦名學史》和《中國古代哲學史》中，他把墨學置於這樣的因果鏈條，作系統的考察和評判。二是「實驗的方法」，即從具體的事實與境地下手，把一切知識，一切學說理想看作有待證實的假設去「實驗」的方法，或者叫做「大膽的假設，小心的求證」。胡適指出，「實驗是真理的唯一試金石。」借助於這些方法可以對事物作出最嚴厲、最公正的評判，把人們能從「古人的奴隸」中解放出來。胡適強調方法的作用，指出：特別主張的應用是有限的，方法的應用是無窮的。他告誡國人，學習杜威，應學習和推行他的方法。墨學研究中，實驗的方法也得到了很好的貫徹，比如，他從實驗主義哲學入手，提出墨子的哲學方法是應用主義，然後在條分縷析去證明。

蔡元培先生在《中國古代哲學史》一書的《序言》中提到的胡適中國哲學史研究的四點「特長」：證明的方法、扼要的手段、平等的眼光、系統地研究，表明了他已經自覺地把歷史的方法與邏輯的方法統一起來。在「胡適的墨學研究」一章中我已對此作了分析。胡適完成了墨學研究方法論的近代轉化。

（四）郭沫若與侯外廬墨學研究的方法論意義。郭沫若、侯外廬都是信仰馬克思主義的學者。辯證唯物論和唯物史觀的既是他們學術研究的指導思想，又是學術研究的方法論。根據歷史唯物主義的觀點，哲學思想是屬於社會意識，是社會存在的反映，哲學思想是在經濟基礎上建立起來的。在這樣理論和方法指導下，在具體的墨學研究中，他們從階級分析入手。郭沫若認為墨子反對「亂黨」，從而代表「王公大人」的利益。侯外廬認為，墨子是「國民階級」的代表。他們墨學研究方法論的真正意義不在於方法論的推進，而在於墨學研究方法的多元化，這恰恰是近代以來哲學研究的重要特徵。

墨學從誕生的那一刻起就注重思想方法，《墨子·天志中》說：「中吾矩者謂之方，補種吾矩者謂之不方。」但在漫長的古代學術傳統中，墨學的方法意識沒有得到應有的重視，以致在墨學研究中也與其他思想研究一樣，循著校勘、考據、注疏與詮釋的路徑發展。隨著哲學研究方法的近代化，墨學研究方法也向近代轉向，極大地豐富了墨學研究的內容。但是，從墨學研究史來看，

從梁啟超、章太炎到胡適，再到馮友蘭、郭沫若、侯外廬，墨學研究方法上雖然不斷更新，是墨學研究的現代展開，但都沒有能夠推動墨學創造性轉化。墨學研究的現代展開，事實上是墨學與世界思想的對話與交流，並在對話中不斷發展。墨學研究的現代展開，就是使用新的方法研究墨子文本與思想，與世界思想交流融通，實現墨學飛躍式發展，使得墨學走向世界。

三、章、胡關於《墨經》校勘之爭

章太炎、胡適關於墨學研究之爭是近代墨學史上一件饒有意味的學術爭論。爭論發端於 1923 年 11 月，上海的《新聞報》刊載章士釗的文章《墨學談》。章士釗是對墨學、特別是墨家邏輯很有研究的學者。由於學術方法相近，章士釗在《墨學談》中推許章太炎的墨學研究，而批評胡適在《墨經》研究上的失誤：「《經》曰：『辯，爭彼也』。爭彼一義，墨學之骨幹，而亦吾名學全部之骨幹也」。「適之獨謂彼為誤字，以《廣韻》引《論語》子西彼哉為例，而彼與駁通，爭彼猶言爭駁。試思《墨經》一義何等矜貴，以此種語贅歸之，豈非陷全經於無意義？」〔註17〕章士釗的文章獲得了章太炎的響應，他在給章士釗的信中也批評胡適校釋之誤：「至適之以爭彼為爭彼，徒成辭費，此未知說諸子之法與說經有異（《說文》詖字本訓辯論。假令以訓詁說經，則云辯爭詖也，自可成義。然《墨經》非《爾雅》之流專名訓詁者比。以此為說，乃成贅語爾），蓋所失非獨無端爾。」〔註18〕章太炎在響應中不僅直陳胡適校釋的錯誤，而且從方法上談到胡適致錯的原因。以講求方法著稱的胡適當然不服，他並不直接回應章士釗辯論「爭彼」的校釋問題，而是在給章士釗的信中就章太炎提到的治經、子方法問題提出商榷：

> 太炎先生說我「未知說諸子之法與說經有異」，我是淺學之人，實在不知說諸子之法與說經有何異點。我只曉得經與子同為古書，治之之法只有一途，即是用校勘學與訓詁學的方法，以求本子的訂正與古義的考訂，此義在高郵王氏父子及俞曲園、孫仲容諸老輩的書中都很明白。試問《讀書雜志》與《經義述聞》，《群經平議》與《諸子平議》，在治學方法上有什麼不同？〔註19〕

〔註17〕章士釗：《墨學談》。見《章士釗全集》第四冊。上海：文匯出版社 2000 年版，第 273～274 頁。
〔註18〕《胡適文集》（三），第 138 頁。
〔註19〕《胡適文集》（三），第 138 頁。

　　胡適的回信把本來是討論《墨經》校勘問題的學術爭論，引向了討論治經學與子學方法問題的學術爭論。被梁啓超譽為「清學殿軍」的胡適從考據學的方法談起，把經書與子書看成同等的材料，強調校勘、訓詁這些基礎性的工作的重要性。並援引清代學術大師王念孫、王引之、俞樾、孫詒讓等治學方法作為自己的後援。章太炎也推崇古文經學，在學術上與俞樾、孫詒讓有著師徒傳承的關係，胡適此舉意在使章太炎陷於一種尷尬的境地。不久，章太炎就在給章士釗的信中作了回應，指出：

> 按校勘訓詁，以治經治諸子，特最初門徑然也。經多陳事實；諸子多明義理（此就大略言之，經中《周易》亦明義理，諸子中管、荀亦陳事實，然諸子專言事實，不及義理者絕少）。治此二部書者，自校勘訓詁而後，即不得不各有所主。此其術有不同者。故賈馬不能理諸子，而郭象、張湛不能治經。若王、俞兩先生，則暫為初步而已耳。〔註20〕

　　章太炎在信中肯定了治經與治子在最初途徑上有相通之處，但由於經書與子書在表達形式及內容上有不同之處，校勘以後便各有分途，從而研治經書與研治子書要區別對待。他直言不諱，指出王念孫、俞樾在治子上只是初入門徑。章太炎的評價反映了章氏信守的一個學術觀念問題，他是古文經學家，持「六經皆史」的學術觀念，說經之學，在於發明歷史真相，是「客觀之學」，講求實事求是。而諸子之學，在於陳說人生奧義，尋求義理，乃「主觀之學」。清代學者研治子學多局限與校勘訓詁，而與義理幾乎不涉及，由此不難理解章太炎所說的「初步而已」的含義。章太炎唯恐自己所說的還不清楚，他進一步解釋為什麼說胡適在《墨經》訓釋上是錯誤的：

> 經過陳事實，其文時有重贅；傳記申經，則其類尤眾，說者亦就為重贅可也。諸子多明義理，有時下義簡貴，或不可增損一字；而《墨辯》尤精審，則不的更有重贅之語。……訓詁之術，略有三途：一曰直訓，二曰語根，三曰界說。如《說文》云，「元，始也」，此直訓也，與翻譯殆無異。又云，「天，巔也」，此語根也，明天之得語由巔而來。又云，「吏，治人者也」，此界說也，於吏字之義，外延內容，期於無增減而後已。……其在墨辯者，則專用界說，而

―――――――――――――
〔註20〕章太炎：《章太炎全集》第十六卷。上海人民出版社 2014 年版，第 1035 頁。

直訓與語根，皆所不用。〔註21〕

按章太炎的說法，《墨經》是子書，語言簡練，不可能重贅，把「爭彼也」校釋為「爭彼也」，語義重複，不符合子書通則，《墨經》訓詁不能採取「直訓」和「語根」兩種方式，只能採取「界說」的方式。「爭彼也」的「彼」字在這裡另有意義。

這裡還關涉到另一個問題，即章太炎對整個中國學術史的考察評價問題。章氏本人雖然是古文學家，但他在治學上不再恪守漢學家的老路子，於校勘訓詁之外，更提倡義理之學，這也是章氏本人不僅是近代的學術大師，而且能夠成為在近代哲學上有較大貢獻的學者的原因之一。正因為如此，胡適才說「到章太炎方才於校勘訓詁的諸子學之外，別出一種有條理系統的諸子學」〔註22〕。在清代學者中，大多以校勘訓詁而名世，因義理而名世者實不多見。清代與校勘、考據學功績甚大，章太炎在《漢學論》中也評價甚高：「清時之言漢學，明故訓，甄制度，使三禮辨秩，群經文曲得大通，為功固不細。」〔註23〕但章氏並不因此就肯定清代學者的整個學術成就，他在同一篇文章中又說：「文有今古，而學無漢晉，清世經說所以未大就者，以牽於漢學之名，蔑魏晉使不得齒列。」〔註24〕章氏批評清代學者拘守門戶之見，而使義理之學得不到發展。這或許就是章氏推崇戴震的意義，因為戴震是清代在哲學上富有成就的學者，他的《孟子字義疏證》《原善》等著作奠定了他在哲學史上的地位。章氏上面所說的「賈馬不能理諸子，而郭象、張湛不能治經」實際上也關涉到章氏對學術史的認識，賈逵、馬融以校勘考據學而成為一代經師，郭象、張湛代表的魏晉之學卻以義理見長。

章太炎在致《國粹學報》的信中說：「蓋學問以語言為本質，故音韻訓詁其管龠也；以真理為歸宿，故周秦諸子其堂奧也。」〔註25〕再回到章太炎對胡適的批評，章氏以為不能夠用「釋名物」，而應該用「求真理」的態度來治《墨子》。這樣，就不難理解章氏為何批評胡適了。

但並不能由此就說明章氏對胡適的批評是正確的。明末清初的思想家傅

〔註21〕 章太炎：《章太炎全集》第十六卷。上海人民出版社 2014 年版，第 1035～1036 頁。

〔註22〕 《中國古代哲學史》，《胡適文集》（六）。

〔註23〕 《章太炎全集》第八卷。第 1 頁。

〔註24〕 《章太炎全集》第八卷。第 4 頁。

〔註25〕 《章太炎全集》第十五卷，第 328 頁。

山就曾說:「經子之爭亦末矣!只因儒者知六經之名,遂以為子不如經之尊。習見之鄙可見。」「孔子、孟子不稱為孔經、孟經,而必曰孔子、孟子者,可見有子而後有作經者也。」〔註26〕在傅山那裏,本來沒有經與子之別,只是後來的儒者強加上去的。馮友蘭在其兩卷本《中國哲學史》中也把先秦學術稱為「子學時代」。胡適是受過近代學術訓練的人,特別是受過西方哲學的訓練,又有漢學根底,在他看來,經與子只不過是學術研究的材料,因而治經與治子不應該有方法的差異:

> 至於治古書之法,無論治經治子,要皆當以校勘訓詁之法為初步。校勘已審,然後本子可讀;本子可讀,然後訓詁可明;訓詁明,然後義理可定。但做校勘訓詁的工夫,而不求義理學說之貫通,此太炎先生所以譏王、俞諸先生「暫為初步而已」。然義理不根據於校勘訓詁,亦正宋、明治經之儒所以見譏於清代經師。兩者之失正同。〔註27〕

胡適的反駁正好說明了章氏學術上的門戶之見,也說明了兩代人在治學方法上的差異。章氏是經由傳統走向近代的學者,在學方法也在傳統與近代之間。胡適則在治學上已經完全不受傳統方法的制約,即便深受傳統治學方法影響,但已經把傳統漢學方法與現代科學方法結合起來。難怪欒調甫先生也為胡適鳴不平:「太炎論適之校誤不為無見,而謂適之不知說諸子之法與說經有異,則不免興至溢言,初不思及治古書之法,何以經子有異。」〔註28〕我同意欒調甫的觀點,胡適在校釋上確有錯誤。孫中原在校勘《墨經》時認為:彼是《墨經》常用邏輯變項,指代任一事物、屬性、詞項或論題。根據此條定義,「爭彼」意為爭論一對矛盾命題的是非。〔註29〕

章太炎、胡適關於《墨經》校勘之爭的意義不在於《墨經》問題本身,事實上,由於《墨經》長期缺乏研究,錯漏很多,校勘與義理分歧是一種正常現象。章太炎、胡適關於《墨經》的爭論問題的根本是墨學研究方法的分歧,章、胡的學術論爭把方法問題呈現出來,有利於墨學研究的近代展開。

〔註26〕傅山:《霜紅龕集・雜記三》。山西人民出版社 1985 年版,第 1066 頁。
〔註27〕《胡適文集》(三)第 140 頁。
〔註28〕欒調甫:《墨子研究論文集》,第 27 頁。
〔註29〕譚家健、孫中原:《墨子今注今譯》。北京:商務印書館 2009 年版,第 266 頁。

結　語

　　儒墨「俱道堯舜，而取捨不同」(《韓非子‧顯學》)，並稱顯學，而結果反
差巨大。儒學在漫長的中國思想傳統中顯榮了兩千多年，有意思的是，儒學顯
榮的時間中，墨學是冷寂的。如果說先秦墨學是墨學發展的第一階段，那麼，
其後漫長的時間中，墨學的發展始終沒有跳脫第一階段，影響力遠遠不及第一
階段。近代以降，內因外緣的綜合，墨學獲得新的發展，即墨學的近代展開，
可以看成是墨學發展的第二階段。在此階段，文本的考訂、義理的貫通，都取
得了巨大的成就，但跨越式發展沒有實現。考察近代墨學研究的歷史進程，可
以得出下述結論：

　　一、近代墨學復興是社會、政治、文化等諸多因素作用的結果，也是墨學
自身因素作用的結果。乾嘉時期，由於校勘經書的需要，當時學者開始校勘《墨
子》，文本的整理，為其後的墨學研究奠定了基礎。鴉片戰爭以後，西方的科
技、文化開始傳播到中國。或由於宣傳西學的需要，或出於盲目自尊的文化心
理，一時間，「西學中源」說甚為流行，鼓吹「西學中源」說中最重要的一個
觀點便是「西學源出於《墨子》」。不管這種觀點的正確與否，「西學中源」說
促進了墨學研究，特別是《墨經》的整理。甲午戰爭以後，亡國滅種的危機擺
在中華民族面前，人們開始尋找一種新的精神力量，墨學「赴湯蹈火」、「死不
旋踵」的勇於自我犧牲的精神契合了時代的需要，這種需要也促進了墨學研
究。新文化運動期間，傳統儒學受到了猛烈的批判，作為底層文化的墨學日益
受到重視，特別是有些新文化人試圖用墨學作為嫁接西方文化的基點，力圖創
造一種新的文化系統。新文化運動期間，墨學已經擺脫了儒學的束縛。可以說，

墨學真正復活了。

二、孫詒讓的墨學研究是近代墨學研究中一個重要的環節。他的《墨子閒詁》總結了有清一代墨學研究，成為一部集大成式的著作，在近代墨學發展史上有里程碑的性質。孫氏的墨學研究沿著乾嘉學者的治學道路，並進一步擴大其校勘、訓詁的範圍，在校勘訓詁中閃爍著義理的光輝。但是，孫氏的墨學研究沒有走出儒學中心的影響，這首先表現在他對墨家思想學說的發掘不足；其次好表現在對墨學的評價上，他只是讚揚其實行的精神。梁啟超說「近代墨學復活，全由此書導之」，但不能認為到了孫詒讓墨學便復活了。孫詒讓的墨學研究標誌著傳統墨學研究的終結。

三、梁啟超、章太炎的墨學研究是近代墨學研究進程的中間環節。梁啟超的《子墨子學說》和《墨子之論理學》開創了近代墨家思想學說研究的先河。梁啟超墨學研究的近代意義是以進化論為理論指導，以「新史學」方法，把墨學作為先秦思想的一個環節來考察研究。但由於其自身的局限，他用西方近代社會學說來比附墨學，而沒有能夠把西方近代社會學說化作方法自覺地運用於墨學研究，對墨學作理性的省察。他沒有能夠完成墨學研究方法論的近代化。章太炎的墨學研究重在對墨學的近代詮釋，「以西學附益中學」，因而，也沒有能夠把西方近代學說內化為墨學研究的方法論。梁、章的墨學研究在運用近代西方學說上並不一樣，但他們的研究都是墨學研究近代化進程的中間環節。

四、胡適完成了墨學研究方法論的近代轉化。胡適的墨學研究是試圖把墨學作為嫁接西方文化的基點，創建一個新的文化系統。他是講求方法的學者，這是他一生學術研究的突出特點。在墨學研究上，他以西方哲學為參照系統，以實驗主義為方法，從先秦學術這個系統中來綜合考察墨學，表現了方法論上的自覺。他的墨學研究標誌著墨學研究新範式的確立。

五、郭沫若、侯外廬都是在唯物史觀的指導下從事墨學研究。他們都是從社會存在決定社會意識出發，在先秦思想體系中，從儒、墨比較出發來考察研究墨學。但由於他們在具體研究方法上的不同，對墨學的評判大相徑庭。郭沫若的墨學研究以「人民本位」，受意識形態的影響，其論斷主觀性較大，在評價上不可避免有所偏頗，因而學理性的考察不足，學術價值也受到限制。侯外廬從社會史角度切入，把社會史與思想史結合起來考察研究墨學，更多是用理性的眼光考察墨學，意識形態的影響要弱得多，因而對墨學的評價也公允得

多。他們的墨學研究表現了墨學研究領域指導思想和方法論的多元化。

六、近代墨學發展進程是墨學研究近代化的進程，表現在墨學研究方法的近代化。從方法論上考察孫詒讓、梁啟超、章太炎、胡適墨學研究，孫詒讓的墨學研究標誌著古典方法研究墨學的終結，梁啟超、章太炎的墨學研究是近代轉化的中間環節，胡適的墨學研究標誌著墨學研究方法論的近代化已經基本完成和新範式的確立。從近代墨學研究方法論的轉化中也可以管窺中國哲學史方法論的近代轉化。

七、近代社會變化動盪，救亡啟蒙交相為用，反映在墨學研究上，雖然研究成果蔚為壯觀，成就巨大，但也有一個明顯的缺點，即對墨學自身的理性省察相對不足，從而限制了墨學的發展和墨學研究的深化。

「學術研究的最重要的任務是開拓認識真理的道路，揭發前人尚未發現的真理。」[1]墨學是中華優秀傳統文化的一個重要的組成部分，是中華文化的源頭之一，研究墨學當然要發掘其中有價值的成分。我們今天雖不提倡學術研究「通經致用」，但學術研究的成果客觀上屬於全社會的成果，必然為當今社會的文化、經濟建設所借鑒。通過對近代墨學的考察，我們可以汲取其經驗和教訓，更好地研究墨學，發掘其中合理因素，在當今的社會不無參考借鑒價值。墨學的近代展開，在對先秦墨學的超越上沒有成為現實，留下了艱巨的歷史任務。當代有學者提出新墨學，新墨學之「新」，我的理解是墨學的再造，墨學的再造，首先是對墨學基本範疇的創造性詮釋，對墨學思想理論體系的系統化。其次，墨學再造的文化背景不僅僅是中華傳統的，也是世界的。墨學的創造性詮釋，理論系統化都離不開現代世界學理與世界文明的背景。再次，墨學從產生的那一刻起就是關懷社會的，墨學再造不僅僅是思想理論的新構建，也要發揮墨學的社會關懷精神，回應現實社會所面臨的新問題。因此，從內容內說，墨學的再造，一方面是思想理論的創新與系統化，另一方面是墨學理論關切社會現實，為世界發展提供思想資源。

1　張岱年：《國學叢書序》。見孫中原《墨學通論》。

附錄　大乘佛學視域下的墨耶比較研究——以張純一《墨學與景教》為例

摘要：

　　在近代墨學研究史上，張純一《墨學與景教》具有重要地位，在該書中，張氏視墨學為宗教，以「標宗」與「立教」作為全書綱目，從而確定作為宗教的墨學的「體」與「用」。天志為作為宗教的墨學之「體」，「兼愛」「非攻」等十八個教相是墨學之「用」。從體與用兩個方面比較融通墨學與基督教，認為就宗體說，墨學與基督教相近，墨家的天志與基督教的上帝相切近。但就教相來說，墨學不如基督教思想陳義精深。在具體的比較研究中，張氏以墨學和基督教作為比較研究的對象，把「標宗」與「立教」作為比較研究的公共域，以自己信仰的大乘佛學作為比較研究的公共標準，在墨耶比較中滲透著他的佛化基督教思想。張氏的研究是近代墨耶對話交流的重要成果，豐富了近代墨學研究的內容，擴展了中西文化交流的領域。必須指出，張氏的墨耶對話更多關注的是觀念的表象，對觀念的深層次分析與構建則比較罕見。墨耶有切近的倫理思想，墨耶溝通交流有利於墨學思想的現代建構和墨學的近代轉化，這有待後人去實現。

關鍵詞：墨學、基督教、比較、公共標準、公共域

　　在近代墨學史上，張純一是位頗具特色的墨學專家，不因為其《〈墨子閒詁〉箋》對孫詒讓《墨子閒詁》的部分修正，《墨子集解》對墨學詮釋的貢獻，而因為他的《墨學與景教》。在這部文字不多的墨學研究著作中，他以自己對

大乘佛教的理解與信仰作為精神依託，比較融通墨學與基督教，在墨學研究史
上留下深深的印記。

一、張純一早年的思想轉向

張純一是現代思想史上極具複雜性的學者，其學術研究涉略面頗為廣泛，
大凡近代學術思想史上影響較大的思想與學術均有所及，如諸子學、基督教思
想、佛教思想等諸多方面，並且留下了較為厚重的著作，尤其是在諸子學研究
領域，《墨子集解》《〈墨子閒詁〉箋》《晏子春秋校注》《老子通釋》等在相關
領域均有一定的影響。張氏思想歷程有兩次大的轉向，由中國傳統讀書人成為
基督教徒學者，這是其第一次思想轉向。再由基督徒學者轉向援耶入佛的以佛
教為底色的學者，這是第二次轉向。

張純一於 1871 年生於湖北漢陽縣（今屬武漢市），字仲如，法號覺義、證
理。張氏早年中秀才，據此可以推想他受過良好的中式傳統教育。如果不是西
方政治與文化的強勢侵入打斷了中國讀書人的晉升階梯，張氏也許會成為中
國傳統知識人或士大夫。受甲午中日戰爭的影響，傳統知識人的家國情懷在張
氏的生命中被激發，進而轉生維新思想，並由中國傳統知識人轉向基督教信仰
及其研究。在他 1917 年所著的《述歸命基督之由及對教會之觀念》〔註1〕一
文中有詳盡的敘述。甲午後張氏開始涉略西學，並接觸到基督教思想。〔註2〕
但此時的張純一依然專注於中國傳統諸子思想。此後數年，即 1903～1904 年
的兩年時間，張純一密切接觸基督教，並受洗成為基督徒。催生張純一成為基
督徒的原因，一方面固然是他認為基督教思想與中國傳統的佛老諸子思想道
通為一；另一方面，依然是中國傳統思想的家國情懷，藉由宗教改變國民性。
他在〈述歸命基督之由及對教會之觀念〉一文中說：「其甘服眾役，不惜犧牲
以利他，即醫吾國自私之良藥。況湯武革命，皆自日新其德始。……乃受洗禮
於聖公會，以欲革新國家，非先自痛除身心之污染不可。」〔註3〕至辛亥革命

〔註1〕 參見何卓恩編《殷子衡張純一合集》（武漢：華中師範大學出版社，2011），頁
101～106。

〔註2〕 張純一在〈述歸命基督之由及對教會之觀念〉中說：「甲午後，國人具遠識者，
汲汲惟新是圖，余亦頓購新譯西籍閱之，間涉及基督教，不關心也。時肄業書
院或學堂，皆難滿吾志，恒治宋學，百家書，尤好周秦諸子，以能各樹一幟也。」
見何卓恩編《殷子衡張純一合集》，頁 101。

〔註3〕 何卓恩編，《殷子衡張純一合集》（武漢：華中師範你大學出版社，2011），頁
102。

前，張純一對基督教的信仰更加堅定。〔註4〕

　　辛亥革命後，張純一思想開始轉向基督教思想與中國傳統思想的會通，尤其是佛教思想與基督教思想的會通，藉此發揚基督教思想。他說：

　　惟弘宣基督教，則製造無量數堯舜華盛頓之大工廠也。因此對政治之希望亦窮，而研究基督教理之心愈加切矣。……僅據儒教發揮，總屬皮相，爰取佛經數種讀之，頗覺吻合者多，更即新約對照，乃益知宗教之真因復潛心大乘經藏，時即新約互證，竊歎三藏教典，皆我基督真正注腳。世界各教足與基督教真正抗衡者，厥惟佛教。佛則極其博，基督極其約，惟博則方便多門，學者難得要領，……惟約故真切簡易，無論婦孺，皆可由認罪改過，達天合天。〔註5〕

　　可以推斷，張氏此時的思想處於援佛入耶階段，一方面信仰基督教，另一方面，對當時的基督教現狀多有批評，他說：「獨是今日之基督教，多不足以弘宣基督教，無可為諱，大抵得少為足，穿鑿誤解，執迷當悟，隘陋寡聞，去真正之基督教，不可以道里計。」〔註6〕

　　大約1920年前後，張純一的思想再次發生轉向，即由援佛入耶的基督徒而為援基督教思想於中學的佛教徒。〔註7〕究其原因，與張純一早年的教養有關，也與他一貫對基督教的態度有關。1920年前後，張純一對基督教的批評越來越多，〔註8〕體現在他的《課餘覺悟》與《仲如先生演講錄》中，其思想信仰由基督徒而轉為佛教徒，並皈依佛教。從而實現其生命前期的思想轉向。他的《墨學與景教》就是在這樣的思想背景下的著作。

二、《墨學與景教》研究內容

　　作為宗教的景教，原來是指唐代（公元635年）正式傳入中國的羅馬天主

〔註4〕1908年，張純一在〈述歸命基督之由及對教會之觀念〉中說：「餘則私幸基督之真理有憑，而信仰加篤。」見何卓恩編《殷子衡張純一合集》，頁103。

〔註5〕張純一，〈述歸命基督之由及對教會之觀念〉，見《殷子衡張純一合集》，頁104。

〔註6〕張純一，〈述歸命基督叫之由及對教會之觀念〉。見何卓恩編《殷子衡張純一合集》，頁105。

〔註7〕據蘇遠泰研究，張純一援耶入佛的思想轉向發生在1920年前後。參見蘇遠泰著《張純一的佛化基督教神學》（香港：漢語基督教文化研究所，2007）。但1918年，張純一在《東方雜誌》發表《基督教與佛教》，1919年，發表《基督教與道家》仍然可以看出他對基督教的信仰的堅定。據此，張純一改宗佛教信仰應該在1920年之後。

〔註8〕《課餘覺悟》是張氏課外演講錄，由學生輯錄而成。參見蘇遠泰著《張純一的佛化基督教神學》，頁98。

教的一個帶有異端色彩的派別聶斯托爾派（Nestorianism）。至明代，景教與天主教名稱並用是一種風氣。〔註9〕近代中國較少用景教來指稱基督教。張純一不用基督教而用景教這個歷史稱謂，與他的文化態度有關，他在1916年答友人的書信中曾說：

至云景教，係基督教中以別派，非正宗，弟不過問。只以景字取義甚妙，《說文》景從日京聲。日字釋名釋天，光明盛實也。京字具極大義，《左傳》莫與之京，又絕高義。《爾雅》釋邱，絕高謂之京。又至多義，千萬曰京。日與京合為景，又有信仰義，希望義。《詩》高山仰止景行行止，疏，有遠大之行者，則法而行之，亦有大義，福德義。詩介爾景福，《史記》景星者，德星也，常出於有道之國，有光曜不斷義。《說文》，光也。《文選·西京賦》，流星曜之韓曄，禮斗威儀云，雲氣光明為景雲。《白虎通·封禪》，景星者，大星也，月或不見。景星常見，可以夜作，有益於人民也。又《周書·諡法》，耆意大慮曰景，布義行剛曰景，由義而濟曰景。《獨斷》云，致志大圖曰景，頗符合基督教義，且人心尊古，正宜利用。若隨俗稱耶教，殊欠典雅。〔註10〕

現代學者朱謙之在《中國景教》一書中開始便表明，用景教作稱謂，意思是「Luminous Religion」，直譯即光明的宗教，明代學者李之藻在《讀景教碑書後》說「景者大也，照也，光明也。」〔註11〕張氏以景教稱謂基督宗教的解釋也許受到了李之藻等人影響。

墨學與景教，本來無關涉。一為東方思想，另一為西方宗教。但張純一認為，「時地相隔，而其妙解勝行，幾無不酷肖，冥符佛老者不少，蓋皆一真性體自然流露，無足異也。」〔註12〕張純一視墨學為宗教，在《墨學與景教》一書中，張氏從「體」與「用」來詮釋墨學是一個完整的宗教體系。所謂的體用，是中國思想史一對重要的範疇，歷經演變，用現代哲學來詮釋，「體」近似於

〔註9〕　朱謙之，《中國景教》（北京：商務印書館，2014），頁1～10。

〔註10〕　張純一，〈答殷勤道·其三〉，見《殷子衡張純一合集》，頁165～166。張氏不用民國時通行的基督教之名，而用景教，顯然在文化上受了李之藻等人影響。參見注釋9。

〔註11〕　朱謙之，《中國景教》（北京：商務印書館，2014），頁2。

〔註12〕　張純一，《墨學與景教》，見《墨子大全》第28冊（北京：北京圖書館出版社，2003），頁719。（臺北文史哲出版社1993年版《墨子集解》附錄部分也收錄《墨學與景教》，但內容比《墨子大全》本簡略，《墨子大全》本根據1923年作者自印本影印，故本文所引《墨學與景教》內容均以《墨子大全》本為依據。作者注。）

本體，「用」近似於本體的外顯或作用。作為一個宗教體系的墨學，張氏用「標宗」與「立教」來說明墨學的「體」與「用」，所謂的「標宗」即是墨學之體，「立教」即墨學之用。

《墨學與景教》大綱如下：

一、標宗

 （1）墨家之天志即景教之天父上帝

 （2）墨家之明鬼即景教之靈魂不滅

 （3）墨家之兼即景教之靈魂無所不在

二、立教

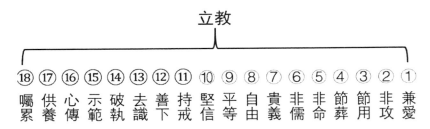

張純一認為，作為宗教的墨學，其宗教之體是「天志」，近似於基督教的「上帝」，「心也，天也，帝也，本無彼此內外之分，名異而實一也。」〔註13〕墨家的「天志」與基督教的上帝，只是名稱表達上的不同，其內涵是一致的。接著，張氏從三個方面做了具體的說明：

一是墨家之天志即景教之天父上帝。「天志」是墨學核心思想之一，張氏從十個方面比較論證墨家之天與基督教之上帝相印證：即天體大而無邊、天體無幽不潛、天為萬有之源、天兼愛天下、天至尊無上、天至仁可法、大地人類盡屬天有一切平等、天之權力無限賞罰至公、天富好生之德不容人或相殺、人當如何配天。在上述十個方面中，最為根本的是天為萬有之源、至尊無上。在基督教，上帝是創造者，是萬有之源，至尊無上，這不成問題，在墨學，張氏舉〈天志中〉的一段文字：「且吾所以知天之愛民之厚者，有矣。曰：以磨為日月星辰，以昭道之；制為四時春秋冬夏，以紀綱之；雷降雪霜雨露，以長遂五穀絲麻，使民得而財利之；列為山川溪谷，播賦百事，以臨司民之善否；為王公侯伯，使之賞賢而罰暴，賊金木鳥獸，從事乎五穀絲麻，以為民衣食之財。」以此證明墨家之天同樣是創造者，愛護萬民，至

〔註13〕張純一，《墨學與景教》，見《墨子大全》第 28 冊，頁 720。

尊無上。

二是墨家之明鬼即景教之靈魂不滅。靈魂不滅是基督教的本質特徵之一，藉此，人們可以通過信仰上帝回歸上帝的懷抱。「明鬼」是墨學十論之一，墨家的鬼神究竟指什麼？張氏指出，墨家的鬼神「或指天言，或屬山川言，或就人言。」〔註14〕墨家之鬼神無處不在，「鬼神天使名言不同，其通天人於一氣同也。」〔註15〕張氏認為，《墨子》引《詩經》證明靈魂不滅，《墨子·明鬼》有言：「《大雅》曰：『文王在上，於昭于天。周雖舊邦，其命維新。有周不顯，帝命不時。文王陟降，在帝左右。穆穆文王，令問不已。』若鬼神無有，則文王既死，彼豈能在帝之左右哉？」

三是墨家之兼即景教之靈魂無所不在。兼愛是墨家倫理學的根本觀念，「兼」是全體的、普遍的意思。張氏引《墨子·經下》「無窮不害兼」說明靈魂無所不在。「墨家言天、言鬼神、言兼與景教所謂聖父聖子聖靈三位一體說符合。」〔註16〕

至於宗教之用，張氏稱作「立教」，有十八個教相。所謂的「教相」是佛教術語，本意是佛陀一代所說教法。張氏藉此來稱呼作為宗教的墨學的基本教義，一共列舉十八項教相。其中兼愛、非攻、節用、節葬、非命屬於我們通常所說的「墨學十論」內容，「貴義」是墨學的價值論，「非儒」是墨家的文化梯度，自由、平等則以基督教視角來比較墨學。「堅信」之後的八項內容均為用佛教術語來詮釋墨學思想。

張氏認為，兼愛是作為宗教的墨學的根本要義，「墨景二聖俱已理事障盡，泯絕人相我相，故匯萬別於一兼。」〔註17〕張氏對兼愛著墨最多，從九個方面詮釋兼愛，內容涉及兼愛的必要性、兼愛的神性、兼愛的方法、兼愛的效用等多方面。至於非攻，則是兼愛的結果，因為兼愛，所以反對不正義的戰爭。墨學與基督教均反對不正義的戰爭，方式有別。至於節用，張氏認為，「墨家節用，淺者以為為社會理財，均貧富而已，孰知實與兼愛相表裏。」〔註18〕墨學與基督教均注重節葬，「二家薄喪葬以利天下同」〔註19〕。關於

〔註14〕張純一，《墨學與景教》，見《墨子大全》第 28 冊，頁 734。
〔註15〕張純一，《墨學與景教》，見《墨子大全》第 28 冊，頁 734。
〔註16〕張純一，《墨學與景教》，見《墨子大全》第 28 冊，頁 737。
〔註17〕張純一，《墨學與景教》，見《墨子大全》第 28 冊，頁 737。
〔註18〕張純一，《墨學與景教》，見《墨子大全》第 28 冊，頁 751。
〔註19〕張純一，《墨學與景教》，見《墨子大全》第 28 冊，頁 752。

非命：「墨景二聖均務掃除社會迷信，以命由己立，宜大造就，不可委心任運。」〔註20〕

　　儒墨相訾相非，非儒是墨家的文化態度，張氏說：「墨景二聖實行平等兼愛，改造社會，以文儒習偽，最為真理之障，故非之。」〔註21〕

　　《墨子・貴義》篇有言：「萬事莫貴於義」，貴義反映墨家的價值論。張氏說：墨景「身貴於天下，義貴於身同」〔註22〕。

　　自由、平等之觀念源於西方思想史，中國思想史上缺乏與西方觀念內涵切近的政治學意義上的自由、平等概念，這也是一些學者認為，中國不能產生近代化的民主制度的主要原因。不過，張氏以基督教思想有自由、平等觀念為參照系統，認為墨家思想也有與基督教思想極為相近的自由觀念。他在論證墨家有自由思想時說：

　　墨教無自由之名，然確有自由之實，如非攻，即非攻者之侵人自由也，備城門等守圍法，所以保護自由也。鉅子孟勝死荊陽城君之難，弟子從死者百八十三人，正所謂不自由毋寧死，申自由大義於天下也。腹　之子殺人秦王令吏弗誅，卒行墨法殺之，是尊重他人自由之極行也。蓋自由者，天人一兼之產物，與平等一而二，二而一者也。〔註23〕

　　至於平等，張氏認為「大地人類盡屬天有，一切平等」。墨子反對大國侵略小國，大家掠奪小家；「不黨父兄，不偏富貴」〔註24〕都體現了基督教所說的平等精神。

　　從「堅信」至「囑累」九項，張氏以運用佛教術語來比較墨學與基督教。「堅信」是屬於信仰範疇，是一切宗教得以成立的根本。《墨子》「吾言足用矣，捨言革思者，是猶捨獲而攈粟也。」〔註25〕用比喻的說法，表明墨教的教義囊括一切，猶如基督教「天地可廢，吾言不可廢」，弟子或教徒要堅定信仰。

　　「去識」與「破執」是一對相關的佛教範疇，密切相關。佛教認為，大千

〔註20〕張純一，《墨學與景教》，見《墨子大全》第 28 冊，頁 754。
〔註21〕張純一，《墨學與景教》，見《墨子大全》第 28 冊，頁 756。
〔註22〕張純一，《墨學與景教》，見《墨子大全》第 28 冊，頁 756。
〔註23〕張純一，《墨學與景教》，見《墨子大全》第 28 冊，頁 757。
〔註24〕《墨子・尚賢中》。本文所引《墨子》均以孫詒讓《墨子閒詁》（北京：中華書局，2001）為依據。
〔註25〕《墨子・貴義》。

世界由業識構成，受因緣支配，是緣起緣滅的，唯有破除執著，轉識成智，領悟佛教所說的真理，才能解脫或者涅槃。

張氏認為，《墨子》所言的「六辟」，即人們不正當的情感欲望妨礙人們成為墨家所說的「聖人」，如同佛教因為人們的「無明」，導致人們在生死輪迴的苦海裏掙扎，不得解脫。因此，要做到「默則思，言則誨，動則事，使三者代御，必為聖人」〔註26〕。在日常的思想與行為中，做到破「名相執」「貪著執」「見取執」「生死執」「人我執」五種「執」。《墨子》於此均有論述。在破除名相執著中，張氏舉《墨子・經下》「可無也，有之而不可去，說在嘗然」條，以及《聖經・約翰傳》內容，說明人們在生活中執著名相是錯誤的。至於「貪著執」，佛教認為貪嗔癡是「三毒」，張氏舉《墨子・大取》「利之中取大，害之中取小也」，以及《聖經・馬太福音》「爾欲盡善，往售所有以濟貧」，表明墨學與基督教均有類似於佛教的破除貪著思想。至於見取執，張氏援引《墨子・公孟篇》墨子與公孟子的對話，認為公孟子執去外在的行為與言論，墨子批評公孟子的行為執取現象。至於生死，是人生大問題，張氏認為《墨子・大取》：「死生利若一，無擇也。殺一人以存天下，非『殺人』以利天下也；殺己以存天下，是殺己以利天下。」於此可以看到，張氏認為，墨家的犧牲精神是破生死執。如同《新約・約翰福音》第十二章第二十五節「自愛生命者反喪之，惟於此世自厭惡其生命者，可保之以永生。」關於破人我執，張氏認為《墨子・大取》「天下無人，子墨子之言猶在」的「天下無人」之破除人我執著。如同《新約・約翰福音》第十七章第二十二節：「使彼儕合為一，如父與我為一然。」〔註27〕

示範、心傳、囑累三個範疇是佛教得道者對繼承者的言傳身教與殷殷託付，為宗教綿延所必須。張氏認為，《墨子・尚賢中》引《周頌》「聖人之德，若天之高，若地之普，其有昭於天下也」即是示範。《莊子・天下篇》關於墨子思想即墨學傳授的評價即為心傳。「墨有鉅子，景有使徒，蓋由教主付囑道要，使之積累流佈。」〔註28〕即為囑累。

據以上內容可以看出，張氏的比較研究滲透著佛教義理，貫穿始終。

〔註26〕《墨子・貴義》。

〔註27〕和合本《聖經》：「你所賜給我的榮耀，我已賜給他們，使他們合而為一，像我們合而為一。」

〔註28〕張純一，《墨學與景教》，見《墨子大全》第 28 冊，頁 767。

三、《墨學與景教》研究方法探討

　　近代以降，伴隨著西學的輸入，中國學術研究方法也隨之轉向，在研究中
國傳統思想時，比較研究成為常見的學術方法。從學術史來看，比較研究並非
近代的發明，西漢史學家司馬談《論六家要旨》把儒家、道家、墨家、法家、
名家、陰陽家置於同一公共場域進行比較，就是一種成功的比較。近代西學的
輸入，中西文化交匯碰撞，極大的擴展了比較研究的範圍。《墨學與景教》就
是一種頗為典型的比較研究。作為學術研究方法的比較研究，有其規定性，具
體表現在下述兩個方面：

　　一是比較研究的公共域。一般來說，所謂的比較研究，通常是把兩個靜
態的特定對象作為研究的基本數據進行比較，所研究的對象是客觀的，明確
的，研究者則是主觀的，能動的。但是，要想研究具有價值，而不是隨意的
比附，還必須確立研究的公共域。所謂的比較研究的公共域，即是把比較研
究限定在確定的範圍，使得比較研究對象在同一範圍進行比較研究。墨學內
容宏富，涉及政治學、倫理學、邏輯學、宗教學，甚至自然科學，構成一個
龐大的系統。張氏並不打算就整個墨學體系與基督教思想進行比較研究，而
是對墨學進行預設，即墨學是一個宗教系統，從比較宗教學入手，把墨學與
基督教進行比較，從而論證墨學是一個類似於基督教的完整宗教體系。因此，
在《墨學與景教》著作中，比較研究的對象即墨學與基督教；公共域則是「標
宗」與「立教」，通過「標宗」，確立墨學的宗教性之體，通過「立教」比較，
確立作為宗教的墨學之用。在具體的比較研究中，以墨學十論作為最基本的
範疇與基督教思想相比較。從形式上看，《墨學與景教》是一種非常完備的
比較研究。

　　二是比較研究的公共標準。沒有公共標準的比較研究，就像莊子筆下的
「辯無勝」〔註29〕，公說公有理，婆說婆有理。因此，確立比較研究的公共標
準就顯得尤為重要。在《墨學與景教》中，張氏以自己信仰的大乘佛教作為比

〔註29〕《莊子‧齊物論》有一段關於辯論的文字：「既使我與若辯矣，若勝我，我不
　　　　若勝，若果是也，我果非也邪？我勝若，若不吾勝，我果是也，而果非也邪？
　　　　其或是也，其或非也邪？其俱是也，其俱非也邪？我與若不能相知也，則人固
　　　　受其黮暗。吾誰使正之？使同乎若者正之，既與若同矣，惡能正之？使同乎我
　　　　者正之，既同乎我矣，惡能正之？使異乎我與若者正之，既異乎我與若矣，惡
　　　　能正之？使同乎我與若者正之，既同乎我與若矣，惡能正之？然則我與若與
　　　　人俱不能相知也，而待彼也邪？」

較研究的公共標準，即「判教」〔註30〕依據。張氏於佛教，「功在賢首楞嚴」〔註31〕，即大乘佛教，前文已經申述張氏在 1920 年後從基督教信仰轉向佛教信仰。《墨學與景教》成書於 1923 年，正是他皈依佛教後所著。因此，在研究中以佛教義理作為標準來衡量墨學與基督教的同與異。之所以這樣做，誠如釋顯蔭和尚為該書作序所言：「雖說教之時地不同，然其誘掖化導，慈悲普度之旨，則殊途而同歸。」〔註32〕

與上述比較研究方法要求相對照，張氏《墨學與景教》比較研究彰顯如下特徵：

其一，以基督教作為宗教範式，把墨學與基督教相比附。

《墨子》雖有「天志」觀念，但並沒有明顯的宗教系統。近代學者對墨學是否有宗教性爭議較大，有認為墨學是以「兼愛」為核心的倫理思想體系，所謂的「天志」，只不過是「神道設教」而已〔註33〕。但也有研究者認為，墨學是以「天志」為核心的宗教〔註34〕。姑且不論上述兩種觀點的合理性如何，墨家思想雖然有天鬼觀念，但沒有類似於宗教的信仰系統則是不爭的事實。張氏的研究，實際上是一種比較宗教的嘗試，根據雷蒙·潘尼卡（Raimon Panikkar）觀點，任何宗教間的對話，必然導致參與者內在的宗教對話（intra-religious dialogue），即經過其他宗教的對照和衝擊，參與者自會進行對自身信仰各方面的再評估，甚至改變自身信仰的內涵。〔註35〕張氏站在大乘佛教判教的立場，把自身的宗教信仰與經驗參與到墨學與基督教的比較之中，他從宗教的形式入手，確立比較的體例「標宗」與「立教」，構建墨學的宗教系統，昌明墨學

〔註30〕「判教」乃佛教術語。意思是判定各類經典的意義和地位。隋朝天台宗創始人智顗《妙法蓮華經玄義》卷十：「聖人布教各有歸然，然諸家判教非一。」現代佛教學者呂澂在《中國佛學源流略講》第六講：「辨教就是判教，因為當時的大乘是作為佛教全體中的一員了，就應依判教方法，辨明某一大乘在全體中應該佔有什麼地位。」此處借用「判教」來說明張氏以大乘佛教作為標準乃評判墨學與基督教。

〔註31〕張純一，〈國學簡擇〉，《文教叢刊》第一卷第 3、4 期合刊（1945），頁 1。

〔註32〕釋顯蔭，〈墨學與景教序〉，見《墨子大全》28 冊，頁 709。

〔註33〕章太炎持此觀點，參見解啟揚著《顯學重光：墨學的近代轉化》（北京：中國政法大學出版社，2017）第五章「章太炎的墨學研究」，頁 114。

〔註34〕郭沫若持此觀點，參見解啟揚著《顯學重光：墨學的近代轉化》（北京：中國政法大學出版社，2017）第七章「郭沫若的墨學研究」，頁 145。

〔註35〕賴品超編，《佛耶對話：近代中國佛教與基督宗教的相遇》（北京：宗教文化出版社，2008），頁 14。

的宗教特徵。所運用的方法，就是比較研究，即以基督教的宗教系統為形式，選取墨學的相應內容一一比附。張氏說：「余嘗解說墨子，有宗教一門，見同於基督教，輒比附之。」〔註36〕據此認為，墨家的根本信仰是「天志」，如同基督教的上帝，從而確立作為宗教的墨學的終極信仰對象。對於「天志」的特徵也以基督教上帝的特徵為依歸一一比附。由於中西文化的背景不同，有著巨大的差異性，因此，張氏在具體的比較中往往不免穿鑿附會，如認為墨家的明鬼思想即基督教的靈魂不滅，在基督教思想中，靈魂不滅與信仰息息相關。墨家的明鬼思想顯然是一種經驗主義的認識論，以鬼神的威懾力彰顯墨家的「兼愛」思想的正當性。至於鬼神是否永生，《墨子》並沒有討論。類似這樣的比附在該書中並不少見。

其二，以大乘佛教作為「判教」標準。

張純一認為，「宗教者，所以闡明天理，使天下人心，莫不上契乎天心，團愛力以進群治於上理者也。」〔註37〕於此可以看出張氏對宗教的界定帶有明顯的用世傾向。從早期援佛入耶的基督徒到1920年之後的援耶入佛的佛教徒，張純一醉心於宗教，期以宗教拯救人心。《墨學與景教》成書時的張純一已經皈依佛教，他說：「仆於佛教最契仰者，為華嚴淨土二宗。」〔註38〕張氏的佛學研究主要在於華嚴宗和淨土宗，兼及禪宗。在《墨學與景教》中，張氏把自己理解的佛教作為判教標準，每每在墨學與基督教的相互比附中，再以佛教判別。釋顯蔭和尚在《墨學與景教序》中說：「君以淹博之學識，精密之心思，揭示景墨二家之宗教，明其得失，較其異同，言之有物，如數家珍。且時時引同佛典，益見其高妙。」〔註39〕張氏自己在該書弁言中也有說明：比較墨學與基督教是受蔡元培先生囑託，「茲謹遵而整理之，權衡二家之說，僅舉相適當者，互相發明，以為佛階焉。不佞以墨學不及景教閎深，景教不及佛教圓滿邃密，今非昌明佛法，不足救世間苦難。」〔註40〕試舉諸例說明張氏比較方式：

他在比較墨家天志與基督教上帝時說：

> 天之為體，無間不入。人不能說在此在彼。暗室之中，體膚之
> 內，細極纖塵，莫不充塞。故〈天志中〉篇曰：「若豪之末，非天之

〔註36〕《墨學與景教弁言》，見《墨子大全》第28冊，頁713。
〔註37〕張純一，〈宗教天演合論序〉，見《殷子衡張純一合集》，頁107。
〔註38〕張純一，〈基督教與佛教〉，見《殷子衡張純一合集》。頁169。
〔註39〕《墨子大全》第28冊，頁710。
〔註40〕《墨子大全》第28冊，頁713。

所為也。而民得而利之,則可謂否矣。」使徒行傳曰:「上帝實去吾
人不遠,吾人生存動作胥賴之。」此知二家所見胥同。若以釋氏所
謂三界唯心衡之,則二家均未之聞也。〔註41〕

他在詮釋兼愛時說:

> 景教之言似不及墨書之詳,而言亂自不相愛生,父子不相愛則
> 不慈孝,兄弟不相愛則不和調,人與人不相愛則必相賊,國與國不
> 相愛則必相攻,一也。蓋人因執境迷心,分別取著。故我見熾然,
> 貪嗔橫發。〔註42〕

他在詮釋平等時說:

> 二教均以平等著稱,無庸多贅,惟墨重色身,景教重靈性,立
> 足點各異耳。若佛教則佛菩薩以及胎卵濕化眾生,一切平等,量更
> 宏矣。〔註43〕

類似研究方式貫穿全書始終,不一一列舉。難怪歷史學家陳垣在給張純一
作序時說:「吾友張子仲如,好以佛說談耶理,……所著論,恒援佛入耶。近
出《耶穌基督人子釋義》相示,亦以佛為註腳者也。」〔註44〕張氏自己也從不
諱言,他在後期所著的《老子通釋》中就曾論及自己的諸子學研究,「竊願與
精通老莊墨學者,一以佛法為依歸。」〔註45〕張氏的比較以對舉的方式,再以
大乘佛學判釋,雖然對於融通墨耶有其價值,但牽強附會之處在全書也不少,
茲舉二例說明:

張氏在研究「自由」時,說「墨教無自由之名,然確有自由之實」,並舉
例墨家參與春秋時的保衛戰是「不自由,毋寧死」,墨家鉅子腹 按照墨者之
法處死犯了殺人罪的兒子是尊重他人自由的表現。顯然,張氏的認知有值得商
榷的地方。參與保衛戰與非攻有關,與自由無關,墨家思想中看不出「不自由,
毋寧死」對自由價值的高揚,相反墨家的尚同是對自由的一種貶抑。張氏在談
到「平等」時說「大地人類盡屬天有,一切平等」。墨子反對大國侵略小國,
大家掠奪小家;「不黨父兄,不偏富貴」都體現了基督教所說的平等精神。該
觀點也值得推敲。基督教的平等,基於萬民都是上帝的創造物而平等。墨家的

〔註41〕《墨子大全》第 28 冊,頁 721。
〔註42〕《墨子大全》第 28 冊,頁 738。
〔註43〕《墨子大全》第 28 冊,頁 758。
〔註44〕陳智超編,《陳垣往來書信集》(上海:上海古籍出版社,2010),頁 31～34。
〔註45〕張純一,《老子通釋》(北京:宗教文化出版社,2011),頁 476。

反對侵奪，是兼愛的具體體現。在墨家組織中，強調服從，《莊子·天下篇》
有言：「以鉅子為聖人，皆願為之尸」。墨家的「尚同」也主張層層向上的「同」，
做到「一同天下之義」。

四、結論：《墨學與景教》的學術史價值

近代學術史上一個非常有意思的話題是「西學中源」說，作為其內容之一
是耶教墨源說，即基督教來源於墨家思想，這種自我文化中心的思想觀念，是
對本土文化在文明挑戰中的一種心理失衡的響應。晚清以降，基督教源於墨學
說就不曾斷絕。晚清學人張自牧（1832～1886）說：「其教（指基督教）以煦
煦為仁，頗得墨氏之道。耶穌二大戒：一曰全靈魂，愛爾神主，即明鬼之旨也；
二曰愛而鄰如己，即兼愛之旨也；凡歐羅藝術文字皆著於〈經上〉之篇，以此
知墨為西學鼻祖也。」〔註46〕洋務派思想家薛福成則說：「余嘗考泰西耶穌之
教，其源蓋出自墨子。」〔註47〕維新派思想家黃遵憲說得更為具體：「余考泰
西之學，其源蓋出於墨子。」西學主張人人自主，本之於墨學之「尚同」；西
學獨尊上帝，本之於墨學之「尊天」、「明鬼」；西學倡導博愛，本與墨學之「兼
愛」；西學擅長的器械之學，源出自墨子的備攻、飛鳶之術；西學精通物理，
則本之於《墨經》。〔註48〕

與「耶教墨源」說相對應的另一種說法是站在基督教護教立場上的墨耶比
較，「崇耶以黜墨」〔註49〕。清末民初基督徒學者黃治基（1866～1928）著有
《耶墨衡論》，他在該書的「跋」中講過這樣一個故事：「余憶童時，從師受舉
業。師敬某教士為人，撰句為贈，援墨之兼愛為比。某教士怒，欲興舌戰而報
復焉。余亦私怪吾師既敬其人，何乃相侮若此。」〔註50〕教士從護教立場反對
墨耶相提並論，黃治基作為基督徒身份的學者對教士情感態度認同。黃氏友人
方鮑參（1854～1927）在該書序言中也說：「我國士大夫，閉目不視，掩耳不

〔註46〕〈蠡測卮言〉，見王錫祺編纂《小方壺齋輿地叢鈔》第十五冊（上海：上海著
　　　　易堂鉛印本，1891），頁506。
〔註47〕薛福成，《出使英法意比四國日記》（長沙：嶽麓書社，1985），頁252。
〔註48〕參見黃遵憲《日本國志》卷32（上海：上海古籍出版社，2001）。
〔註49〕吳雷川，《墨翟與耶穌》，見《墨子大全》第五十冊（北京：北京圖書館出版社，
　　　　2003），頁180。
〔註50〕黃治基，《耶墨衡論·跋》（上海：美華書局，1912）。參見黃蕉風《「以墨論耶」
　　　　到「耶墨對話」：墨家與基督教在近代中國的相遇》，鳳凰網「國學」，https://
　　　　guoxue.ifeng.com/a/20181020/60119598_0.shtml。

聽。始以孔教為勝，繼以墨子為東方之耶穌。豈不謬哉！。」〔註51〕另一基督
徒學者張亦鏡（1871～1931），著有《耶墨辨》，主張墨耶相通。但墨與耶有本
質區別，是人與神的區別。〔註52〕

　　與上述兩種墨耶比較不同，近代思想家梁啟超以為「墨家既以天的意志為
衡量一切事物之標準，而極敬虔以事之，因此創為一種宗教，其性質與基督教
最相適近」〔註53〕。梁氏視野開闊，耶墨比較不局限於文化情感。超越「耶教
墨源」與「崇耶以黜墨」。張純一的《墨學與景教》在梁氏文化立場上又有推
進，既跳出了自我文化中心的情結，承認墨學與耶教是發端於東西不同文明，
又不從簡單的護教立場比較墨耶，而是以大乘佛學作為判教標準，因為在張氏
看來，「墨學不及景教閎深，景教不及佛教圓滿邃密」〔註54〕，「基督之教直合
一切大乘佛法而圓融之。」〔註55〕也就是說，大乘佛學是超越墨學與基督教的
思想體系，以此作為判教的準則，張氏站在平列的立場比較墨學與基督教，闡
揚墨學的宗教性特徵。這是繼胡適《中國哲學史大綱》中把墨學與其他思想體
系平等研究的又一範例〔註56〕。張氏的研究，豐富了近代墨學研究的範圍，在
近代墨學研究史上有獨特影響，也為中西文化的比較融通提供了一種分析範
式。不過，也應該看到，張氏的墨耶比較融通更多是拾取墨耶的概念進行表層
的比較，深入的詮釋似乎很難見到。作為一種文化比較開創階段的著作之一，
對張氏不可求全責備。今天，全球文化交流更為頻繁，為深層次的墨耶交流提
供了場域。

〔註51〕 方鮑參，《耶墨衡論·序》（上海：美華書局，1912）。參見黃蕉風《「以墨論耶」
　　　　 到「耶墨對話」：墨家與基督教在近代中國的相遇》，鳳凰網「國學」，https://
　　　　 guoxue.ifeng.com/a/20181020/60119598_0.shtml。
〔註52〕 張亦鏡在《耶墨辨》中認為，「耶墨之辨與耶儒之辨同，皆在神人上分別也。」
　　　　 見《真光報》第十卷四、五期（1911）合刊，頁18。
〔註53〕 梁啟超，《先秦政治思想史》，見《梁啟超全集》（北京：北京出版社，1999），
　　　　 頁3668。
〔註54〕 張純一，〈墨學與景教弁言〉，見《墨學大全》第二十八冊，頁713。
〔註55〕 張純一，〈基督教與佛教〉，《東方雜誌》第十五卷第十號（1918年），頁89。
〔註56〕 蔡元培在1918年為胡適《中國哲學史大綱》所作的序言中列舉該書特長的第
　　　　 三點就是「平等的眼光」，開近代學術研究之先河。《墨學與景教》比《中國哲
　　　　 學史大綱》晚出五年，把墨學與基督教平列研究，體現的就是「平等的眼光」。
　　　　 參見《胡適文集》第六冊（北京：北京大學出版社，1998），頁156。

參考書目

一、古籍類

1. 李贄：《墨子批選》,《墨子集成》本,臺灣成文出版社 1977 年版。
2. 傅山：《霜紅龕集》,山西人民出版社 1985 年版。
3. 傅山：《傅山全書》,山西人民出版社 2017 年版。
4. 畢沅：《墨子注》,上海古籍出版社 2014 年版。
5. 張惠言：《墨子經說解》,《墨子大全》第十三冊,北京圖書館出版社 2004 年版。
6. 洪頤煊：《墨子叢錄》,《墨子集成》本。
7. 王念孫：《墨子雜誌》,《墨子大全》第十四冊,北京圖書館出版社 2004 年版。
8. 蘇時學：《墨子刊誤》,《墨子大全》第十四冊,北京圖書館出版社 2004 年版。
9. 俞樾：《墨子平議》,《俞樾全集》第三冊,浙江古籍出版社 2017 年版。
10. 戴望：《墨子校記》,《墨子大全》第十一冊,北京圖書館出版社 2004 年版。
11. 陶鴻慶：《讀墨子扎記》,《墨子大全》第二十二冊,北京圖書館出版社 2004 年版。
12. 孫詒讓：《墨子閒詁》,中華書局 2001 年版。
13. 孫詒讓：《札迻》,中華書局 1989 年版。
14. 孫詒讓：《周禮正義》,中華書局 1987 年版。

15. 王闓運：《墨子注》，《墨子大全》第十九冊，北京圖書館出版社 2004 年版。

16. 曹耀湘：《墨子箋》，《墨子大全》第十九冊，北京圖書館出版社 2004 年版。

17. 李笠：《定本墨子閒詁校補》，1925 年排印本。

18. 高亨：《墨經校詮》，中華書局 1962 年版。

19. 吳毓江：《墨子校注》，中華書局 1993 年版。

20. 譚戒甫：《墨經分類譯注》，中華書局 1981 年版。

21. 王煥鑣：《墨子校釋》，浙江人民出版社 1984 年版。

22. 煥鑣：《墨子校釋商兌》，中國社會科學出版社 1986 年版。

23. 李漁叔：《墨子今注今譯》，天津古籍出版社 1988 年版。

24. 岑仲勉：《墨子城守各篇簡注》，北京古籍出版社 1958 年版。

二、近現代學者論著類

1. 尹桐陽：《墨子新釋》，《墨子大全》第二十二冊，北京圖書館出版社 2004 年版。

2. 劉師培：《墨子拾補》，《劉師培全集》第二冊，中共中央黨校出版社 1997 年版。

3. 伍非百：《墨辯解故》《墨辯論文集》《墨子大義述》，《墨子大全》第二十七冊，北京圖書館出版社 2004 年版。

4. 王桐齡：《儒墨之異同》，山東文藝出版社 2018 年版。

5. 張純一：《墨子集解》，上海書店 1996 年版。

6. 章士釗：《名墨論集》，《章士釗全集》第四冊，文匯出版社 2000 版。

7. 陳柱：《墨學十論》，商務印書館 1936 年版。

8. 蔣維喬：《楊墨哲學》，商務印書館 1928 年版。

9. 方授楚：《墨學源流》，上海書店、中華書局 1989 年版。

10. 楊寬：《墨經哲學》，正中書局 1942 年版。

11. 詹劍峰：《墨子的哲學與科學》，人民出版社 1981 年版。

12. 梁啟超：《飲冰室合集》，中華書局 1989 年版。

13. 朱維錚點校《梁啟超論清學史二種》，復旦大學出版社 1985 年版。

14. 章太炎：《章太炎全集》，上海人民出版社 1984 年版。

15. 章太炎：《國故論衡》，國學講習會 1910 年版。

16. 章太炎：《國學講演錄》，華東師範大學出版社 1995 年版。

17. 胡適：《胡適文集》，北京大學出版社 1998 年版。

18. 郭沫若：《郭沫若全集》（歷史編）第一冊，人民出版社 1982 年版。

19. 郭沫若：《郭沫若全集》（歷史編）第三冊，人民出版社 1984 年版。

20. 郭沫若：《十批判書》，東方出版社 1996 年版。

21. 侯外廬：《中國思想通史》，人民出版社版。

22. 侯外廬：《中國古代思想學說史》，遼寧教育出版社 1998 年版。

23. 侯外廬：《中國古代社會史》，河北教育出版社 2000 年版。

24. 侯外廬：《侯外廬史學論文選集》，人民出版社 1987 年版。

25. 杜國庠：《杜國庠文集》，人民出版社 1962 年版。

26. 趙紀彬：《趙紀彬文集》，河南人民出版社 1985 年版。

27. 鄭觀應：《鄭觀應集》，上海人民出版社 1985 年版。

28. 湯志鈞編：《康有為政論選集》，中華書局 1981 年版。

29. 譚嗣同：《譚嗣同全集》，三聯書店 1954 年版。

30. 郭嵩燾：《郭嵩燾詩文集》，嶽麓書社 1984 年版。

31. 曾紀澤：《曾紀澤遺集》，嶽麓書社 1983 年版。

32. 支偉成：《清代樸學大師列傳》，嶽麓書社 1986 年版。

33. 孫詒讓：《孫詒讓遺文輯存》，溫州文史資料第五輯。

34. 孫中原：《墨學通論》，遼寧人民出版社 1993 年版。

35. 孫中原：《墨者的智慧》，三聯書店 1995 年版。

36. 孫中原：《墨學與現代文化》，中國廣播電視出版社 1998 年版。

37. 孫中原：《中國邏輯史》（先秦），中國人民大學出版社 1987 年版。

38. 孫中原：《墨子及其後學》，新華出版社 1991 年版。

39. 張知寒：《墨子研究論叢》（一），山東大學出版社 1991 年版。

40. 張知寒：《墨子研究論叢》（二），山東大學出版社 1993 年版。

41. 張知寒：《墨子研究論叢》（三），山東人民出版社 1995 年版。

42. 張知寒：《墨子研究論叢》（三），山東人民出版社 1995 年版。

43. 張知寒：《墨子研究論叢》（四），齊魯書社 1998 年版。

44. 張知寒：《墨子里籍考論》，山東人民出版社 1996 年版。

45. 譚家健：《墨子研究》，貴州人民出版社 1996 年版。

46. 楊俊光：《墨子新論》，江蘇教育出版社 1992 年版。

47. 欒調甫：《墨子研究論文集》，人民出版社 1957 年版。

48. 邢兆良：《墨子評傳》，南京大學出版社 1993 年版。

49. 李紹崑：《墨子，偉大的教育家》，湖南教育出版社 1986 年版。

50. 崔清田：《顯學重光》，遼寧教育出版社 1997 年版。

51. 張永義：《苦行與救世》，廣東人民出版社 1996 年版。

52. 麻天祥：《中國近代學術史》，湖南師範大學出版社 2001 年版。

53. 陳平原：《中國現代學術之建立》，北京大學出版社 1998 年版。

54. 張立文：《和合學概論》，首都師範大學出版社 1996 年版。

55. 張舜徽：《清儒學記》，齊魯書社 1991 年 11 月第一版。

56. 楊向奎：《清儒學案新編》，齊魯書社 1994 年版。

57. 湯志鈞：《近代經學與政治》，中華書局 1989 年版。

58. 楊國榮：《理性的價值》，上海三聯書店 1998 年版。

59. 余英時：《戴震與章學誠》，三聯書店 2000 年版。

60. 余英時：《中國近代思想史上的胡適》，（臺北）聯經事業出版公司 1984 年版。

61. 石元康：《重中國文化到現代性：典範轉移？》，三聯書店 2000 年版。

62. 鍾叔河：《走向世界》，中華書局 1985 年版。

63. 羅檢秋：《近代諸子學與文化思潮》，中國社會科學出版社 1998 年版。

64. 漆永祥：《乾嘉考據學研究》，中國社會科學出版社 1998 年版。

65. 童富勇：《孫詒讓教育思想研究》，浙江教育出版社 1998 年版。

66. 《孫詒讓研究》，杭州大學古籍所 1963 年編印。

67. 易新鼎：《梁啟超和中國學術思想史》，中州古籍出版社 1992 年版。

68. 劉邦富：《梁啟超哲學思想研究》，湖北人民出版社 1994 年版。

69. 〔美〕勒文林：《梁啟超與中國近代思想》，四川人民出版社 1986 年版。

70. 許壽裳：《章炳麟》，重慶出版社 1987 年版。

71. 唐文權、羅福惠：《章太炎思想研究》，華中師大出版社 1986 年版。

72. 章念馳編：《章太炎生平與學術》三聯書店 1986 年版。

73. 耿雲志、聞黎明編：《現代學術史上的胡適》，三聯書店 1993 年版。

74. 羅志田：《再造文明之夢》，四川人民出版社 1995 年版。

75. 謝保成：《郭沫若學術思想評傳》，北京圖書館出版社 1999 年版。

76. 劉茂林：《郭沫若新論》，社會科學文獻出版社 1992 年版。

77. 郭沫若學會編：《郭沫若史學研究》成都出版社 1990 年版。

78. 侯外廬：《韌的追求》，三聯書店 1985 年版。

79. 沈劍英：《因明學研究》，東方出版中心 1996 年版。

80. 盧鍾鋒：《中國傳統學術史》，河南人民出版社 1998 年版。

81. 成中英：《本體與詮釋》，三聯書店 2000 年版。

82. 成中英：《論中西哲學精神》，東方出版中心 1996 年版。

83. 李澤厚：《中國古代思想史論》，人民出版社 1986 年版。

84. 李澤厚：《中國近代思想史論》，人民出版社 1979 年版。

85. 汪奠基：《中國邏輯思想史》，上海人民出版社 1979 年版。

86. 馮友蘭：《中國現代哲學史》，廣東人民出版社 1999 年版。

87. 馮友蘭：《中國哲學史》，中華書局 1961 年版。

88. 馮契：《中國古代哲學的邏輯發展》，上海人民出版社 1983 年版。

89. 張岱年：《中國哲學史大綱》，中國社會科學出版社 1982 年版。

90. 張岱年：《中國哲學史方法論發凡》，中華書局 1983 年版。

91. 王爾敏：《晚清政治思想史論》，臺北，華世出版社 1969 年版。

後 記

　　墨學研究是我學術生涯的起點，自讀碩士期間，即跟隨麻天祥先生學習中國學術史，畢業論文以墨學研究作為選題內容。後來有機會進入中國人民大學哲學系中國哲學專業，跟隨孫中原先生研習墨學。兩位先生言傳身教，把我領入墨學研究門徑，受益良多。先生均治學嚴謹，成果豐碩，但俗話說：師父領進門，修行在個人。我個性愚鈍，領悟有限。當時研究近代墨學，尚處於開墾階段，學術界成果非常有限，可以參考的資料不多，博士學位論文的完成可以說只是近代墨學研究的開始，論文中的一些思考與問題的解決，都談不上成熟。後來工作中曾想修訂博士學位論文，但我個性疏懶，學術興趣也有些轉向，修訂工作一直沒有付諸實踐。獲知花木蘭文化事業有限公司願意出版拙作，本來有個大的修訂機會，但由於時間有限，只是校對了論文中一些不當表達和錯漏，沒有作大的改動。當然，還有一個原因，我覺得一個作品的完成，反映的是當時階段思考，呈現給讀者，誠懇接受批評，每一個批評對我來說都很重要。

　　在墨學研究領域，我現在更為關注的是墨學的現代發展，如同儒學從先秦儒學到宋明儒學，再發展到現代新儒學，墨學研究是否可以像儒學的不同時期發展一樣，呈現為現代新墨學，我以為，墨學自產生的那天起，即是一個開放的思想系統，具有發展的可能性。如何把古典墨學轉化為現代墨學，是今天墨學研究的重要任務，也是我墨學研究的關注重心。

　　感謝花木蘭文化事業有限公司的寬容，願意出版拙著，也感謝諸位編輯對拙著細心的編輯！

2024 年 4 月於北京